Anton Bucher

Was Kinder glücklich macht

ANTON BUCHER

Was Kinder glücklich macht

EIN RATGEBER FÜR ELTERN

ARISTON

Bibliografische Information der Deutschen Bibliothek

Die Deutsche Bibliothek verzeichnet diese Publikation
in der Deutschen Nationalbibliografie; detaillierte bibliografische
Daten sind im Internet unter http://dnb.ddb.de abrufbar.

Umschlaggestaltung: Weiss / Zembsch / Partner: WerkstattMünchen
Satz: EDV-Fotosatz Huber/Verlagsservice G. Pfeifer, Germering
Druck und Bindung: GGP Media GmbH, Pößneck
Printed in Germany

ISBN: 978-3-7205-4035-3

Inhalt

Einleitung

»Die Tür zum Glück geht nach außen auf.
Wer sie einzurennen versucht,
dem verschließt sie sich nur.
Im Gegenteil: Um sie zu öffnen,
muss man sogar einen Schritt zurücktreten.«
Sören Kierkegaard

Kinder haben ein unbedingtes Anrecht darauf, glücklich zu sein. Niemand hat sie gefragt, ob sie in diese Welt kommen wollen, die von tödlichen Waffen strotzt und auf der die Gletscher und Polkappen abschmelzen, und in der zugleich so viel Herrliches und Zärtliches erlebt werden kann. Wenn Kinder in die Welt eintreten, liegen sie hilflos da, unfähig, sich auch nur einen Tropfen Milch zuzuführen. Was verdienen sie mehr, als in die Arme geschlossen und in die Welt hinein begleitet zu werden, bestenfalls so, dass sie häufiger lachen als weinen, häufiger glücklich als unglücklich sind?

Angenommen, vor uns liegt ein neugeborener Junge und wir könnten aus drei Wünschen einen auswählen, der sicherlich erfüllt wird:

☺ dass er so klug wird wie Albert Einstein,
☺ so attraktiv wie Kirk Douglas
☺ oder schlicht und einfach: glücklich!

Welche Eltern entschieden sich nicht für den dritten Wunsch? Nur wenig kann Eltern stärker schmerzen als die Beobachtung, dass ihr Kind/ihre Kinder nicht glücklich sind.

So erging es keinem Geringeren als dem großen Pädagogen Johann Heinrich Pestalozzi. 1770 entband seine Frau den Sohn Hans Jakob. Er geriet nicht, wie der Vater es wünschte. Schon früh intensiv erzogen und auch unterrichtet, selbst in Latein, kränkelte er dahin. Pestalozzi schrieb ihm:

»Ich bin ein armer Vater, ich hab dich auf der Welt nicht so glücklich gemacht, als ich wohl wünschte, dass Du es wärest.«

Kinder haben ein Anrecht auf Glück. So sahen es auch die aus aller Welt angereisten Mitglieder der UNO-Vollversammlung, als sie im Jahre 1959 die Kinderrechtserklärung beschlossen, in deren Präambel steht:

»Da die Menschheit dem Kinde das Beste schuldet, das sie zu geben hat, verkündet die Generalversammlung folgende Erklärung mit dem Ziele, dass es eine glückliche Kindheit haben und zu seinem eigenen Besten und dem der Gesellschaft die Rechte und Freiheiten genießen möge, die darin festgelegt sind.«

Und: Kinder haben ein Anrecht, bei den Tätigkeiten glücklich zu sein, die ihnen auch wirklich Spaß machen. Ein Gedankenexperiment: Kann eine Ratte beglücken? Wer als mittelloser Student einmal in einer Station der Pariser Metro übernachtete, auf einer Bank liegend, und erwachte, weil sich plötzlich Rattenschwänze über sein Gesicht schlängelten, wird mit Schaudern verneinen. Anders hingegen unsere Tochter, die sich sehnlichst eine Ratte als Haustier wünschte. Pubertierende Töchter setzen sich in aller Regel durch. Ihre Augen leuchteten vor Glück, als die Ratte auf ihrer Schulter herumkrabbelte, geringelter Schwanz neben blond gelocktem Haar. Leider beendigte die Hauskatze dieses Kindheitsglück, um nach deren Verzehr friedlich vor sich hin zu schnurren: »Das Glück des einen ist das Unglück des anderen«, sagt ein Sprichwort.

Geschichtlich betrachtet ist es keineswegs selbstverständlich, dass Kindern ein Anrecht auf Glück zugestanden wird. Noch zu Beginn des 20. Jahrhunderts meißelten Steinmetze über die Portale vieler Schulhäuser, damit die Jungen und Mädchen es täglich lesen und verinnerlichen konnten: »Du bist nicht auf Erden, um glücklich zu sein, sondern um deine Pflicht zu tun!« Und im Religionsunterricht, in dem eine frohmachende Botschaft hätte verkündet werden sollen, lernten sie: »Wir sind nicht auf Erden, um glücklich zu sein, merken wir uns das wohl! Wir sind auf Erden, um die Gebote Gottes zu befolgen und dereinst der himmlischen Glückseligkeit teilhaftig zu werden!« Und in der Tat: Kinder wurden geprügelt, in der Schule auf die Eselsbank gesetzt und ausgelacht, sie verrichteten schwerste körperliche Arbeit in Fabriken und Bergwerkstollen, und sie lernten darüber hinaus, sündhaft, eigenwillig, schlecht zu sein. Die meisten Kinder lernten auf das Wort zu gehorchen und löffelten am Mittagstisch die Suppe, ohne jemals ungefragt etwas zu sagen.

Jüngst wurden wieder ähnliche Töne angeschlagen: Bernhard Bueb, langjähriger Leiter der Schlossschule in Salem, stimmte ein »Loblied auf die Disziplin« an. »Disziplin ist das Tor zum Glück!«[1] Zuerst Pünktlichkeit, Fleiß, vor allem aber Gehorsam, dann könne sich – bestenfalls – auch Glück einstellen.

Demgegenüber vertritt dieses Buch eine umgekehrte Position: Kinder, wenn sie glücklich sind, handeln moralischer, sind eher bereit, ihr Lieblingsspielzeug auszuleihen, nehmen leichter Sozialkontakte auf, trösten einfühlsamer andere Kinder, lassen sich seltener dazu hinreißen, andere an den Haaren zu zerren – und sind gesünder. Das gilt auch für uns Erwachsene: Wenn es uns gut geht, sind wir eher bereit, moralisch zu handeln, etwa Blut zu spenden, wir sind freigebiger bei der Caritas und eher geneigt, einem Auto, das von rechts kommt, Vorrang zu gewähren. Erziehung zum Glück ist infolgedessen auch moralische Erziehung.

Ein Buch über glückliche Kinder provoziert nicht nur den Widerspruch von Wertkonservativen, die gewiss nicht mehr zu einer Kasernenhofpädagogik zurückkehren wollen, aber dem Gehorsam und der Disziplin einen hohen Stellenwert zubilligen und das Glück als egoistische Genusssucht verdächtigen. Provoziert wird auch der Einspruch: Gibt es sie überhaupt (noch), glückliche Kinder? Wenn die Massenmedien über heutige Kinder berichten, dann überwiegend mit Katastrophensemantik. Sie seien traurig und würden in ihrem Frust fette Cheeseburger verschlingen, infolgedessen übergewichtig sein und gefährdet, früh an Bluthochdruck oder Diabetes zu erkranken. Heutige Kinder seien konsumsüchtig und mit den neuesten Markenartikeln nur kurz zufrieden zu stellen. Viele seien gewalttätig und würden auch nicht mit dem Füßetreten aufhören, wenn ihr Opfer am Boden liegt und aus der Nase blutet. Und immer wieder ist die Rede von Kindern mit ADS, dem Aufmerksamkeitsdefizitsyndrom, die in der Schule nicht zwei Minuten still sitzen können. Heutige Kinder würden durch die Kindheit gehetzt, von einem Termin (Ballett) zum anderen (Reiten am Stadtrand), sie müssten sich permanent von einer Kindheitsinsel zur anderen bewegen, von der Schule zur Wohnung, von dort ins Spielzimmer der Freundin, die in einem anderen Viertel wohnt, in den Ballettsaal in der City – Stress bereits im Kindergartenalter! Und gar nicht erst zu reden von den Kindern, die missbraucht werden. Oder die arm sind, die Kleider älterer Geschwister abtragen müssen, meistens nur Teigwaren (ohne Ketchup) essen können und in den Sommerferien vom Schnorcheltauchen an der tiefblauen Küste von Istrien zumindest träumen dürfen. Kurz: »Unglückliche

Kinder«, wie Heather Smith sein vielgelesenes Buch betitelte.[2]

Das vorliegende Buch widerspricht dieser Kindheitsschwarzmalerei entschieden und vertritt die These: *Die meisten Kinder sind glücklich.* Und sie sind geborene Adaptionskünstler. Überall finden sie ihre Nischen, um sich Tätigkeiten hinzugeben, die sie in eine glückliche Stimmung bringen. Salzburger Jungen erzählten mir beispielsweise, sie seien besonders glücklich, wenn sie im Hinterhof einer Kfz-Werkstatt abgefahrene Reifen zu Türmen und Burgen aufschichten. Auch einschneidende Erlebnisse, etwa die Trennung der Eltern, führen nicht zwingend dazu, dass das Kindheitsglück unwiderruflich zerstört ist. Kinder sind stärker beziehungsweise resilienter, wie man heute zu sagen pflegt:

»Ich war bis zu meinem achten Lebensjahr glücklich. Mit neun Jahren verschwand unser Glück. Am 1. Juni starb meine Mutter. Ein Jahr danach lernte mein Vater eine Frau kennen. Seither bin ich wieder glücklich, bis jetzt.«

Und: Kinder sind ihres eigenen Glückes Richter. Deshalb will dieses Buch vor allem und gerade Kinder zu Wort kommen lassen. Glücksratgeber, auch für die Erziehung, bilden mittlerweile einen regelrechten Markt.[3] Aber vielen davon fehlt eine ganz bedeutsame Perspektive: die der Kinder! Sie können Glück erleben, wo Mütter und Väter dies kaum für möglich erachten, beispielsweise am PC, wenn sie in einem Spiel eine neue Stufe schaffen und Glück bis unter die Fingernägel verspüren. Wo, mit wem, bei welchen Tätigkeiten sind sie glücklich? Diesbezüglich sind Kinder die besten Experten, selbst im Hinblick darauf, was gute Erziehung ist.

Das Buch verfolgt eine weitere Absicht: Es will eine positive Sicht auf die Kinder und die Kindheit initiieren. Was damit gemeint ist, verdeutlicht eine Geschichte, die vom griechischen Fabeldichter Äsop erzählt wird:

Äsop saß am Straßenrand, als ein Wanderer des Weges kam. Dieser sagte: »Ich komme aus der Stadt Argos und gehe nach Korinth. Weißt du vielleicht, wie in Korinth die Menschen sind?« Äsop dachte nach und fragte: »Wie waren die Menschen, wo du herkommst?« Der Wanderer erwiderte: »Ja, die waren unfreundlich, fad, abweisend, mürrisch.« »Ach«, sagte Äsop. »In Korinth sind die Einwohner genau gleich.« Und der Wanderer zog, gesenkten Kopfes, weiter.

Einige Zeit später kam, aus Epidauros, ein weiterer Wanderer. Der wollte nach Athen und fragte Äsop, wie dort die Menschen seien. Er fragte zurück, wie die Einwohner in seiner früheren Heimat waren. Der Wanderer kam ins Schwärmen, rühmte ihre Herzlichkeit und Gastfreundschaft. »Du Glücklicher«, sagte darauf Äsop, »auch in Athen sind die Menschen nett, lebensfroh, gastfreundlich.« Und der Wanderer zog weiter, den Kopf erhoben und ein Lied pfeifend.

Ebenso ist es bei den Kindern. Wer ihnen nachsagt, sie seien egoistisch, streitsüchtig, unfähig zu spielen und unglücklich, der wird sie eher so antreffen und mit der Kraft seiner Gedanken an einer entsprechenden Wirklichkeit mit bauen. Anders, wer ihnen zutraut, heiter und glücklich zu sein. Möge dieses Buch auch Heiterkeit verbreiten.

Gliederung

Wir alle sehnen uns nach Glück und suchen dieses auf den unterschiedlichsten Wegen. Die einen, indem sie eine Karriere anstreben, andere, indem sie am Bungee-Jumping-Seil in die Tiefe springen, wieder andere, indem sie ein Kind zeugen, und wieder andere, indem sie gelassen sind und Glück gar nicht anstreben – gerade Letztere sind übrigens gute Kandidaten dafür, nachhaltig glücklich zu werden. Was aber ist Glück? Damit befasste sich seit ihren Anfängen die Philosophie, neuerdings auch die Psychologie, die sich bisher intensiver mit der dunklen Seite der menschlichen Natur befasste, mit Ängsten, Melancholie, Aggression. Zur Depression ist in den letzten hundert Jahren von Psychologen dreißigmal mehr geforscht und veröffentlicht worden als zu Glück und Freude. Doch das Verhältnis hat sich in den letzten Jahren verändert: Glücksforschung boomt[4], ebenfalls die Positive Psychologie.[5] Wem glückliche Kinder ein Anliegen sind, kann Einsichten der Glückspsychologie, wie sie in Kapitel 1 ausgebreitet werden, als hilfreich erfahren, wenn er/sie an seinem Glück arbeitet. Glück ist nicht nur Zufall, vielmehr können wir es begünstigen, unter anderem durch positive Denkstile. Und: Gefühle stecken an. Glückliche Eltern haben wahrscheinlicher glückliche Kinder. Erörtert wird in diesem ersten Kapitel unter anderem:

☺ ob »Glück« und »Zufriedenheit« das Gleiche ist;

☺ dass das Gegenteil von »Glück« weniger das Unglück oder die Traurigkeit als vielmehr die Depression ist;

☺ wie Psychologen Glück üblicherweise messen;

☺ was uns Menschen überhaupt in diesen Zustand bringt, Hautkontakt übrigens mehr als ein Bündel von 500-Euro-Scheinen;

☺ was das Glück mit uns machen kann – in aller Regel nur Gutes;

☺ und ob es sich erhöhen lässt. Geringfügig in der Tat, und dies allein schon dadurch, dass wir jeden Abend aufzählen, wie viel Gutes und Schönes uns tagsüber widerfahren ist.

Das kürzere Kapitel 2 enthält entwicklungspsychologische Skizzen. Solche basieren immer auf einem bestimmten Bild des Kindes. Es macht einen Unterschied, ob ich das Kind als Knete betrachte, die durch Erziehung geformt wird, oder als von Anfang an aktives und tätiges Wesen, das die Welt neu erbaut. Das Buch bekennt sich zur zweiten Position, die als konstruktivistisch bezeichnet wird. Auch wird auf Fragen wie folgende eingegangen: Können Babys wirklich glücklich sein? Von wann an erkennen sie, ob ein anderer Mensch glücklich ist? Ab wann können sie mit dem Wort »glücklich« etwas anfangen? Um ein wesentliches Ergebnis vorwegzunehmen: Auch die Glücksfähigkeit von Kindern wurde oft unterschätzt, und ihr Glück resultiert, wie bei uns Erwachsenen auch, vor allem aus ihren Aktivitäten.

Kapitel 3 lässt ausführlich Kinder zu Wort kommen. Dies geschieht auf der Basis glückspsychologischer Untersuchungen, insbesondere einer Studie, die ich mit 1319 Kindern im Bundesland Salzburg durchgeführt habe.[6] Kinder selber erzählen von ihrem Glück in ihrer Familie, bei den Großeltern oder bei der alleinerziehenden Mutter; vom Glück beim Skaten, auf dem Fußballfeld, dem Reiterhof, gemeinsam mit der Freundin oder den Freunden in Kontrollnischen, über denen keine pädagogischen Argusaugen kreisen (gerade hier sind Kinder besonders glücklich), vom (gelegentlichen) Glück auch in der Schule oder vor dem Fernseher und so weiter. Kindheitsglück hat unzählige Gesichter und wird von uns Erwachsenen oft übersehen:

> *Mein glücklichster Tag war, als ich meine erste Reitstunde im Georgenberg in Kuchl hatte. Und da war ich ungefähr sechs Jahre. Jetzt reite ich noch immer und ich bin schon elf. Mir macht es riesig Spaß, und deshalb werde ich nie aufhören zu reiten.«*

»Als ich erfuhr, dass meine beste Freundin in der Hauptschule nicht in meiner Klasse war, befürchtete ich, keine neue Freundin zu finden. Doch alles kam ganz anders. Alle waren nett zu mir. Das hat mich am meisten glücklich gemacht.«

Im Rahmen einer weiteren Befragung erinnerten sich mehr als 300 ErzieherInnen daran, was sie in ihren ersten zwölf, dreizehn Lebensjahren am meisten glücklich gemacht hat. Berichtet wird auch von einer im Sommer 2007 durchgeführten Studie zum Kindheitsglück, die, repräsentativ für die Bundesrepublik, vom ZDF in Auftrag gegeben wurde.[7] Sie hat den Vorzug, aktuelle Prozentzahlen zu liefern. Doch Zahlen können niemals so nahe an das Glück der Kinder heranführen wie ihre Erlebnisberichte. 54 Prozent der in Salzburg befragten Kinder verstanden sich als »sehr glücklich«, 39 Prozent als »glücklich«, 6 Prozent als »nicht so glücklich«, und 1 Prozent als »eher traurig« – dies klingt nicht so erlebnisnah wie:

»Ich war am glücklichsten, als mich mein Hund als kleines Kind vor einem Faschingsnarren beschützt hat. Dass ich eine Blinddarmoperation gut überstanden habe, dass ich eine liebe Familie habe.«

»Als ich drei Jahre alt war, bekam ich von meiner Mutter eine Puppe, die ich Susi nannte und die ich immer noch habe. Sie macht mich noch immer glücklich.«

»Es war mein achter Geburtstag. Ich hatte viele Kinder eingeladen. Um Punkt zwei Uhr erschienen die ersten Gäste und schon bald waren wir alle beisammen. Wir spielten draußen. Damals hatten wir noch die alten Matratzen vom Sperrmüll. Wir benutzten sie als Matten für die Saltos, die wir schlugen. Seither turne ich jeden Tag, außer bei Regen, draußen.«

Das abschließende Kapitel 4 widmet sich der Erziehung zum Glück. Ist eine solche überhaupt statthaft? Aufgrund der überwältigend klar nachgewiesenen positiven Effekte von Glück – auch im Kindesalter – auf jeden Fall!

Aber: Ist Erziehung zum Glück überhaupt möglich? Die Frage stellt sich umso mehr, als Glücksforscher erkannten, dass das Ausmaß an Glück, das einem Menschen zuteil wird, zu gut der Hälfte von der genetischen Lotterie beim Zeugungsakt abhängt. Ich kenne Familien mit zwei Kindern, in denen das eine stets über beide Backen lacht und mit leuchtenden Augen in die Welt schaut, das andere hingegen zumeist still und nachdenklich ist. Doch zu 100 Prozent ist Glück nicht festgelegt, auch nicht bei Kindern. Zu gut 35 Prozent ist es veränderbar. Es macht einen Unterschied, ob ich ein Kind öfters anlächle und lobe oder es verdrießlich anschaue; es ist nicht das Gleiche, ob ich mit ihm den Sandstrand entlangrenne oder es nicht aus einer beengenden Wohnung herauslasse.

Allerdings wäre es ein Irrtum, in der Erziehung Glück direkt anzustreben. »Wer nach dem Glück jagt, der verjagt es auch schon«, sagte der Begründer der Logotherapie, Viktor E. Frankl.[8] Ich sehe im Glück, auch bei Kindern, eher ein Beiprodukt, das sich aus Tätigkeiten ergibt, die ihrer Entwicklung förderlich sind. Erzieherisch lassen sich Situationen arrangieren, in denen Jungen und Mädchen vielfältig tätig sein können. Ohnehin ist schon viel gewonnen, wenn Kinder lernen, mit Emotionen angemessen umzugehen, auch mit Traurigkeit. Denn ebenso wenig wie wir Erwachsene können auch Kinder nicht stets glücklich sein. »Nichts ist schwerer zu ertragen als eine Reihe von glücklichen Tagen«, sagte Goethe. Es ist wie bei Licht und Dunkel, auch das Glück lebt von seinem Kontrast.

Glücksbegünstigend ist eine Pädagogik der Zu-Mutung, des Mutzusprechens, des »Du kannst es!« Eine Elfjährige schilderte als ihr glücklichstes Erlebnis:

»Als ich noch klein war, wollte ich Rad fahren lernen. Mein Vater setzte mich auf mein Rad und ich fuhr los. Er hielt mich hinten. Bei einer Straße, die leicht bergab ging, ließ er mich los, und ich fuhr nichtsahnend weiter. Plötzlich schrie mein Vater: ›Du kannst es!‹ Erst jetzt merkte ich, dass ich alleine fuhr. Das war das glücklichste Erlebnis in meinem Leben.«

Glücksförderliche Erziehung ist umfassend und hat nicht nur mit der Anstiftung zu Aktivität und Bewegung zu tun, mit einander loben, einander anlachen, gemeinsam Rituale begehen, sondern selbst damit, was wir Kindern zu essen geben. Besonders empfehlenswert sind übrigens Bananen, wie sie von den Schimpansen genüsslich verschlungen werden, weil sie Stoffe enthalten, die der Bildung von Serotonin, des Glücksbotenstoffes im Gehirn, förderlich sind.

Im Untertitel des Buches steht »Ratgeber«. Vielleicht gehören Sie – wie der Autor auch – zu jenen Menschen, die sich nicht sonderlich gerne Rat geben lassen, besonders dann nicht, wenn zu aufdringlich der Zeigefinger erhoben wird: »Sie sollten tunlichst ...«, »Sie sind gut beraten, wenn ...«. Das bewirkt vielfach das Gegenteil, weil Menschen letztlich ihren eigenen Überzeugungen folgen wollen – und auch sollen (was hier kein Rat, sondern psychologische Erfahrung ist). Kapitel 4 präsentiert praktische Anregungen, soweit möglich glückspsychologisch untermauert oder als Geschichten erzählt. Aber auch in den vorhergehenden Kapiteln werden erzieherische Anregungen geboten und grafisch als Kästen kenntlich gemacht.

Mitteleuropäische Kinder wachsen heute in einmalig günstigen Lebensumständen auf, sofern man mit früheren Zeiten und solchen Regionen vergleicht, in denen – auch jetzt – Kinder hungern und verhungern oder – so an der Grenze von Uganda – zum Soldatendienst gezwungen werden, selbst dazu, mit Macheten Menschen zu zerstückeln. In

17

Mitteleuropa starben noch zu Beginn dieses Jahrhunderts von 1000 Neugeborenen um die 250 Jungen und Mädchen, bevor sie fünf Jahre alt waren. Auf jedem Friedhof standen viele kleine Kreuze oder Engelsgestalten aus weißem Marmor. Mittlerweile ist in der Bundesrepublik, in Österreich und in der Schweiz die Kindersterblichkeit auf 0,7 Promille zurückgegangen – nur im Vatikan ist sie noch geringer. Was Kinder geschuftet haben, schweißüberströmt, mit schwieligen Händen, entzieht sich unserer Vorstellungskraft. Auf einer Fotografie aus dem Jahre 1936 ist zu sehen, wie im Bayerischen Wald zwei Burschen, beide um die zehn Jahre alt, an Seilen den Pflug ziehen, den ihr Vater in die Erde stemmt. Glückliche Kinder? Vielleicht. Früheren Kindergenerationen gegenüber, die neben der Schulzeit in der Woche mitunter 40 Stunden arbeiteten, sei es in Fabrikhallen, sei es daheim bei schummrigem Licht, ist es ein Zynismus, wenn heutige Kinder als gestresst bedauert werden, weil sie pro Woche etliche Termine wahrnehmen. Die leidenden Kinder, die auch hierzulande leben, dürfen wir nicht vergessen, wenn von glücklichen Jungen und Mädchen die Rede ist.

1. Kapitel

Was ist Glück?
Was macht uns glücklich?
Und was macht Glück mit uns?

»Ja, renn nur nach dem Glück,
doch renne nicht zu sehr,
denn alle rennen nach dem Glück,
das Glück rennt hinterher.«

Bertolt Brecht

Im Eingangskapitel nähern wir uns dem »Glück« definitorisch. Glück ist eines jener Phänomene, das jeder auf Anhieb zu kennen glaubt. Aber je mehr darüber nachgedacht wird, desto unbestimmter und nebulöser wird es.

Was Sie in diesem Kapitel erwartet

☺ Im ersten Abschnitt werden allgemeine Befunde zum Thema Glück skizziert, insbesondere dass es ein hochgradiges, aber emotional intensives Phänomen ist. Vor Glück können wir jubeln oder weinen, aber kaum vor Zufriedenheit.

☺ Abschnitt zwei legt dar, welche Antworten die Glücksforschung auf die Urmenschheitsfrage: »Was macht uns Menschen glücklich?«, zu Tage gebracht hat.

☺ Weitergeführt wird das Kapitel mit den (positiven) Effekten von häufigem Glückserleben auf unsere Gesundheit und unser Verhalten.

19

☺ Abgeschlossen wird es mit wissenschaftlichen Erkenntnissen darüber, ob sich Glück erhöhen lässt. In der Tat: Allein schon, jeden Abend zu erinnern, was uns tagsüber Schönes und Beglückendes geschenkt wurde – it works!

Was ist Glück?

Wenn man Menschen danach fragt, was für sie Glück ist, kann man Vielfältiges hören:

☺ »Glück war, dass ich dem Geisterfahrer noch ausweichen konnte.«

☺ »Glück ist für mich ein gutes Glas Rotwein am Kaminfeuer, gemeinsam mit meiner Frau.«

☺ »Glück ist für mich, auf der Yahama zu sitzen und den vollen Fahrtwind zu spüren.«

☺ »Glück? Ich hab mich neulich verliebt. Der Mann weiß nichts von seinem Glück, aber darum geht es auch nicht. Plötzlich war dieses Gefühl in mir, die Schmetterlinge tanzten. Ich hab gedacht: ›Donnerwetter, das ist ja da. Das ist ja alles da!‹ Ich hab' gemerkt, wie diese Glücksgefühle mich beflügelten zu lachen, zu singen, zu tanzen, lustig zu sein, das Radio lauter zu stellen, die Türen aufzumachen.«

☺ »Glück ist für mich, auf dem Berggipfel zu stehen, runter in die Täler zu schauen und dem unendlichen Himmel viel näher zu sein.«

☺ »Mein ganzes Leben betrachte ich als Glück.«

Glück: Zufall oder Befindlichkeit?

Zunächst ist es sinnvoll, zwischen Glück als Zufall und Glück als Zustand starker innerer Befriedigung und Freude zu unterscheiden. Andere Weltsprachen haben dafür zwei Begriffe:»luck« und»happiness« im Englischen,»fortune« und»bonheur« im Französischen zum Beispiel. Die deutsche Sprache differenziert diesbezüglich mit den Verben»Glück haben« und»glücklich sein«. Selbstverständlich schließen sich die beiden Deutungen nicht aus: Menschen können in eine euphorische Stimmung geraten, weil ihnen der Zufall die sechs Richtigen beim Lotto eingab – allerdings währt diese Happiness nicht sonderlich lang (siehe unten).

Frühere Epochen glaubten an Glücks- oder Schicksalsgöttinnen, die den Menschen das Glück zuweisen, dem einen nur spärlich, den anderen damit überhäufend. Die Griechen hielten es für gefährlich, wenn Menschen zu viel Glück hatten. So bei König Polykrates, der auf der Zinne seines Palastes stand und vor seinem ägyptischen Gast prahlte:»Gestehe, dass ich glücklich bin!« Der Besucher riet dem König, die Götter nicht zu sehr mit seinem Glück herauszufordern, worauf Polykrates seinen wertvollsten Ring ins Meer warf. Kurze Zeit später wurde er in die Küche gerufen: Der Koch hatte einen Fisch aufgeschlitzt, in dessen Bauch sich der Ring wiederfand. Das war zu viel des Glückes – und Polykrates kam wenig später elendiglich ums Leben, von seinen persischen Gegnern ans Kreuz geschlagen.

In der Neuzeit wurden die Göttinnen des Glücks zusehends entthront. Das Glück und die Verantwortung dafür wurden dem Menschen selbst in die Hände gelegt. Thomas Jefferson, der Verfasser der amerikanischen Unabhängigkeitserklärung, forderte im Jahre 1776 für jeden Bürger das Recht, sein Glück anzustreben (»pursuit of happiness«). Und die französische Revolutionsverfassung von 1793 bestimmte das Glück der Gesellschaft im gemeinsamen Glück – eine Option, die auch heute noch mehrheitlich Zustimmung findet, speziell in Bezug auf Kinder.

Jeder ist des eigenen Glückes Richter

Wenn jeder nach seiner Fasson glücklich werden soll, dann ist Glück etwas Persönliches und Subjektives. Im Mittelalter hingegen war es (noch) ein Objektivum und wurde in der himmlischen Glückseligkeit ausgemacht. Dem gegenüber akzentuieren auch Philosophen, die das Glück ergründen, über dieses seien nur Urteile in der ersten Person möglich: Jede/r ist seines eigenen Glückes Richter.

Auch wenn kaum jemand bezweifelt, Glück sei etwas Subjektives – in der Praxis verhält es sich diesbezüglich anders, zumal im Umgang mit Kinderglück. Vor einiger Zeit erzählte mir ein älterer Salzburger, wie glücklich er und seine Freunde als Kinder gewesen seien, speziell auf dem Schulweg. Zu Fuß seien sie gegangen, kilometerweit; im Dorfbach hätten sie Steine zu Staudämmen aufgeschichtet, mit bloßen Händen Forellen gefangen. Und im Frühsommer rannten sie mit ausgerissenen Brennnesseln den Mädchen nach, die damals noch Röcke trugen:

> »Ja, wir waren noch glückliche Kinder! Aber die heutigen Kinder, die können das alles nicht mehr erleben. Die werden mit dem Schulbus gefahren und setzen sich dann gleich an den Computer oder vor den Fernseher. Bin ich froh, dass ich damals Kind war.«

Im gleichen Dorf unterhielten wir uns im Rahmen eines Forschungsprojektes mit Schulkindern darüber, wo sie besonders glücklich seien. Einer sagte: »Im Schulbus, der Ruderl (Fahrer) erzählt immer so lustige Witze!«

Erwachsene misstrauen dem neuen Kindheitsglück. Doch wenn wir über Glück urteilen, speziell das von Kindern, tun wir dies stets vor der Folie eigener Kindheitserinnerungen. Dies erklärt auch, warum wir *neue* Phänomene in der Kinderwelt oft misstrauisch betrachten. Ende der Neunzigerjahre überschwemmten, von der japanischen Erfinderin Aki Maita entwickelt, die Tamagotchis auch ganz Europa. Diese virtuellen Küken mussten gefüttert und gepflegt werden; auch kümmerten sich die Kinder per Druckknopf um ihre Reinlichkeit. Viele PädagogInnen waren entsetzt – viele Kinder jedoch happy, wenn das Küken prächtig heranwuchs, aber traurig, wenn es, weil zu selten auf die Knöpfe gedrückt wurde, dahinzusiechen begann, einige so sehr, dass sie ihr Tamagotchi zum Tierarzt brachten.

Glück, auch und gerade von Kindern, ist etwas Subjektives, das von Erwachsenen umso leichter übersehen werden kann, wenn sie sich nicht an entsprechende Erlebnisse erinnern können. Wir neigen dazu, als glücksförderlich für heutige Kinder einzustufen und umzusetzen, was uns selber auch beglückte. Erziehung, die das Glück von Kindern begünstigen will, hat allerdings auf Zwangsbeglückung zu verzichten, die oft subtil geschieht und zumeist gut gemeint ist.

Glück: mehr als Zufriedenheit und Wohlbefinden?

In der Glücksforschung ist es vielfach üblich, Glück mit (Lebens-)Zufriedenheit gleichzusetzen. So sehen es auch viele ZeitgenossInnen. Vor einiger Zeit befragte das Demoskopische Institut in Allensbach Bürger der alten und neuen Bundesländer nach ihren spontanen Gedanken zu »Glück«.[1] Ein 35-Jähriger:

»Für mich ist Glück mit Zufriedenheit gleichzusetzen. Wenn ich in der Lage bin, mein Leben so zu gestalten, wie ich es möchte.«

Wir sind öfters zufrieden als wirklich glücklich. Von daher sind Glück und Zufriedenheit nicht völlig deckungsgleich. Auch beinhaltet Glück mehr Intensität, einen Überschuss. Eine 40-Jährige:

»Die Zufriedenheit gehört zum Glücklichsein oder ist eine Voraussetzung. Zufriedenheit kann auch ein länger dauernder Zustand sein, Glück ist das nicht. Glück ist eine andere Ebene. Glück ist ein Gipfel in einer Landschaft der Zufriedenheit. Vor Zufriedenheit weint man nicht oder kann nicht jubeln, das kann man nur vor Glück.«

Lebenszufriedenheit wird zumal dann konstatiert, wenn wir auf unser Leben zurückblicken, und es kann tendenziell gesteigert werden. Vor Zufriedenheit jauchzen wir nicht, auch kommen uns keine Freudentränen. Anders hingegen wirkliches, erfüllendes Glück, das unmittelbar erlebt wird und ein Zustand ist, der keine Steigerungsmöglichkeiten in sich trägt, da er das absolute Höchstmaß an Sinn und Sinnlichkeit, an Wohlsein und an Erfüllung ist. Deswegen fragten wir die Kinder, was sie in ihrem Leben bisher am meisten glücklich gemacht hat. Allerdings kann dieser Zustand nicht permanent aufrechterhalten werden; wir würden gefühlsmäßig verbrennen.

Es ist nicht auszuschließen, dass Menschen glücklich sind, gerade weil sie unzufrieden sind, etwa wenn sie mit ungerechten Vorkommnissen konfrontiert sind – und sich empören. Ein grüner Umweltaktivist schilderte mir als seine glücklichste Zeit, wie er aus Protest gegen den Bau des Atomkraftwerkes Zwentendorf (Österreich) in der Flussaue campierte und schließlich von Polizisten weggetragen wurde. Das AKW wurde übrigens nicht fertiggestellt.

Wohlbefinden ist ein weiterer Begriff, der mit dem Glück gelegentlich gleichgesetzt wird. Bernd Hornung, ein Münchner Glücksforscher, schrieb: »Das Glück ist subjektives Wohlbefinden, und subjektives Wohlbefinden ist Glück.«[2] Amerikanische Glückspsychologen haben das Wohlbefinden in drei Komponenten unterteilt:

1. Lebenszufriedenheit,
2. häufige positive Gefühle,
3. die Abwesenheit negativer Emotionen, speziell depressive Verstimmung und Angst.

Ein Mensch fühlt sich demnach dann wohl, wenn er, sein Leben und seine Umstände betrachtend, zufrieden mit dem Kopf nicken kann, häufig lacht und die Augenbrauen angehoben hat beziehungsweise selten griesgrämig und mit herabhängenden Augenlidern in die Welt schaut.

Aber sind Sie wirklich glücklich, wenn Sie sich wohlfühlen, etwa in der warmen Badewanne sitzend? Oder wenn Sie sich im Wohnzimmer auf die eben bei Ikea abgeholte neue Couch setzen? Oder behaglich ein Käsefondue gegessen haben? Wie schon im Vergleich mit »Lebenszufriedenheit« kann man auch bei »Wohlbefinden – Glück« dem letzteren einen Mehrwert zugestehen, eine tiefe Erfüllung, die nicht zu erhöhen ist.

Auch wenn die erwähnten Begriffe voneinander abgegrenzt werden können – im Alltagsverständnis fließen sie ineinander. Wir assoziieren »glücklich« mit »zufrieden« und nicht mit »unzufrieden«; »Wohlbefinden« verbinden wir eher mit »Glück« als mit »Unglück« oder »Traurigkeit«. Erwiesenermaßen stufen sich Menschen, denen öfters glückliche Episoden zuteil wurden, auch als zufriedener ein. Aus diesem Grunde werden in diesem Buche die erörterten Begriffe gelegentlich als austauschbar verwendet, denn gerade von glücklichen Kindern nehmen wir an, dass sie auch zufrieden sind und sich wohl in ihrer Haut fühlen.

Das Gegenteil von Glück?

Auf Anhieb fällt uns natürlich »Unglück« ein, was schreckliche Ereignisse assoziieren lässt, etwa Unfälle oder Krankheiten. Etliche Autoren bestimmen das Gegenteil von »glücklich« als »traurig«, dies tun übrigens auch Kinder. »Was ist ein Mensch, wenn er nicht glücklich ist?«, fragte ich jüngst unsere achtjährige Tochter. »Dann ist er traurig!«

Depression ist meiner Überzeugung nach das Gegenteil von Glück. So sieht es auch Erich Fromm: Für ihn ist Depression die Unfähigkeit, froh zu sein, genau so, wie man unfähig ist, traurig zu sein.[3] Immer wieder beschert uns das Leben Anlässe, in denen es heilsam ist, wirklich zu trauern: Wenn eine Beziehung zerbricht, einem anderen Menschen schweres Leid widerfährt, am Grab Abschied genommen werden muss – dann ist es erleichternd, wenn die Tränen fließen und wir schluchzen und heulen können. Depression ist demgegenüber ein Zustand innerer Leere und Unproduktivität, in dem im Gehirn die Synapsenbildung eingeschränkt ist und sich dieses regelrecht schädigt. Als amerikanische Chirurgen die Gehirne von Suizidanten sezierten, die zuvor länger schwer depressiv waren, fanden sie, dass die grauen Zellen geschrumpft waren und sich auch Teile des linken Stirnhirns verkleinert hatten, das jeweils dann aktiver ist, wenn Menschen positive Emotionen erleben.

Viele depressive Menschen, deren Gehirn zu wenig aktiv ist, können gar nicht weinen und wären unsäglich erleichtert, wenn ihnen dies doch gelänge. Menschen hingegen, die wirklich glücklich sind und dabei die Duchenne-Falten neben den Augen zeigen, die Krähenfüße, die das Lächeln als echt ausweisen, können auch leichter traurig sein und dies zeigen. Wer Freude und Glück intensiv erlebt, neigt dazu, auch Traurigkeit auszukosten. Nicht zugelassene Gefühle – seien sie positiv, seien sie negativ – können erwiesenermaßen den Körper nachhaltig schädigen. Glück ist eine Kontrasterfahrung.

Diesbezüglich Vorbilder für uns sind die Kinder, solange sie sich noch in der impulsiven Phase ihrer Persönlichkeitsentwicklung befinden, die vom amerikanischen Kinderpsychologen Robert Kegan in die Vorschul- und ersten Schuljahre gelegt wurde.[4] Der fünfjährige Tobias, nachdem ihm seine ältere Schwester absichtlich den Turm aus Holzklötzen zerstört hat, stampft mit den Füßen auf den Boden und *ist* ganz seine Wut. Die siebenjährige Sabrina, nachdem sie erfahren hat, nicht zum Geburtstag ihrer früheren Freundin Bettina eingeladen worden zu sein, *ist* ganz ihre Trauer – aber es kann schon in wenigen Augenblicken sein, dass sie wieder Freude *ist*, weil sich die Hauskatze friedlich schnurrend an sie schmiegt. Und der achtjährige Bernd, der auf dem Fußballfeld das Führungstor erzielt, *ist* ganz seine überschäumende Freude und ganz sein durch alle Adern pulsierendes Glück. Erst später werden Heranwachsende fähig, zu ihren Gefühlen in Distanz zu treten, was bei starken Emotionen nur zum Teil gelingt. Auch werden sie fähig, sich diesbezüglich zu verstellen und zu täuschen. Erforderlich dafür sind Reifungsvorgänge im Gehirn (siehe Kapitel 2).

Glück messen?

Psychologen bemühten sich schon alles Mögliche zu messen: Intelligenz – die übrigens vielfach, multipel ist –, Ängstlichkeit, Vorurteilsneigung, Spiritualität – und Glück. Wenn jeder des eigenen Glückes Richter ist, kann dieses nur gemessen werden, indem Menschen angeben, wie glücklich sie sich fühlen. Die deutsche Demoskopin Noelle-Neumann war zwar der Ansicht, geschulte Interviewer könnten aufgrund der Mimik der Befragten, aufgrund ihrer Gesten und Körperhaltung einschätzen, wie glücklich diese seien. Aber letztlich täuschten sie sich (zu) oft.

Die übliche Glücksmessung ist mit zahlreichen Fehlerquellen behaftet. Es macht einen Unterschied, ob eine Person nach ihrem Lebensglück befragt wird, wenn sie mit einer eitrigen Backenzahnwurzel im Wartezimmer des Zahnarztes sitzt – oder ob dies beim Urlaubsfrühstück auf Teneriffa geschieht, nach einer Liebesnacht wie im ersten Honeymoon. Auch ist erwiesen, dass Menschen ihr bisheriges Leben für glücklicher einschätzen, wenn sie an einem sonnigen Tag danach gefragt werden und nicht an einem verregneten.

In einer psychologischen Studie wurde eine Gruppe von Studenten zuerst nach ihrer allgemeinen Lebenszufriedenheit gefragt und erst danach zu ihren drei letzten angenehmen Dates; in einer zweiten Gruppe geschah dies in umgekehrter Reihenfolge: Letztere bilanzierte ein deutlich glücklicheres Leben. In einer weiteren Untersuchung wurden Männer und Frauen gebeten, sich an drei glückliche Ereignisse zu erinnern, die zeitlich noch nicht lange zurücklagen; eine zweite Gruppe erinnerte sich an drei traurige Vorkommnisse. Die erste Gruppe gab an, ein glücklicheres Leben geführt zu haben als die zweite. Anders hingegen, als die Teilnehmenden gebeten wurden, sich an drei Ereignisse zu erinnern, die schon mehrere Jahre zurücklagen, eine Gruppe an bedrückende Episoden, eine andere an beglückende. Die ersteren, die sich an Sonniges aus fernen Tagen erinnert hatten, verzeichneten auf einer Glücksskala niedrigere Werte als die letzteren.

Eine Glücksstrategie
Erinnern Sie sich nicht an den schönen Hochzeitstag vor 25 Jahren, sondern lieber an das nette Candle-Light-Abendessen vom letzten Wochenende.

In einem anderen Experiment wurden Studenten gebeten, in einen Raum zu gehen, um dort Fragebögen zu Glück und Lebenszufriedenheit auszufüllen. Eine Gruppe fand auf dem Weg dorthin »zufällig« einen kleinen Geldbetrag, die andere hingegen nicht; die ersteren schätzten ihr bisheriges Leben als deutlich glücklicher ein als die zweite.

Glück verteilen
Wenn Sie jemanden kurz glücklich machen wollen, sollten Sie ihm völlig unerwartet etwas schenken, auch wenn es nur klein und unscheinbar ist.

Trotz vieler Fehlerquellen lässt sich Glück zumindest annäherungsweise messen. Hierfür wurden dutzende von Skalen entwickelt, auch solche für Kinder. Zwei kurze werden im Folgenden präsentiert, mit der Sie auch ihr eigenes Glück beziehungsweise ihre Lebenszufriedenheit einschätzen können, eine erste vom neuseeländischen Glücksforscher Michael Fordyce[5], und eine zweite vom amerikanischen »Dr. Happiness« Ed Diener:

»Wie glücklich oder unglücklich fühlst du dich üblicherweise?«

	10. extrem glücklich (Gefühle der Ekstase und Freude, fantastisch)
	9. sehr glücklich (fühle mich wirklich gut, bin begeistert)
	8. recht glücklich (fühle mich gut)
	7. etwas glücklich (fühle mich meistens gut und etwas heiter)
	6. leicht glücklich (gerade ein wenig über dem neutralen Punkt)
	5. neutral (weder besonders glücklich noch unglücklich)
	4. leicht unglücklich (gerade ein wenig unter dem neutralen Punkt)
	3. etwas unglücklich (eher in einem Tief)
	2. recht unglücklich (Gemütsverfassung tief)
	1. sehr unglücklich (deprimiert, die Gemütsverfassung sehr tief)
	0. extrem unglücklich (regelrecht deprimiert, total unten)

Im Durchschnitt	
Ich fühle mich glücklich, prozentual	_____
	Prozent der Zeit
Ich fühle mich unglücklich, prozentual	_____
	Prozent der Zeit
Ich fühle mich neutral, prozentual	_____
	Prozent der Zeit
TOTAL	100 Prozent

Tausende von Menschen haben diese Fragen bereits beantwortet. Wenn Sie beim Wert 8 oder darüber angekreuzt haben, sind Sie überdurchschnittlich glücklich, wenn unter 8, dann weniger glücklich. Wenn Sie sich seltener als zu 54 Prozent der Zeit glücklich fühlen, liegen Sie unter dem Durchschnitt, und wenn Sie häufiger als zu 20 Prozent unglücklich sind, sind Sie deprimierter als der Durchschnitt.

Die Lebenszufriedenheitsskala von Ed Diener umfasst fünf Aussagen, die folgendermaßen beurteilt werden können[6]:

7 = starke Zustimmung
6 = Zustimmung
5 = geringe Zustimmung
4 = weder Zustimmung noch Ablehnung
3 = geringe Ablehnung
2 = Ablehnung
1 = starke Ablehnung

___ Mein Leben kommt in so ziemlich jeder Hinsicht meinen Idealvorstellungen nahe.
___ Meine Lebensumstände sind ausgezeichnet.
___ Ich bin mit meinem Leben rundum zufrieden.

___ Bisher habe ich die wichtigen Dinge im Leben, die ich haben wollte, bekommen.

___ Wenn ich mein Leben noch einmal leben dürfte, würde ich nichts anders machen.

___ Summe der Punktwerte

30 bis 35	Extrem zufrieden; sehr deutlich über dem Durchschnitt
25 bis 29	Sehr zufrieden; über dem Durchschnitt
20 bis 24	Einigermaßen zufrieden; entspricht dem Durchschnitt
15 bis 19	Leicht unzufrieden; knapp unter dem Durchschnitt
10 bis 14	Unzufrieden; deutlich unter dem Durchschnitt
5 bis 9	Sehr unzufrieden; drastisch unter dem Durchschnitt

Was macht uns Menschen glücklich?

So lautet die spannendste Frage der Glücksforschung. Die bisher gegebenen Antworten sind mannigfaltig. Pflichterfüllung vielleicht, meinte der Philosoph Immanuel Kant. Die Befriedigung unserer angestauten Bedürfnisse – aber nur kurzfristig, so Sigmund Freud. Die Summe unserer Lustbarkeiten, so die so genannten Hedonisten (von griechisch *Hedone* = Lust).

In seinem Buch *Die Glücksformel* skizziert Jonathan Haidt[7] zwei Personen:

»Bob oder Mary?

Bob ist 35 Jahre alt, Single, weiß, attraktiv und sportlich. Er verdient 100 000 Dollar im Jahr und lebt im sonnigen Südkalifornien. Er ist ausgesprochen intellektuell, in seiner Freizeit liest er und geht in Museen.

Mary lebt mit ihrem Mann im öfter verschneiten Buffalo (New York), sie verdienen zusammen 40 000 Dollar im Jahr. Mary ist 65 Jahre alt, schwarz, übergewichtig und schlicht in ihrer Erscheinung. Sie ist sehr gesellig und verbringt ihre Freizeit meist bei kirchlichen Veranstaltungen. Wegen Nierenproblemen muss sie zur Dialyse.«

Wer ist wohl glücklicher, der attraktive Bob oder die korpulente Mary? Gemäß dem gängigen Klischee ist es selbstverständlich Bob: Er ist reich, jung, gut aussehend und vor allem gesund. Doch die Glücksforschung spricht eher für Mary,

- ☺ denn Geld macht nur bedingt glücklich (keines aber unglücklich).
- ☺ Äußere Faktoren wie Wohnumgebung, Alter, Bildung und so weiter wirken sich kaum auf unser Glück aus.
- ☺ Glücksrelevanter sind unsere Lebensformen: Verheiratete sind im Allgemeinen glücklicher – und Mary ist dies schon lange –, nicht nur, weil sie sich das Jawort gegeben haben; vielmehr trifft zu, dass zuvor schon glückliche Menschen eher das Risiko des Versprechens »… bis dass der Tod euch scheidet« eingehen.
- ☺ Zwiespältig ist der Glückseffekt von Kindern, deren Geburt zwar für besonders beglückend gehalten wird. Anders sieht es aber um halb zwei in der Nacht aus, wenn das Baby schreit und schreit und kein Schalter da ist, der auf »Off« gestellt werden kann.

☺ »Nichts ist beglückender, als über ein Pflaster zu laufen, das man selber gelegt hat«, sagte der französische Feuilletonist Alain.[8] Arbeit, von vielen als Gegenteil von Freizeit und eigentlichem Leben angesehen, entscheidet über unser Glück fast ebenso stark wie der soziale Nahbereich.

☺ Beglückend wirkt Arbeit besonders dann, wenn sie als Flow erlebt wird.

Macht Geld glücklich?

Gehören Sie zu jenen, die folgende Frage bejahen würden: »Wären Sie glücklicher, wenn Sie ein höheres Gehalt beziehen könnten und auf ihrem Sparkonto mindestens ein sechsstelliger Betrag läge?« Um die 80 Prozent sagen Ja. Und irren! In den letzten 60 Jahren hat sich das Durchschnittseinkommen in den Vereinigten Staaten vervierfacht, aber die Quote der sehr Glücklichen blieb gleich, es waren und sind 35 Prozent. Ebenso in Europa: Zusehends weniger lang muss gearbeitet werden, um sich einen DVD-Player zu leisten. Und doch werden die Wartezimmer der Psychotherapeuten nicht leerer, im Gegenteil. Seit den Sechzigerjahren hat die Anzahl depressiver Verstimmungen und Erkrankungen fast im gleichen Maße zugenommen, wie der Wohlstand vermehrt worden ist.

Glückspsychologische Studien besagen, dass die finanziellen Mittel einer Person allenfalls 2 Prozent ihres Wohlbefindens erklären. Stark ausgeprägt ist der statistische Zusammenhang zwischen Glück und Geld dann, wenn zu wenig oder gar keines da ist – auch wenn uns das Märchen von »Hans im Glück« eines anderen belehrt: Er wird umso glücklicher, je weniger er hat. Menschen, die stets jeden Euro wenden müssen und dennoch in die roten Zahlen rutschen, sind zu gut 40 Prozent häufiger unglücklich und deprimiert als vergnügt, interessiert und glücklich. Sie sind auch häufiger krank und insgesamt weniger gesund. Wenn aber die Grundbedürfnisse abgedeckt sind, der Heizöltank voll ist und im Kühlschrank kein zusätzlicher Weichkäse mehr Platz hat, intensiviert ein höheres Einkommen das Lebensglück nicht mehr.

Eine weitere Glücksstrategie
Verhindern Sie, dass die Ansprüche steigen, dass beispielsweise aus dem Punto ein Porsche werden soll. An diesen gewöhnt man sich schnell, sodass schon der Ferrari anvisiert wird – das reduziert Glück.

Dass viel Geld nur bedingt glücklich macht, zeigt die bekannte glückspsychologische Studie, die Philipp Brinkman durchführte.[9] Wer auf seinem Lottozettel sechs Richtige entdeckt, dem ist nicht zu verargen, wenn er »Hurra« schreit und in die Lüfte springt. Finanzielle Sorgen sind weggeblasen und frühere Träume nur noch eine Frage der Zeit: Weltreise, Porsche. Und wer aus der Narkose aufwacht, die Beine nicht mehr bewegen kann und von der Rückenmitte abwärts, wo der Knochensplitter die Nerven durchtrennte, nichts mehr spürt – der muss doch wohl zutiefst verzweifelt sein; nie wieder Herbstwanderungen, nie wieder Erektion und Orgasmus. Brinkman befragte diese Extremgruppen, zunächst kurze Zeit nach dem Ereignis. Lotteriegewinner waren happy, Paraplegiker tief deprimiert. Wen wundert's? Aber schon nach einem Jahr hatte sich die Befindlichkeit beider Gruppen einander angenähert und unterschied sich nur noch zufällig. Auch wenn es sich Gesunde kaum vorstellen können: Viele Menschen im Rollstuhl sind zutiefst glücklich. Wer von sich selber behauptet, lieber tot als querschnittgelähmt zu sein, irrt. Der weltbekannte Physiker Stephen Hawking wurde in seinen Zwanzigern an den Rollstuhl gefesselt und sagte: »Mit 21 Jahren wurden meine Erwartungen auf Null reduziert. Alles seitdem war ein Gewinn.« [10]

Der Hauptverfasser der Studie über das Glück von Paraplegikern und Lottomillionären galt als große Zukunftshoffnung der Glücksforschung und prägte das Wort der »hedonistischen Tretmühle«. Ähnlich wie einem Hamster, der sich in seinem runden, drehbaren Käfig abstrampelt und abstrampelt – und doch auf gleicher Höhe bleibt – ergehe es unserem Glücksstreben, wenn es sich auf Materielles richtet. Vielleicht war das einer der Gründe dafür, warum Professor Brinkman, dessen Vorlesungen überlaufen waren, am 13. Mai 1982 das höchste Gebäude von Ann Arbor bestieg – und heruntersprang. Glücklich scheinende Menschen können tief im Dunkeln sein.

Tanzende Völker – glücklichere Völker

Dass Geld nur bedingt glücklich macht, wird ersichtlich, wenn die Lebenszufriedenheit in Ländern verglichen wird, die unterschiedlich wohlhabend sind. Besonders glücklich sind die Schweizer (möglicherweise auch wegen der Schokolade), die Dänen, Isländer, Schweden und Kanadier. Deutlich unglücklicher sind die Einwohner der ehemals kommunistischen Länder: Bulgaren, Russen, Rumänen. Menschen in Regierungsformen, die (Basis-)Demokratie zulassen und viele Freiheiten gewähren, sind glücklicher. Mittelmäßig glücklich sind Japaner, Franzosen, Polen und Chinesen. Deutlich glücklicher sind die Einwohner von Argentinien, ein Land, das die letzten Jahre mit enormen wirtschaftlichen Schwierigkeiten zu kämpfen hatte (in Buenos Aires sah ich, dass selbst Angehörige der Mittelschicht sich nach einem Konzertbesuch kein eigenes Bier leisten konnten, sondern zu dritt mit Strohhalmen aus einer Halben tranken), möglicherweise deswegen, weil Argentinier öfters Tango tanzen. Auch Brasilianer (Samba) und Mexikaner (Salsa) sind glücklicher als die Einwohner zahlreicher begüterter Industrienationen. Kubaner, obschon sich die meisten von ihnen keinen Punto leisten können, sind glücklicher als die Italiener, wo ein Punto die Regel ist. Am schlagendsten ist eine Untersuchung, in der verglichen wurde, wie glücklich sich folgende Personengruppen fühlen: die 400 reichsten Amerikaner, Amische ohne Handy und Kreditkarte und Massais in den Savannen von Kenia, die viel in (tänzerischer) Bewegung sind. Nun, alle drei Gruppen sind genau gleich glücklich!

Wer viel Tango, Samba oder Salsa tanzt, ist ebenso glücklich wie die 400 reichsten Amerikaner.

Geld macht nur bedingt glücklich, weil es den Hunger nach noch mehr verstärkt. Junge Amerikaner wurden zu Beginn ihrer Erwerbslaufbahn zu ihren materiellen Erwartungen befragt, die sie an ein glückliches Leben richten. Im Lebenslauf stiegen diese umso stärker an, je höher der Verdienst war. Wer viel verdiente, stufte beispielsweise ein Ferienhaus eher für besonders wichtig ein, wer weniger verdiente, begnügte sich mit der angestrebten Eigentumswohnung.

Sich nicht mit den Besserverdienenden vergleichen

Geld vermindert unsere Zufriedenheit, wenn wir registrieren, dass andere mehr haben. Aber es erhöht – ehrlicherweise – unsere Zufriedenheit, wenn wir mehr verdienen als der Schwager, den wir ohnehin nie so richtig leiden konnten. Amerikaner wurden zu folgendem Gedankenexperiment gebeten: »Welchen Job hätten Sie lieber? Einen, der Ihnen 90 000 Dollar im Jahr bringt, Ihren Kollegen 70 000 Dollar? Oder einen mit 100 000 Dollar für Sie und 150 000 Dollar für Ihre Kollegen?« Nur gut die Hälfte der Befragten wählte den zweiten. Mehr als die Kollegen zu verdienen war den anderen 10 000 Dollar wert. Menschen mit starken materialistischen Interessen sind auch deswegen weniger glücklich, weil sie mehr schuften und weniger Zeit für ihre Sozialbeziehungen investieren.

Der renommierte Ökonom und Glücksforscher Robert Easterlin gibt den Ratschlag: Weniger verbissen arbeiten, mehr gesellige Zeit mit Freunden und der Familie verbringen – daraus resultiert mehr Glück.

Erzieherisch wird denn auch zu fragen sein: Machen wir Kinder glücklich, wenn wir ihnen die aktuellsten Markenklamotten kaufen, ihre Zimmer mit den neuesten Spielkonsolen überfüllen? Oder füttern wir damit ihre latente Unzufriedenheit?

Machen äußere Lebensumstände glücklich?

Einer unserer Nachbarn sehnte seine Pensionierung herbei, um danach an die Adria zu ziehen, wo er und seine Frau bereits ein Haus gekauft hatten. Kurze Zeit nach dem letzten Arbeitstag zogen sie über die Alpen fort. Aber schon ein Jahr später waren sie wieder in Österreich: Hier seien sie doch glücklicher, auch wenn sich kein Meeresstrand ausbreitet und es deutlich kälter ist.

Wohnumgebung und Glück hängen nur sehr schwach zusammen. Psychologen befragten Amerikaner, teils im Mittelwesten lebend, teils zwischen San Francisco und San Diego, ob die Einwohner von Kalifornien, wo oft die Sonne scheint und die Wogen für das Surfen hoch sind, glücklicher seien. Sowohl die Kalifornier als auch die in Ohio lebenden Befragten hielten Menschen in Kalifornien für glücklicher, speziell wegen der milden Winter und dem häufigen Sonnenschein. Als aber berechnet wurde, ob sich das subjektiv eingeschätzte Glück der beiden Stichproben in der prognostizierten Richtung unterscheidet, zeigte sich: keine Differenz! Vielmehr scheinen die Befragten einer fokussierenden Illusion erlegen zu sein: Die Konzentration auf das günstigere Klima erzeugt den Eindruck, das Leben als Ganzes müsse glücklicher sein.

Menschen sind offensichtlich so disponiert, dass sie sich leicht an neue Umgebungen anpassen und schnell wieder wohlfühlen. Für einen Schweizer, der in der voralpinen Hügelzone aufwuchs, mit Blick auf die (noch) von ewigem Eis bedeckten Gipfel, war es anfänglich eine enorme Umstellung, sich an das flache Rhein-Main-Becken in Mainz zu gewöhnen. Aber nach einer Zeit fühlte er sich sehr wohl.

Es gibt allerdings Grenzen der Anpassung. Wenn Sie in einem ruhigen Bauerndorf gewohnt haben, in dem ein paar Traktoren umhertuckerten, und dann in eine Stadt an eine stark befahrene Straße übersiedeln, schlimmstenfalls in der unmittelbaren Nähe einer Ampel, wo die Gaspedale gedrückt werden, wenn sie auf Grün schaltet, oftmals dass die Reifen quietschen – dann wird Ihnen Anpassung nicht gänzlich gelingen und Sie werden den diskontinuierlichen Lärm stets als belastend empfinden.[11]

Mehr Glück in der Jugend oder im Seniorenheim?

Gemäß dem gängigen Klischee ist das junge Erwachsenenalter glücklicher als das Alter. Schon in der Bibel heißt es: »Die Arme zittern, die Beine werden schwach, die Zähne fallen aus, deine Augen werden trüb« (Buch Kohelet 12,3). Die Anfälligkeit für Krankheiten steigt, die körperliche Leistungsfähigkeit nimmt ab, viele müssen ihre vertraute Wohnung aufgeben und in ein Altersheim ziehen – im Wissen darum, dass dies der letzte Umzug war. Und doch: Im Alter lässt sich kein Rückgang des Glücks feststellen. In einer raffinierten Studie fragten Psychologen eine Gruppe junger Erwachsener und eine Gruppe von Senioren, wie glücklich sich eine durchschnittliche Person einschätze, wenn sie 30 sei beziehungsweise wenn sie den siebzigsten Geburtstag hinter sich habe. Sowohl die Jungen als auch die Alten hielten den 30-Jährigen für glücklicher. Überrascht waren die Forscher, als sie das durchschnittliche Lebensglück in den beiden Gruppen verglichen: Die Senioren hatten höhere Glückswerte, obschon sie meinten, eine 30-jährige Person sei glücklicher.

Zahlreiche Studien belegen, dass Menschen mit steigendem Alter glücklicher und zufriedener werden.[12] Eine mögliche Erklärung ist die, dass verbitterte und unglückliche Menschen ein größeres Risiko haben, jünger zu sterben, denn Glück, vor allem wenn es gepaart mit Optimismus auftritt, fördert die Gesundheit. Auch gelingt es älteren Personen besser, unangenehmen Gefühlen wie Ärger und Trübsinn zu entgehen.[13] Und besonders nachdenkenswert sind die Forschungsergebnisse von James Pennebaker: Es kann enorm heilsam sein, seine Gefühle auszudrücken, auch und gerade die negativen, beispielhaft durch Schreiben.[14] Er analysierte mit speziellen Computerprogrammen neun Millionen Worte von Dichtern und fast vier Millionen Worte von Durchschnittsmenschen. Je älter die Verfasser, desto häufiger drückten sie angenehme Gefühle aus. Und ebenfalls häufiger wurde die Verwendung von »wir«, »unser«, »uns«.[15]

> Wer häufiger »wir« sagt, ist glücklicher, als derjenige, der stets »ich« sagt und auf sich fixiert ist.

Aussehen oder Bildung?

Mary, die wir oben mit Bob verglichen haben, ist übergewichtig, was hierzulande die meisten Männer als wenig attraktiv wahrnehmen (anders in afrikanischen Kulturen, wo Fettringe um den Bauch eher die Gewähr bieten, dass eine Hungersnot überlebt wird). Sind attraktive Frauen, deren Taillenumfang das 0,7-fache des Hüftumfanges beträgt und die über ihrem straffen Busen und ihren vollen Lippen eine stupsige Nase haben, glücklicher? Oder Männer mit knackigem Po, schmalen Hüften, einem breiten V-förmigen Oberkörper, starkem Kinn und einem symmetrischen Gesicht mit warm leuchtenden Augen? Nur bedingt, legt Feingold in dem Aufsatz »Gut ausschauende Menschen sind nicht so, wie wir denken« kenntnisreich dar.[16]

Bob, viel lesend und intellektuell, ist gebildeter als Mary. Aber macht Bildung glücklich? Einigen Philosophen zufolge ja, was verständlich ist: Menschen tendieren dazu, als glücksförderlich zu taxieren, worüber sie auch verfügen. Für Aristoteles, den bedeutendsten Glücksphilosophen der Antike, ist Bildung unabdingbar, um Glück zu erlangen. Hartmut von Hentig meinte: »Ein gebildeter Melancholiker ist ein Widerspruch.«[17] Hätte er das auch gesagt, wenn er nur den Hauptschulabschluss hätte? In jungen Jahren glaubte ich, Bildung, womit ein Doktortitel nach wie vor assoziiert wird, mache wirklich zufrieden; aber schon zwei Tage nach Übergabe der Doktoratsurkunde war emotional bei mir alles wie bisher.

Viele Studien zeigen: Gebildetere Personen schätzen sich nicht für glücklicher ein.[18] Im Gegenteil: Weniger Bildung kann damit einhergehen, dass die Lebensumstände kritikloser hingenommen und niedrigere Ziele gesetzt werden. Genau darüber Bescheid zu wissen, welche Effekte der massiv gestiegene CO_2-Ausstoß auf die Eiskappen auf den Polen und damit auf das Gesamtklima haben wird, löst Trübsal aus.

Gebildete neigen oft dazu, das Glück der einfachen Leute zu diskreditieren. Aber viele Frauen sind einfach glücklich, wenn im Musikantenstadl Hansi Hinterseer auftritt, seine weißen Zähne zeigt, zur Gitarre greift und singt. Viele Männer sind glücklich, wenn beim Frühschoppen auf dem Dorfplatz die Blasmusik aufspielt. Dies als falsches oder primitives Glück zu werten ist Arroganz.

Es ist ein Gemeinplatz der Glücksforschung, dass man mit Faktoren, wie sie bisher erörtert wurden, kaum voraussagen kann, ob ein Mensch glücklich ist. Erklärt werden damit nur einige wenige Prozent des Glücks. Erklärungskräftiger sind die sozialen Nahbeziehungen, aber auch das Wohlbefinden bei der Arbeit.

Machen Partnerschaft und Ehe glücklich?

»Besser gut gehenkt als schlecht verheiratet!« – das schrieb einer, der zwar nicht selber verheiratet war, aber etlichen aus der Seele spricht: der Philosoph Sören Kierkegaard. Wer am Morgen am liebsten alleine aufwachen würde, wer sich mit der, der er früher »Mausi« oder »Schatzi« ins Ohr flüsterte und dabei das Ohrläppchen anknabberte, heftigste Wortgefechte liefert und sie buchstäblich nicht mehr riechen kann, auch wenn sie Parfum aufgetragen hat, der ist unglücklich. Was als süßer Honig begonnen hat, kann in ekelerregendem Schwefel, der wie faule Eier riecht, enden – wovon es ja in der Hölle viel geben soll. Nicht sonderlich glücklich ist auch eine Frau, die zwar verheiratet ist, sich aber einen großartigen Lover mit knackigem Po an Land gezogen hat und nun beständig zwischen den beiden Männern schwankt – sie sollte sich entscheiden, je schneller, desto besser.

Aber ebenso wahr ist: Wenn Sie glücklicher als die Durchschnittsbevölkerung sein wollen – heiraten Sie! Egal wen! Dies riet der bekannte Positive Psychologe Martin Seligman.[19] Gemäß einer repräsentativen US-Studie gaben sich verheiratete Frauen zu 42 Prozent als »sehr glücklich« aus, Singles zu 26 Prozent, Geschiedene zu 16 Prozent; verheiratete Männer waren zu 35 Prozent »very happy«, von den Singles und den Geschiedenen war es nicht einmal jeder fünfte (19 Prozent). Menschen in festen Partnerschaften müssen sich deutlich weniger Krankenhausaufenthalten unterziehen: Von 100 000 Briten hatten die Verheirateten 260 Spitalsaufenthalte, Singles 770, Verwitwete (die zumeist auch älter sind) 980, und Geschiedene gar 1437.[20] Eine Scheidung ist ein einschneidendes Lebensereignis, auch wenn einige sie locker zu nehmen scheinen, sich einvernehmlich trennen und es vor dem Richter zügig abwickeln, um danach noch einen gemeinsamen Espresso zu trinken: »Machs gut, und good bye!« Geschiedene, vor allem Männer, haben ein höheres Risiko, einen Verkehrsunfall zu bauen als jene, die am Abend brav zu ihrer Frau nach Hause fahren; auch geraten sie doppelt so oft in depressive Verstimmungen.

Warum sind Menschen in festen Partnerschaften besonders glücklich, egal ob es sich um eine traditionelle Ehe handelt, eine Josefsehe ohne Sex oder eine fixe homosexuelle Beziehung? Weil es nicht gut ist, dass der Mensch alleine ist! Und weil ohne Partner die tägliche Hilfe und Unterstützung fehlt, das offene Ohr, in das man die Probleme und Sorgen hineinreden kann. Aber auch die Hautkontakte, das Streicheln, was im Gehirn Glücksbotenstoffe (Endorphine, Serotonin, Oxycotin) freisetzt. Und die Geborgenheit und Sicherheit, und schließlich, nach Jahren, die gemeinsamen Erinnerungen, welche verbinden. Der Single, locker und unbeschwert durchs Leben switchend, hie und da eine prickelnde Affäre, aber ohne Verantwortung, und gerade deshalb glücklich – das ist eher ein Klischee! Mittlerweile scheint auch Gloria Steinem, eine der bekanntesten amerikanischen Feministinnen, zu dieser Einsicht gelangt zu sein. Sie, die den Slogan prägte: »Eine Frau ohne Mann ist wie ein Fisch ohne Fahrrad«, heiratete.[21]

Sind Menschen glücklicher, *weil* sie geheiratet oder sich liiert haben? Die Glücksforschung sieht dies mittlerweile skeptisch. In einer Längsschnittstudie zeigte sich: Auf einer Skala der Lebenszufriedenheit, die elf Punkte aufweist (0 = »ganz und gar unzufrieden«, 10 = »ganz und gar zufrieden«), stieg bei Männern und Frauen, nachdem sie geheiratet hatten, der Mittelwert um 0,13 Punkte (1 Prozent!) an. Also: Die Menschen sind weniger deshalb glücklich, weil sie verheiratet sind, sondern verheiratet, weil sie zuvor schon glücklicher als andere waren! Glücklichere Personen finden leichter einen Partner. Und sind risikobereiter. Wer fröhlich in eine Partyrunde tritt, lacht, mit Komplimenten nicht geizt, vor Witz und Charme sprüht, im Augenkontakt mit einer jungen Dame die Augenbrauen hebt und bei passender Gelegenheit ihren Arm berührt, ist schneller liiert. Wer freudlos durchs Leben wandelt, finster in die Welt schaut, deren abertausende Probleme bejammert, zynisch ist, der hat geringere Chancen auf dem Heiratsmarkt. Wir sind lieber mit Menschen zusammen, mit denen das Leben Spaß macht und wir lachen können. Längsschnittstudien haben gezeigt: Personen, in jungen Jahren glücklich, steckten als Erwachsene wahrscheinlicher unter der Haube, was die meisten noch glücklicher machte, wenn auch nur etwas – wer hat, dem wird gegeben.

Gemäß einer großen niederländischen Studie sind Frauen gut beraten, einen Mann zu heiraten, der älter ist – und in der Regel auch mehr verdient. In solchen Ehen waren sowohl die Männer als auch die Frauen glücklicher. Die Forscher erklären das damit, dass Frauen – nicht zuletzt aufgrund ihres evolutionären Erbes – letztlich Partner bevorzugen, die eher gewährleisten, eventuellen Nachwuchs materiell zu erhalten.

Was stabilisiert Ehen und feste Beziehungen? Und was vertieft ihr Glück? Nicht unerheblich ist das Motiv, das zur Eheschließung führt. Wird das ganze Unternehmen von Anfang an als Lebensabschnittspartnerschaft konzipiert, ist das Zerbrechen einkalkuliert – und wird auch nicht als sonderlich schlimm empfunden. Heirat kann auch als Krönung des großen Verliebtseins gesehen werden, von dem geglaubt wird: Marmor, Stein und Eisen bricht, aber unsere Liebe nicht – doch oft stellt sich Marmor dann doch als bruchfester heraus! Denn das Verliebtsein gehorcht biologischen Zyklen. Unsere Organismen können nicht beständig von

Endorphin-, Serotonin- und Dopaminschüben durchkribbelt werden und ebenso high sein wie im Ecstasy-Rausch. Wenn noch nach zwei oder drei Jahren beim Anblick des/der Geliebten fast die gleichen Gehirnschaltungen aktiviert werden wie bei Drogensüchtigen, wenn noch immer Wärme in die Wangen steigt und die Aktivität im Neokortex, wo die höheren Verstandestätigkeiten ablaufen, reduziert wird, ist das lang, sehr lang.

Beziehungen als etwas Heiliges ansehen

Untersuchungen in vielen Ländern haben gezeigt: Beziehungen sind besonders stabil, wenn sie religiös oder spirituell gedeutet werden. Wer seine Ehe als etwas Heiliges würdigt, setzt sie nicht leichtsinnig aufs Spiel, indem er dem verführerischen Lächeln einer Kellnerin, die Feierabend macht, folgt. Paare, die gemeinsam fasten oder meditieren und ihre Glaubensüberzeugungen teilen, beispielsweise: »Gott ist in unserer Ehe gegenwärtig«, »Unsere Ehe ist ein spiritueller Suchprozess«, denken nicht daran, sich zu trennen. Eine Familie, die gemeinsam betet, bleibt zusammen. Stabilisierend wirken auch gemeinsame Interessen. Wenn ein Mann Formel 1 für so wichtig hält, dass er den ganzen Sonntagnachmittag auf der Couch liegt, sie hingegen lieber nordisch walken würde – was er dämlich findet –, stehen die Chancen schlecht. Wichtig sind gemeinsame Weltanschauungen. Die Frau eines guten Freundes ließ sich in einer Krise um die 40 herum für Scientology begeistern und sprach fortan stets von höherem Bewusstsein – trotz langwieriger Therapien war die Scheidung unausweichlich.

Und nicht zuletzt: Verbindend wirken gemeinsame Unternehmungen und Sex, der in der leibfeindlichen Tradition des Christentums oft verteufelt wurde. Aber er kann die stärksten Glücksgefühle auslösen. Verständlich, dass so viele alte religiöse Traditionen Sexualität als etwas Heiliges würdigten. Auch heute: Wer Sexualität als spirituell achtet, ist mir ihr zufriedener und praktiziert sie hingebungsvoller und abwechslungsreicher.

Illusionen sind dem Eheglück besonders förderlich

Das fand eine der originellsten Psychologinnen der Liebe heraus: Sandra Murray.[22] Sie bat Eheleute und Männer und Frauen in festen Beziehungen darum, den Partner einzuschätzen, befragte dazu aber auch deren Freunde und Freundinnen. Wenn Männer und Frauen an ihrem Partner Tugenden und Stärken wahrnahmen, die von den Freunden nicht registriert wurden, waren die Beziehungen besonders glücklich und stabil. Glücklich Liierte schauen auf die positiven Seiten ihres Partners und neigen auch bei den unumgänglichen Schwächen, wie sie alle Menschen haben, dazu, diesen Positives abzugewinnen. Eine Frau, deren Ehemann oft stur ist, sagt dann: »Ich respektiere ihn wegen seiner festen Überzeugungen, das hilft mir, Vertrauen in die Beziehung zu setzen.« Eifersucht eines Partners kann zum Beweis dafür werden, »wie wichtig ich für ihn bin«. Solange solche Illusionen lebendig sind, bleibt er oder sie das »Schatzi«.

Für das Glück von Kindern ist es besonders wichtig, ob Eltern für ihrer Ehe beziehungsweise Partnerschaft Sorge tragen und diese pflegen:
- ☺ durch das Aufrechterhalten positiver Illusionen,
- ☺ gemeinsame Interessen und Weltanschauungen,

> ☺ gemeinsame Unternehmungen und die einfalls-
> reiche Pflege von Erotik,
> ☺ Zuhören, was Zugehörigkeit schafft,
> ☺ Wertschätzung und Dankbarkeit – gerade letzte-
> re ist dem Glück enorm förderlich.

Machen Kinder glücklich?

Als meine Frau das erste Mal schwanger war, waren wir voll des Glücks und voller seliger Erwartungen. Wir betrachteten in den Werbekatalogen süße Babys, die in samtenen Kissen selig schliefen, die rosaroten Fingerlein zu friedlichen Fäustchen geballt. Oder Bilder von älteren Kindern, die freudig über einen Rasen rennen und den Drachen hinter sich her ziehen. Gesichter von Kindern, die zwar bis hinter die Ohren mit Spinat verschmiert waren, aber aus denen helle Augen leuchteten. Wenn das Baby erst einmal da sein wird – permanentes Glück!

Es kam anders. Es kamen halb durchwachte Nächte, in denen das Töchterchen, einige Wochen alt, mit geblähtem Bauch schrie und schrie, das Dreimonatebauchweh, das auch mit Fencheltee nicht wegzubekommen war (bei den späteren Kindern erlebten wir das nicht mehr, wahrscheinlich weil wir gelassener waren). Es kamen die Mittelohrentzündungen, die geröteten Wangen beim Zahnen, von Tränen bedeckt. Es kamen die ersten Stürze und Platzwunden, sobald sie laufen gelernt hatte. Und von der Neustrukturierung unserer Intimität gar nicht erst zu reden. Oft sahen wir am Morgen im Spiegel unter unseren schmalen Augen dunkle Ringe und zuckten mit unseren angespannten Nerven zusammen, wenn im Kinderzimmer ein Poltern zu hören war – oft gefolgt von Geschrei.

Zwar rechnen die meisten Männer und Frauen die Geburt eines Kindes zu den glücklichsten Lebensereignissen:

»Die Geburt meines Sohnes, dieses kleine lebendige Etwas, das da plötzlich vor mir lag, und ich wusste, ich hab ihm (auch) das Leben geschenkt.«

»Die Geburt meines Sohnes und das erste Lebensjahr mit ihm. Nachdem die Wehen bei mir aufgehört hatten, war es notwendig, eine Sectio zu machen. Ich war sehr enttäuscht. Als ich trotz allem mein Kind sehr bald stillen konnte, genoss ich das und auch mein Sohn. Es war eine wunderschöne Zeit für mich, ich konnte alles mit ihm unternehmen, ihn überallhin mitnehmen. Alles war einfach unkompliziert. Wir beide genossen diese Zeit, auch als ich nach einem Jahr arbeitete, war das erste, das er verlangte: ›Mama, Mama!‹«

»Die Geburt meiner zwei Kinder, der Moment ›plötzlich waren sie da‹ – ein unbeschreibliches Glücksgefühl mit viel Emotionen.«

Aber: Kinder machen nur bedingt glücklich

So belehrt uns die Glücksforschung. In einer größeren Studie wurden Frauen gebeten, über einen längeren Zeitraum hinweg und mehrmals am Tag ihre aktuelle Befindlichkeit in einen Handcomputer einzutippen, sobald dieser einen Piepston von sich gegeben hatte. Die Mütter fühlten sich gleich gut, wenn sie sich um die Kinder kümmerten wie beim Bügeln und beim Geschirrspülen; deutlich glücklicher waren sie beim Essen, Einkaufen und wenn sie ein Nickerchen machten, am glücklichsten jedoch beim Sex.

Gewiss hält das Elternsein viele belohnende Momente bereit, etwa wenn das Töchterchen den ersten Schritt wagt und auch schafft, wenn es plötzlich mit dem Dreirad fahren kann oder selig in die Kerzen des Weihnachtsbaumes schaut, die sich auf seiner Iris spiegeln. Wenig kann Eltern stärker beglücken und mit Stolz erfüllen als solche Momente: Der sechsjährige Junior rennt über den Rasen, schießt ab und erzielt ein Tor; die Tochter erntet bei der Ballettaufführung tosenden Applaus.

> Keine Mutter braucht Skrupel zu haben, wenn sie beim Essen oder Shoppen glücklicher ist als bei der Pflege von Kindern, und auch kein Vater, wenn er lieber Auto fährt als Windeln wechselt.

Viele Studien haben gezeigt, dass die Lebenszufriedenheit zurückgeht, wenn Windeln zu wechseln sind oder – später – bei den Hausaufgaben zu helfen ist, von deren Zweckhaftigkeit Frau Tochter oder Herr Sohn wenig überzeugt ist. Längsschnittstudien, in denen Eltern in regelmäßigen Abständen gefragt wurden, wie glücklich und zufrieden sie mit ihrem Leben seien, zeigen den gleichen Verlauf[23]: Verheiratete ohne Kinder sind überdurchschnittlich zufrieden. Aber mit der Geburt des ersten Kindes sinkt die Glückskurve deutlich, um sich im Schulalter – auf niedrigerem Niveau – zu stabilisieren. Ein weiterer Einbruch erfolgt, wenn die Kinder in jenes Alter kommen, in dem sie aus Sicht der Eltern besonders schwierig werden – für die Teens ist es genau umgekehrt –, die Pubertät, wenn ein Piercing in den Bauchnabel muss, weil das die anderen auch haben, oder getrotzt wird, weil die anderen bis zwei Uhr früh in der Disco bleiben dürfen, und wenn im abgeschlossenen Jugendzimmer Musik erdröhnt, von der Vivaldi wenig begeistert gewesen wäre. Doch gerade in diesem Tief ist Zuversicht berechtigt: In allen vier Längsschnittstudien begann die Glückskurve wieder zu steigen, sobald sich die Kinder anschickten, auszuziehen, und aus ihnen etwas geworden war.

Offensichtlich leiden Eltern, wenn sie das leere Nest betrachten, nicht an melancholischer Verstimmung; vielmehr atmen sie erleichtert auf. Und dies zu Recht: Sie haben es geschafft! Und viele freuen sich an den Enkelinnen und Enkeln, die man aber jederzeit an die Eltern zurückgeben kann, wenn ihr Geschrei nicht zu beruhigen ist.

Diese Befunde sind ernst zu nehmen. Wenn Männer und Frauen wähnen, glücklicher zu werden, indem sie ein Kind zeugen, haben sie gut gesicherte Ergebnisse der Glücksforschung gegen sich. Sie täuschen sich mit hoher Wahrscheinlichkeit – und werden enttäuscht. Besonders problematisch finde ich, wenn sich ein Paar, in dessen Beziehung es weniger knistert als vielmehr kriselt, entschließt, ein Kind zu zeugen. Was als Kitt gedacht war, erweist sich nur zu oft als Axt. Kinder sollten um ihrer selbst willen da sein dürfen, und niemals als Zweck funktionalisiert werden.

Beglückt Arbeit?

Der Montagmorgen ist nicht jedermanns Glückszeit! Stau im Pendlerverkehr, unerledigte Akten auf dem Pult und ein Chef, der einen auch schon freundlicher begrüßt hat. Viele sprechen vom »Job«, in Österreich von der »Hackn«, die oft der Freizeit entgegengestellt wird: »Das wirkliche Leben beginnt nach dem Feierabend!« Aber ist nicht auch Arbeit wirkliches Leben? Und in der Tat: Ob wir insgesamt glücklich sind, hängt fast ebenso stark wie von den sozialen Nahbeziehungen von unserer Arbeit ab, und weniger davon, ob wir es geschafft haben, in der Lieblingslandschaft sesshaft geworden zu sein, etwa in Kitzbühel. Wie glücksrelevant die Arbeit ist, belegen hunderte von Studien, und das wussten schon die Chinesen, die das Sprichwort prägten:

Wenn du eine Stunde lang glücklich sein willst,
trinke einen guten Wein!

Wenn du einen Tag lang glücklich sein willst,
gehe fischen!

Wenn du eine Woche lang glücklich sein willst, schlachte
ein Schwein!

Wenn du einen Monat lang glücklich sein willst,
heirate!

Wenn du ein Leben lang glücklich sein willst,
liebe deine Arbeit!

Wie glücksrelevant die Arbeit ist, zeigt sich dann, wenn der blaue Brief ins Haus geflattert ist, ein fast gleichermaßen verheerendes Lebensereignis wie die Scheidung. Arbeitslose Briten stimmten Aussagen wie: »Haben Sie in jüngerer Zeit aufgrund von Sorgen Schlafprobleme?«, »Empfinden Sie sich als wertlose Person?«, doppelt so häufig zu wie Beschäftigte. Eine gründliche deutsche Längsschnittstudie, mit mehr als 18 000 Menschen über einen Zeitraum von zwanzig Jahren durchgeführt, zeigte: Wer seinen Job verliert (was bei 3733, also 15 Prozent, der Fall war), muss einen dramatischen Einbruch seiner Zufriedenheit verkraften. Zwar beginnt die Zufriedenheitskurve nach einigen Monaten wieder zu steigen, aber nur sachte und ohne das ursprüngliche Level wieder zu erreichen, selbst dann nicht, wenn ein neuer Job gefunden wurde. Die Erfahrung, nicht gebraucht zu werden, überflüssig zu sein, kann das Lebensglück nachhaltig reduzieren.

Arbeit beglückt Menschen umso mehr, je freier sie diese gestalten, je autonomer sie sich darin entfalten können. Wir neigen generell dazu, das gerne zu verrichten, was wir selber tun wollen und worin wir frei sind. Nichts ist für eine Kellnerin an einer Bar unerträglicher, als stets den Blick einer misstrauischen Chefin im Nacken zu spüren, die darauf achtet, dass ja nicht zu viel Cognac eingefüllt wird.

Arbeit beglückt auch dann, wenn sie abwechslungsreich, vor allem aber herausfordernd ist. Und wenn Vorgesetzte aufmunternd sagen: »Ich weiß, es ist zwar schwierig, aber Sie können das!« Empathische Chefs registrieren jedoch, wenn die Aufgabe zu schwierig ist: Etwas nicht zu können, was einem als Kompetenz positiv zugemutet wird – das führt zu Frust!

Arbeit versüßt – oder vergiftet – das ganze Leben: Wenn wir uns bei der Arbeit wohlfühlen, sind wir auch dann glücklicher, wenn wir mit der Familie »Mensch ärgere dich nicht« spielen oder am Abend mit Freunden ein Bier trinken. Erst recht gilt aber das Umgekehrte: Wenn wir im Job stets überfordert und unzufrieden sind oder schlimmstenfalls gemobbt werden, beginnt ein verhängnisvoller Teufelskreis: Aufwachen um vier in der Früh, schweißgebadet, mit bleiernen Gliedern, ein kurzes Einschlafen mit einem Albtraum, und dann zur Arbeit, bei der die Konzentration noch geringer ist, der Kollege oder Chef noch unerträglicher …

Bestenfalls wird die Arbeit als Flow erlebt, förmlich als ein Schweben, in dem wir ganz und gar unsere Tätigkeit werden und die Zeit vergessen. Ein Kardiologe erzählte mir, am glücklichsten sei er nach einer schwierigen, mehrstündigen Herzoperation, wenn er die Handschuhe abstreift und sich der chirurgischen Gewänder entledigt. Dem gehen mehrere Stunden voraus, in denen er mit dem Skalpell verschmilzt, ein Handgriff sicher den nächsten nach sich zieht und die Kontrolle erhalten bleibt.

Glück aus Flow

Der Begriff »Flow« wurde in den letzten Jahren in der Positiven Psychologie sowie in der Glücksforschung populär und ist untrennbar mit dem Namen Milhaly Csikszentmihalyi verknüpft.[24] Er interviewte Personen, die von ihren Freizeittätigkeiten dermaßen gepackt werden, dass sie in diesen aufgehen. Kletterer, die vergessen, dass sie eine Wand ersteigen; Tänzerinnen und Tänzer, die nicht mehr wissen, dass sie auf dem Parkett kreisen; Schachspieler, deren Bewusstsein von dem Geschehen auf den 64 Feldern völlig ausgefüllt ist. Kurz: Menschen, die mit jeder Faser ihres Wesens tätig sind. Das kann auch in der Berufsarbeit geschehen, etwa bei einem Programmierer, der an einem Problem tüftelt und dabei die Zeit vergisst. Oder beim Sport: Jogger, deren Körper warmgelaufen sind, zwingen sich nicht mehr, weiterzulaufen; sie werden ganz zur Bewegung. Aus solchen Tätigkeiten kehren viele Menschen zwar erschöpft, aber mit tiefen Glücksgefühlen zurück.

Infolgedessen ist Flow nicht mit Glück gleichzusetzen. Letzteres fließt aus der Flow-Erfahrung hervor und ist deren Beiprodukt. Extremkletterer, die sich bereit erklärt hatten, bei kurzen Pausen in der Wand ihre Befindlichkeit in einen Handcomputer einzutippen, waren nicht sonderlich glücklich, sondern befanden sich in einem Zustand positiver Aktivierung und in Anspannung – ein zentrales Element von Flow. Glücksgefühle, und zwar sehr intensive, stellten sich erst auf dem Gipfel ein und hielten beim Abstieg lange an, oft begleitet von weniger Konzentration, weswegen versierte Bergsteiger oft geradezu »banal« verunglücken. Dass Flow und Glück nicht identisch sind, zeigt sich auch daran: Wenn sich ein Mensch in tiefem Flow befindet, kann er gar nicht reflektieren, ob er glücklich ist oder nicht, weil er zu sehr mit seiner Aufgabe beschäftigt ist.

So erging es auch jenem vierjährigen Mädchen, an dem die italienische Erzieherin Maria Montessori Flow beobachtet hatte. Es steckte, in höchster Konzentration, unterschiedlich dicke Zylinder ineinander, dutzende Male, ohne vom Lärm der anderen Kinder abgelenkt zu werden und ohne zu bemerken, dass es auf seinem Stühlchen an einen anderen Ort getragen wurde. Als es schließlich aufhörte, aus dem Flow heraustrat, »lächelte es mit dem Ausdruck eines glücklichen Menschen«[25]. Kinder suchen mit der Notwendigkeit eines Naturgesetzes Flow auf, etwa wenn sie auf einer Almwanderung den Pfad verlassen und die steile Böschung hochklettern; wenn sie im Erlebnisbad kreischen vor Freude, wenn sie der künstlich erzeugten Strömung standhalten können oder von dieser mitgespült werden; wenn sie mit dem Skateboard im Hinterhof über Metallstangen hingleiten. Kinder und Flow, davon wird in diesem Buch noch wiederholt die Rede sein.

Csikszentmihalyi systematisierte einzelne Merkmale von Flow und beschrieb einen glücksbegünstigenden Flowkanal, der für Erziehung bedeutsam ist.

☺ Im Flow sind Menschen voll und ganz von ihrer Tätigkeit beansprucht, ohne aber die *Kontrolle* zu verlieren; Kontrollverlust ist arger Stress und kann verheerend enden, bei einer OP ebenso wie in einer Felswand. Generell gilt: Menschen, die über viele Kontrollmöglichkeiten verfügen, sind glücklicher.

☺ Der Handlungsablauf wird als glatt erlebt; ein Schritt geht flüssig in den anderen über, beispielsweise bei einer Bypass-Operation.

☺ Die Person muss sich nicht willentlich konzentrieren, sondern sie *ist* Konzentration und mit der Handlung regelrecht verschmolzen. Die Zeit vergeht viel schneller. Ich durfte schon Schachpartien im Caféhaus erleben, die meiner daheim wartenden Frau sehr lange vorkamen; für mich vergingen sie im Nu.

☺ Vor allem aber: Zwischen den Anforderungen der Situation und den für ihre Bewältigung zur Verfügung stehenden Fertigkeiten und Kompetenzen muss ein Gleichgewicht bestehen. Viele (ältere) Männer wissen es: Es macht nicht glücklich, wenn man(n) will, aber nicht kann! (Was aber auch gerade dadurch bedingt sein kann, weil man(n) will). Schon Rousseau hatte Glück als Gleichgewicht zwischen Können und Wollen definiert. Genau so zeigt sich der Flow-Kanal:

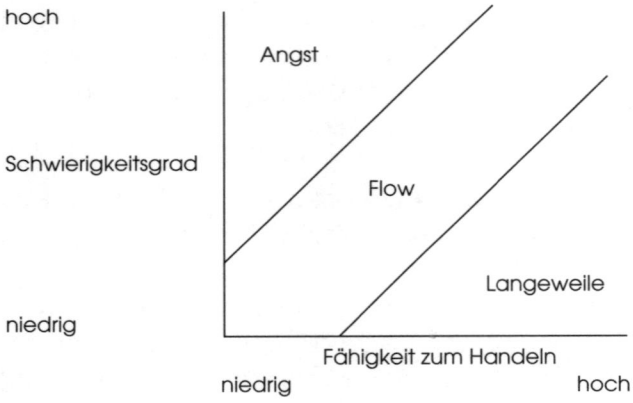

Wer als Anfänger am Fuß der Eigernordwand zu den schwindelerregenden Überhängen aufschaut, dem beginnen die Knie zu schlottern. Wenn von Reinhold Messner, der Achttausender bezwang, erwartet würde, die Rigi, 1798 Meter hoch, zu besteigen – das wäre langweilig und für ihn allenfalls als Spaziergang akzeptabel. Ideal ist es, wenn die Wand so schwierig ist, dass sie zu bewältigen ist und dabei zusätzlich neue Griffe erlernt werden können.

Die Frage heißt also: Geraten wir wirklich in Flow, wenn wir über geringe Fertigkeiten verfügen und kaum herausgefordert werden? Werden wir nicht apathisch? Und kann es nicht auch als entspannend erlebt werden, wenn wir mit komplexen Fertigkeiten einmal einer Tätigkeit nachgehen können, die wenig herausfordert? Aufgrund solcher Überlegungen hat Csikszentmihalyi sein Modell folgendermaßen überarbeitet:

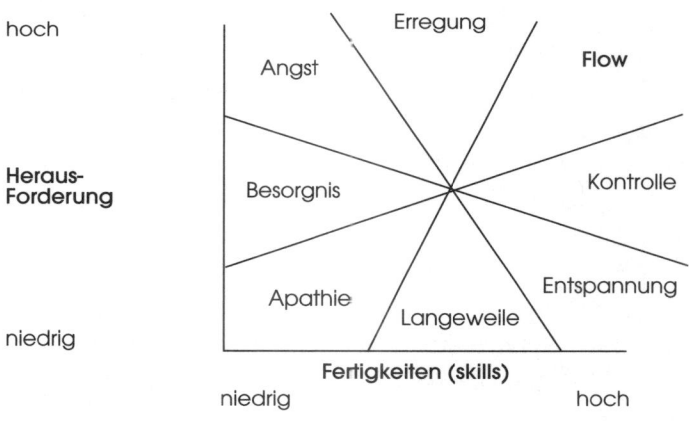

Flow selber ist nicht Glück, aber der Königsweg dorthin, speziell bei Kindern. Zum Wesen von Flow gehört, dass ich ihn selber erleben muss. Wir können ihn den Kindern nicht abnehmen und auch nicht servieren. Aber was wir tun können: Situationen schaffen, die das Auftreten von Flow wahrscheinlicher machen. Mitunter genügt ein Sprungseil oder ein Hüpfball. Wenn ein Zehnjähriger ein Skateboard geschenkt erhält, könnte er auf der Halfpipe Flow erleben; wenn er genötigt wird, weiterhin eine Stunde pro Tag am Klavier zu sitzen, was er einfach nicht mag, reduziert sich die Häufigkeit von Flow.

Was macht das Glück mit uns?

»Vergiss nicht, Glück hängt nicht davon ab,
wer du bist oder was du hast;
es hängt nur davon ab, was du denkst.«
Dale Carnegie

Wird nach den Effekten von Glück gefragt, haben wir das Problem mit dem Huhn und dem Ei. Was war zuerst? Erwiesenermaßen befördert Glück eine optimistische Weltsicht. Kinogänger, die einen Film mit einem rührenden Happy End gesehen hatten, schätzten die Wahrscheinlichkeit, dass die Menschheit in einem atomaren Holocaust zugrunde geht, niedriger ein als eine Vergleichgruppe, die einem Streifen mit einem fatalen Ausgang gesehen hatte. Aber es gilt auch das Umgekehrte: Eine optimistische Weltsicht macht glücklicher, so bei Robinson Crusoe, nachdem er als einziger den Schiffbruch überlebt hatte. Anstatt zu jammern: »Ich bin auf eine einsame Insel verschlagen worden, ohne Hoffnung, je wieder fortzukommen«, deutete er seine Situation so: »Aber ich bin doch am Leben und nicht ertrunken wie alle meine Kameraden.« Dies befähigte ihn, sich wieder glücklich zu fühlen – und zu überleben.

Die Frage: »Was macht das Glück mit uns?«, ist zugegebenermaßen simplifizierend. Dennoch ist folgende Antwort angemessen: Glück tut uns gut! In jeder Hinsicht! Unserem Körper, unserer Psyche beziehungsweise Seele, unserem Verhalten und unseren Denkstilen!

Glück macht gesund

Eine bekannte Glücksstudie stammt von Danner, Snowdon und Friesen. Sie analysierten Autobiografien der Kindheit und Jugend, die angehende Nonnen anlässlich ihres Ansuchens für den Klostereintritt abgefasst hatten. Die junge Cecilia O'Payne schrieb im Jahre 1932:

»Gott hat meinem Leben einen guten Anfang gegeben, indem er mir seine unschätzbare Gnade schenkte. Das vergangene Jahr, in dem ich als Kandidatin an der Universität Notre Dame studierte, war sehr glücklich. Nun bin ich voll erwartungsvoller Freude, die Ordenstracht Unserer Lieben Frau anzulegen und ein Leben in göttlicher Liebe zu verbringen.«

Eine andere junge Frau schrieb:

»Ich wurde am 26. September 1909 geboren als ältestes von sieben Kindern ... Mein Noviziat habe ich im Mutterhaus verbracht und am Notre Dame Institute Chemie sowie Latein im zweiten Jahr unterrichtet. Mit Gottes Gnade will ich das Beste für unseren Orden, für die Ausbreitung unseres Glaubens und für meine persönliche Heiligung tun.«

Welcher Text sprüht vor mehr Glück? Der erste! Der zweite ist sachlicher und enthält keine »erwartungsvolle Freude«, keine »göttliche Liebe«. Welche dieser Nonnen wurde älter? Die erste! Im Jahre 2002 war sie 98 Jahre alt und kaum einen Tag krank gewesen. Die zweite hingegen erlitt bereits mit 59 Jahren einen Schlaganfall und starb kurze Zeit später.

Die Forscher analysierten 178 Autobiografien und stellten fest: Junge Frauen, deren Lebensläufe positive Emotionen ausdrückten, Überschwängliches und Fröhliches berichteten und vor Zuversicht sprühten, lebten überzufällig länger. Von ihnen waren im Alter von 85 Jahren noch 90 Prozent am Leben. Von denjenigen, die emotionslose Autobiografien abgefasst hatten, erreichten nur 34 Prozent dieses Alter.

Amerikanische Forscher baten 228 Personen, über einen normalen Arbeitstag hinweg alle 20 Minuten ihre Befindlichkeit in einen Handcomputer einzutippen. Alle zwei Stunden nahmen sie auch medizinische Messungen vor: Stärke des Stresshormons Cortisol, Blutdruck, Herzfrequenz, die Menge des Blutproteins Fibrinogen, das für die Blutgerinnung notwendig ist, aber das Blut zäh macht und zu kardiovaskulären Erkrankungen führt, wenn es zu stark auftritt. Die Forscher waren überrascht: Menschen, die sich besonders glücklich fühlten, hatten um 32 Prozent weniger Cortisol, einen niedrigeren Blutdruck, eine langsamere Herzfrequenz und in angemessener Weise Fibrinogen, vor allem nicht zu viel. Die Studie belegt: Glück hängt direkt mit gesundheitsrelevanten biologischen Prozessen zusammen. Menschen, die in Nationen leben, die von den weltweiten Werte- und Glücksstudien als glücklicher ausgewiesen werden, haben im Schnitt einen niedrigeren Blutdruck.

300 Personen, von denen die Hälfte bereits einen Infarkt überlebt oder sich einer Bypass-Operation unterzogen hatte, wurden zu ihren Lachgewohnheiten befragt. Die Gesunden waren leichter in der Lage, auch ungünstige Situationen humorvoll zu sehen – und darüber zu lachen. Lachen, Ausdruck von Glück, hat Heilkraft, nicht nur seelisch, sondern auch – davon nicht trennbar – körperlich. Wenn Menschen oft lachen, werden die Wände der Blutgefässe elastischer und gegen Schädigungen durch Cholesterin resistenter.

Glück stärkt auch das Immunsystem. Möglicherweise ist die Verbindungsstelle zwischen diesem und dem Wohlbefinden die linke vordere Gehirnhälfte. Sie ist aktiver, wenn Menschen vor Glück jauchzen oder behaglich ihre Zufriedenheit genießen. Anders hingegen, wenn Menschen bekümmert sind: Dies aktiviert das rechte Vorderhirn. Stärkere Aktivität des linken Vorderhirns (glückliche Stimmungen) geht mit mehr Antikörpern gegen grippale Infekte einher. Wer oft glücklich ist, hat seltener Schnupfen und Fieber. Glück macht also gesund. Und Gesundheit ist für viele ZeitgenossInnen eine der wichtigsten Voraussetzungen für Glück. Es gibt tausende Krankheiten, aber nur eine Gesundheit. Allein von daher ist zu wünschen, wenn Heranwachsende in ihren ersten Lebensjahren glücklich sind. Eine glückliche Grundstimmung in der Kindheit ist ein stabiles Fundament für ein längeres und gesünderes Erwachsenenleben. So sieht es auch eine Frau in den mittleren Jahren:

»Wie viel Kraft ich eigentlich aus diesen Glücksmomenten in meiner Kindheit geschöpft habe, ist mir erst jetzt bewusst geworden durch Nachdenken. Und ich glaub', ich hab' das auch gebraucht. Vielleicht wäre ich sonst depressiver geworden.«[26]

Glück bewahrt vor depressiven Verstimmungen

Martin Seligman, ein Vertreter der Positiven Psychologie, hat Alarm geschlagen. Immer mehr Menschen erkranken an Depression, und dies in immer jüngeren Jahren. 1960 lag das Durchschnittsalter der Erkrankung bei 29 Jahren, mittlerweile ist es bei 15.[27] Depression ist das Gegenteil von Glück. Niemandem ist zu gönnen, endlos vor sich her zu grübeln, stets eine trockene Zunge und einen Kloß im Hals zu haben und so antriebslos zu sein, dass selbst das Zähneputzen zu einem Kraftakt wird. Depressive Menschen gehen schleppend, ihre Schultern hängen herab, das Leuchten in den Augen ist erloschen.

Zahlreiche Studien haben nachgewiesen, dass umso seltener in depressive Verstimmungen gerät, wer glücklicher ist. Gehirnforscher können zeigen, warum das so ist: Weil das Gehirn anders arbeitet, wenn wir glücklich sind, als dann, wenn wir die Welt schwarz in schwarz sehen – dann funktioniert unser Gehirn nur eingeschränkt, insbesondere hinter der linken Stirnhälfte reduziert sich die Aktivität.[28] Wenn Menschen länger depressiv sind, beginnt das Gehirn, sich zu schädigen, indem graue Zellen zerstört werden und auch die Gliazellen verkümmern, die eine Stütz- und Pflegefunktion für die Dendronen (die eigentlichen Gehirnzellen) erfüllen. Verkümmerungen wurden bei depressiven Menschen auch im Hippocampus festgestellt, der notwendig ist, um persönliche Erinnerungen abzuspeichern (autobiografisches Gedächtnis). Das erklärt, warum sich deprimierte Menschen mit autobiografischen Erinnerungen schwerer tun. Diese Degenerationsprozesse lösen eine verhängnisvolle Abwärtsspirale aus, weil ein dergestalt geschädigtes Gehirn weniger Initiativen ergreift, die aber gerade notwendig wären, um die Stimmung zu heben.

In depressiver Verstimmung ist der Mensch auf sich selbst fixiert und wird unfähig, offen wahrzunehmen, was sich um ihn herum abspielt. Dass die Herbstsonne im Buchenwald die welken Blätter zum Glühen bringt, wird er ebenso übersehen wie die fröhlichen Augen eines Mädchens, das vorbeischlendert. Anders hingegen glückliche Menschen: Ihre Sinne sind scharf und registrieren selbst kleine glitzernde Tautropfen:

>»Früher Morgen, die Welt ist noch in sanften Nebel gehüllt, es ist ganz still. Ich gehe spazieren. Ich sehe den Tau, bizarr gesponnene Spinnennetze, Wildgänse fliegen über den Fluss, die Vögel fangen an zu zwitschern, die ersten Sonnenstrahlen flimmern

*über das Wasser. Ich empfinde tiefen Frieden und fühle mich als
Teil des großen Ganzen, als Teil der Natur. Ich bin glücklich.«*

Wenn sich depressiv verstimmte Menschen an ihr bisheriges
Leben erinnern, fallen ihnen als erstes die unerfreulichen
Episoden ein: Wie sie in ihrer Verliebtheit abgewiesen und
verschmäht wurden, wie der Chef sie zu Unrecht bloßstell-
te. Solches Grübeln festigt generelle Überzeugungen, die
sich oft nur noch therapeutisch aufbrechen lassen, beispielsweise:»Ich mache immer alles falsch!«,»Niemandem
bin ich sympathisch!« oder»Noch nie habe ich bekommen,
was mir zustünde.« Gegrübelt wird dann auch darüber, was
wohl wäre, wenn ich hätte ... oder wäre.

Jüngst heulte sich, betrunken und in der Gefahr, in eine
Depression zu sinken, ein Bekannter bei mir aus:»Ich hätte
ein viel glücklicheres Leben, wenn ich nicht diesen blöden
Bankerberuf ergriffen hätte. ... Und wenn ich meine frühere
Freundin anders behandelt hätte, wäre sie noch bei mir.«
»Aber du kannst doch versuchen, vieles in deinem Leben
zu ändern.«»Nein, ich mache immer alles falsch, schon
immer! Und wenn ich jetzt etwas ändern will, dann ist es
auch wieder falsch.« Im Fortgang des Gespräches zeigte
sich, dass er sehr streng erzogen und früh auf dieses depri-
mierende Deutungsmuster geprägt worden war: »Du
machst nie was richtig«, habe sein Vater wiederholt gesagt
und ihn mit dieser Botschaft gleichsam hypnotisiert.

Die erzieherische Konsequenz liegt auf der Hand: Kindern
sollte man niemals übergeneralisierende, absolute Botschaften senden – beispielsweise:»Du wirst *immer* wütend!«, sondern differenzierende und auf die jeweilige, konkrete Situation bezogene.»Ich verstehe, dass du zornig bist, weil Papa
die Nachrichten sehen will.«

Die kognitive Therapie der Depressionen nach Beck setzt bei solchen falschen Kognitionen an und kann sie oft durch angemessenere und situativere ersetzen.[29] Nicht: »Ich mache immer alles falsch«, sondern: »In meiner Beziehung habe ich damals einen Fehler gemacht, aber sonst bin ich okay.«

Problematisch sind einige Varianten der populären Therapie des inneren Kindes. Wenn auf Wochenendseminaren Erwachsene zusammensitzen, ihr inneres Kind, das sie einmal waren, imaginieren und sich vergegenwärtigen, was diesem alles angetan wurde, bis Tränenbäche fließen, werden Depressionen eher geschürt: »Lieber Dad. Du sollst wissen, wie sehr du mich verletzt hast ... Wenn du doch nur ein einziges Mal gesagt hättest, dass du mich lieb hast. Ich wünschte, du hättest dich um mich gekümmert.«[30] Charakteristisch: »Wenn« und »hättest«. Aber: Es war, wie es war. Und: Wir sind stets im Hier und Jetzt. Darauf haben wir Zugriff. Aber nicht mehr auf das »Dort« und »Damals«!

Glückliche Menschen denken eher im Sinne des bekannten: »Es ist, wie es ist.« Und: »Es war, wie es war.« Als Kind wurde ich, zwar nicht oft, aber es kam vor, von meinen Eltern mit einer Rute aus dörrem Birkenreisig auf den nackten Hintern geschlagen, was damals der Standard war – aber weh tat, sehr weh. Was nützt es, sich wieder in die Schmerzen hineinzuversetzen und die Eltern anzuklagen? Auch sie waren Kinder ihrer Zeit. »Es war, wie es war«.

»Es kommt, wie es kommt«, so denken glückliche Menschen über die Zukunft. Anders hingegen deprimierte, so Joyce, eine Sekretärin, von der Seligman berichtet.[31] Sie wacht um vier Uhr morgens auf, voller Sorge, weil sie einen Bericht noch nicht fertig hat, und imaginiert sich ihren Chef, der bei Versäumnissen nicht nur die Stirn in Falten legt, sondern auch andeutet, wie viele Frauen um diesen Posten froh wären. Joyce fürchtet bereits, arbeitslos zu werden,

und wie sie sich vorstellt, den Kindern sagen zu müssen, dass
sie nicht in das ersehnte Sommercamp fahren können, wird
ihr noch mieser zumute ... Leider: Unglückliche Menschen
denken oft so, dass sie sich noch mehr in die Tiefe ziehen!

Denken bewirkt Stimmungen
'☺' Wer oft grübelt: »Was wohl wäre, wenn ich damals hätte oder nicht hätte ...«, denkt sich unglücklich.
'☺' »Es ist, wie es ist«, sagt nicht nur die Liebe, sondern auch
das Glück.
'☺' Wer über sich selber übergeneralisierend negativ
denkt, zwängt sich selber ein und versperrt sich Ent-
wicklungsmöglichkeiten.
'☺' Wer bejammert, was ihm/ihr als Kind alles angetan
wurde, verstärkt in aller Regel den Jammer.

Glück nährt Optimismus – und umgekehrt

Zwischen 1962 und 1965 füllten 800 Patienten in amerikanischen Kliniken einen Persönlichkeitsfragebogen aus. Dieser
ermöglicht, Personen als optimistisch, pessimistisch oder als
gemischt zu klassifizieren.[32] 124 Männer und Frauen stellten
sich als sehr optimistisch heraus, knapp 200 pessimistisch,
die restlichen gemischt. 30 Jahre später untersuchten die
Forscher die Sterblichkeitsraten: Von den Pessimisten waren
überdurchschnittlich mehr verstorben als von den Optimisten. Und: die Optimisten waren nicht nur zuversichtlicher
und hoffnungsvoller, sondern auch glücklicher.

Optimismus ist eine Denkweise![33] Angenommen, Sie haben in einem sportlichen Wettkampf, für den Sie viel trainiert
haben, verloren. Erklären Sie sich diesen Misserfolg damit,
dass Sie generell kein guter Sportler sind, oder damit, dass Sie

gerade an diesem Tag einfach kein Glück hatten? Pessimisten tendieren dazu, negative Erlebnisse auf permanente Ursachen zurückzuführen, Optimisten hingegen auf temporäre. Nicht: »Meine Frau nörgelt immer an mir herum!« (pessimistisch), sondern: »Sie hat nur dann etwas auszusetzen, wenn ich meine schmutzigen Socken liegen lasse.« Umgekehrt ist es bei den positiven Erlebnissen. Hierfür suchen Pessimisten zeitlich begrenzte Ursachen, Optimisten hingegen permanente. Angenommen: Ihnen widerfahren an einem Tag unvorhergesehene positive Zufälle. Ein Pessimist denkt: »Irgendwann darf ich auch einen Glückstag haben«, ein Optimist: »Eigentlich habe ich immer Glück!« Bei negativen Ereignissen bemühen Pessimisten Erklärungen, die allumfassend sind. Eine Schülerin, von einem Lehrer ungerecht behandelt, sagt: »Alle Lehrer sind unfair«, wenn sie zu einem pessimistischen Denkstil neigt. Anders eine optimistische Studentin: »Professor Bucher ist nicht gerecht, die anderen aber schon.« Umgekehrt bei positiven Erlebnissen: Hierfür suchen Optimisten allumfassende Gründe: »Ich bin einfach gut!«, wohingegen ein pessimistisch eingestellter Schüler eingrenzt: »Na ja, in Mathematik bin ich gut! Aber sonst?«

Die erzieherischen Konsequenzen liegen auf der Hand. Wenn Ihrem Kind etwas Negatives widerfährt, ist es förderlich, wenn Sie situativ-temporäre und eingegrenzte Deutungen artikulieren, etwa nachdem das Vorspielen auf dem Klavier beim Konzert der Musikschule gründlich danebenging: »Heute hast du beim Klavierspielen einfach Pech gehabt!« Seelengift wäre: »Du versagst immer!« Anders bei positiven Ereignissen: Hier sind permanente und allumfassende Erklärungen angebracht: »Du machst das immer gut!« So geförderte und letztlich selbst so denkende Kinder werden glücklicher!

Glückliche Menschen stufen auch ihre Mitmenschen als optimistischer und glücklicher ein. In einem Experiment wurde eine Gruppe von Personen in gehobene Stimmung versetzt, die andere in eine bedrückte.[34] Anschließend führten sie Gespräche mit fingierten Bewerbern für eine Arbeitsstelle und wurden gebeten, diese zu beurteilen. Die glücklichen Interviewer hielten die Bewerber für motivierter, talentierter, kompetenter und wären eher bereit gewesen, sie einzustellen.

Glück begünstigt Verhalten, das Glück wiederum begünstigt

Sophie, neun Jahre alt, ist an einem Ferienmorgen besonders fröhlich aufgewacht. Beim Frühstück kommt sie auf die Idee, zu ihrer in der Nähe wohnenden Patin zu gehen und diese zu fragen, ob sie mit ihr spazieren gehe. Einem so heiteren Kind, so freundlich fragend, kann man dies nicht abschlagen. Und so wandern sie in den Wald, sind an der frischen Luft, in Bewegung. Das am Morgen schon zufriedene Mädchen, dessen Sinne hellwach sind, wird noch glücklicher, wenn es auf dem Kieselweg glänzende Steine entdeckt, leuchtende Blumen, Schneckenhäuser.

Menschen in glücklicher Stimmung ergreifen eher Initiativen, die sie noch mehr beglücken. Wer in seiner Wohnung vor dem Fernseher sitzt, von einem Sender zum anderen surft, betrübt und verstimmt ist, wird sich schwerlich aufraffen, auszugehen. Anders hingegen, wer guter Laune ist, er wird leichter die Wohnung verlassen und in ein Lokal gehen, um dort das Tanzbein zu schwingen – was ihn noch glücklicher werden lässt. Den Daten des britischen Glücksforschers Michael Argyle zufolge sind Menschen besonders glücklich, wenn sie tanzen.[35] Tanzen, in uralten spirituellen

Traditionen als heilig und heilsam gewürdigt, ist lebhafte Bewegung, es geschieht in den Klängen und Rhythmen von Musik, ermöglicht Hautkontakte, wodurch Glücksbotenstoffe wie Dopamin, Serotonin und Oxycotin ausgeschüttet werden – und ist nicht selten der Anfang jenes Weges, der im Bett mit dem Orgasmus endet, gemäß unserer evolutionären Ausstattung einer der beglückendsten Momente, den uns das Leben bereithält.

Am zweitglücklichsten waren die von Argyle befragten jungen Menschen, wenn sie freiwillig gemeinnützige Tätigkeiten ausübten, sich für Umweltschutz- oder Menschenrechtsorganisationen oder bei der Wasser- oder Bergrettung engagierten, oder in einem sonstigen Verein, egal ob dieser Kaninchen züchtet oder anstrebt, beim Kleinkaliberschießen den Landestitel zu erreichen. Zu meinen regelmäßigen Glückstagen gehört der Flohmarkt unseres Lyons-Clubs, wenn fünfzig bis sechzig Personen – vermutlich lebten unsere Vorfahren in ähnlich großen Gruppen – gemeinsam alles aufbauen, einer am Grillstand, einer bei den alten Schallplatten – alle am gleichen Strick ziehend und am Abend zusammensitzend, essend und trinkend, wie früher die Jäger, nachdem sie gemeinsam ein Mammut erlegt hatten. Beglückend ist solche Arbeit vor allem deswegen, weil sie freiwillig ausgeübt wird beziehungsweise – psychologisch gesprochen – intrinsisch motiviert ist. Solches Handeln erhöht unser Wohlbefinden, was wiederum wahrscheinlicher macht, dass wir die Ärmel hochkrempeln und in die Hände spucken.

Auch Danken beglückt. Glückliche Menschen sind eher bereit, authentisch »Danke« zu sagen. Jemandem wirklich danken, etwa mit Handschütteln und Augenkontakt – das beglückt, wenn die Augen zurückleuchten und der Partner mit dem Kopf nickt. Seligman führte mit Personen eine gezielte Intervention durch, indem diese gebeten wurden, sich regelmäßig zu bedanken. Sechs Monate später wurde gemessen, wie zufrieden sie mit ihrem Leben sind und wie oft sie lustvolle Momente erlebten – beide Werte waren höher.[36]

Von daher erweist es sich als Schein, wenn zwei philosophische Glückstraditionen einander entgegengesetzt werden: Glück als Lust – Glück als tugendhaftes Leben. Der erste Weg, in der griechischen Antike vom Philosophen Aristipp propagiert, für den das Ziel des Lebens im größtmöglichen (Sinnes)Genuss bestand, ist der »Hedonismus«. Der zweite Weg hingegen, von Plato und Aristoteles gelehrt, für die der Mensch glücklich wird, wenn er gerecht handelt, mäßig ist und tugendhaft lebt, ist der »Eudaimonismus«.[37] Zugegeben: viele Menschen, die stets Lust suchen und dafür Gesetze übertreten, Menschen betrügen und ausnutzen und so weiter, werden nicht glücklich im Sinne des Eudaimonismus. Aber ebenso wahr ist: Menschen, die sich aus freien Stücken für andere engagieren, ihnen danken, verzeihen und so weiter, erleben viele lustvolle Augenblicke. Gehirnforscher haben mit bildgebenden Verfahren zeigen können, dass bei Menschen, wenn sie unverhofft beschenkt werden und glücklich sind, die gleichen Areale aktiver sind (präfrontaler Kortex) wie bei solchen Männern und Frauen, die selber schenken.

Wie lässt sich aber erklären, dass Menschen in positiven Emotionen zu Handlungsweisen neigen, die sie noch glücklicher machen (was freilich auch umgekehrt gilt: Viele depressiv Verstimmte ziehen sich mit ihren Kognitionen noch tiefer). Die amerikanische Psychologin Barbara Fredrickson hat mit ihrer Erweiterungs- und Aufbautheorie positiver Emotionen aufhorchen lassen.[38] Diese besagt: Positive Emotionen erweitern das Aufmerksamkeitsspektrum einer Person ebenso wie ihr soziales Handlungsrepertoire. Menschen in guter Stimmung sind aufmerksamer, offener, flexibler, neugieriger, aktiver. Und wenn sie ihr soziales Handlungsrepertoire anwenden, neue Freunde kennen lernen, die schon von jeher eine Quelle des Glücks waren, baut dies an den sozialen, psychologischen und intellektuellen Kompetenzen mit (deswegen Aufbautheorie). Glücklichere Menschen handeln häufiger so, dass sie noch glücklicher werden. Glück ist eine Aufwärtsspirale.

Nicht perfekt, aber zufrieden stellend – wie glückliche Menschen denken

Viele Frauen können stundenlang im IKEA-Park verweilen, oftmals glücklicher als ihre Männer, die hinter ihnen laufen, oft mit weniger Dopamin im Gehirn als ihre auf Sammeln erpichten Frauen (Dopamin sorgt für Neugier, Aktivität). In der Sofa-Abteilung wird dann jedes Exemplar geprüft. Während die Entscheidung für das braune fast schon fällt, wird jenes mit den waschbaren Bezügen entdeckt. »Das wäre praktisch! Ach nein, die Müllers haben eins mit Leder. Aber nein, Leder ist heikel, was mach ich, wenn Kakao drauf ist.« Und so kann es weiter- und weitergehen, bis irgendwann die Entscheidung fällt. Aber die Wahrscheinlichkeit ist groß, dass das langwierige Abwägen nicht zufrieden macht, weil das Gehirn dazwischen feuert: »Hätte ich doch das mit Leder genommen.« Und das stimmt unzufrieden. »Wenn das Wählen demotivierend ist«, betitelten die Sozialpsychologen Iyengar und Lepper einen Aufsatz, in dem sie entsprechende experimentelle Ergebnisse präsentieren.[39]

Glücklichere Menschen kaufen schneller eine Couch. Sie reduzieren die buchstäbliche »Qual der Wahl«. Vor allem aber: Sie wollen nicht die perfekteste Couch, sondern eine, die sie zufrieden stellt. Sonja Lyubomirski, eine brillante Glückspsychologin an der Universität California, hat experimentell nachgewiesen, dass glückliche Personen, wenn sie vor Entscheidungen gestellt werden, nicht die perfekteste Lösung anstreben, sondern eine, die sie zufrieden macht. Perfektionismus nagt am Glück, weil es immer eine noch bessere Lösung gäbe. Langes Grübeln und Abwägen machen unzufrieden. Robert Misik rät:»Wenn Sie in ein Restaurant gehen: Überlegen Sie nicht zu lange. Am besten, Sie bestellen immer dasselbe. Sie werden in diesem Fall entschieden glücklicher sein als Ihre Freunde, die stets aus der Speisekarte ein anderes exquisites Menü wählen.«[40]

Sich nicht nach oben vergleichen

Glänzend bunte Illustrierte werden von Millionen Frauen gelesen, besonders häufig von 40- bis 60-Jährigen. Die Storys von den Prominenten, die mit ihren Perlenketten und Diamanten auf rauschenden Bällen tanzen und flirten, machen allerdings eine alleinstehende Frau, die übergewichtig ist und ihren Lebensunterhalt mit Putzarbeiten bestreitet, nur bedingt glücklich, wenn sie sich mit der hübschen und umschwärmten Heidi Klum vergleicht. Im Gegenteil: Dutzende von Studien haben gezeigt:

> Glückliche Menschen vermeiden es, sich nach oben hin zu vergleichen, mit Prominenten, Hübschen, Reichen, Prominenten, Stars und so weiter.

Anstatt Aufwärtsvergleiche nehmen sie eher Abwärtsvergleiche vor, die erwähnte Raumpflegerin etwa mit einer zahnlosen Greisin, die nur noch am Stock gehen kann – das macht sie zufriedener! Wer mit seinem Sexualleben und seiner Partnerin systematisch unzufrieden werden will, soll nur über die Pornoseiten surfen und mit den Augen die langbeinigen Blondinen verschlingen, die jene Praktiken gewähren, von denen er selber träumt. An Stammtischen vergleichen Männer oft ihre Arbeiter- und Angestelltengehälter mit denjenigen von Politikern – und sudern dann vor sich hin. Eine Studentin, in ihrer Jugend oft melancholisch, reiste nach Indien und kam als zufriedener Mensch zurück: Sie könne die Bilder der hungernden Kinder, die in ihren schmutzigen Haaren nach Läusen suchen, nicht mehr vergessen; wir alle hätten es viel besser als sie. Aufwärtsvergleiche reduzieren die Lebenszufriedenheit, Abwärtsvergleiche hingegen erhöhen sie. Wenn Menschen in der Anwesenheit eines Rollstuhlfahrers gebeten werden, ihr Glück einzuschätzen, fällt es höher aus. Soziale Vergleiche werden für uns Menschen umso unwichtiger, je glücklicher wir uns fühlen.[41]

Dazu passend eine Frage: Ist Schadenfreude wirklich Freude? Gehören Sie zu jenen Menschen, die schadenfreudig sind, wenn Ihr Gegner in einem Geschicklichkeitsspiel unterliegt? Dann ist die Wahrscheinlichkeit höher, dass Sie in einem glückspsychologischen Test schlechter abschneiden. Amerikanische Psychologen untersuchten, wie glückliche und tendenziell unglückliche Studenten mit Konkurrenzsituationen umgehen. Glückliche erlebten keine Euphorie, wenn sie als Sieger hervorgingen; sie waren aber auch nicht deprimiert, wenn sie unterlagen. Anders die im Allgemeinen weniger Glücklichen. Sie waren besonders happy (und auch leicht schadenfreudig), wenn sie gewannen, aber deprimiert, wenn sie verloren.

> Wenn Sie mit Kindern »Mensch ärgere dich nicht« spielen: Freuen Sie sich, wenn Ihr Sohn oder Ihre Tochter gewinnt oder einen guten Wurf hat.

Lässt sich unser Glückslevel erhöhen?

>*»Das Geheimnis des Glücks*
>*liegt nicht im Besitz, sondern im Geben.*
>*Wer andere glücklich macht, wird glücklich.«*
>André Gide

»Selbstverständlich!«, verspricht die Werbung: Wenn Sie dieses Wertpapierdepot kaufen, können Sie sich gemütlich zurücklehnen. Oder jenen Wagen in die Freiheit und ins Glück hinauslenken – doch meistens kommt ohnehin bald ein Stau. »Selbstverständlich nicht!«, sagen die konsequenten Adaptionstheoretiker des Glücks[42], die massive Einwände gegen die Möglichkeit einer Erziehung zum Glück vortrugen.

Ist unser Glück auf einen Richtwert eingestellt?

Die Adaptionstheorie besagt: Der Mensch ist, ähnlich wie ein Thermostat auf eine Temperatur, auf einen bestimmten Glückspegel eingestellt, auf den er, nach kürzeren oder längeren Ausschlägen, unweigerlich zurückkommt. Oft wird dies mit der bereits erwähnten Studie von Brinkman über Lotteriegewinner und Paraplegiker begründet, aber auch mit Ergebnissen der Zwillingsforschung. Einiige Zwillinge, im gleichen Haushalt aufgewachsen, erzielen in Glücksmessungen stark übereinstimmende Werte. Aber wenn sie kurz nach der Geburt getrennt wurden und in unterschiedlichen Milieus aufwuchsen, das eine in einem Haushalt mit Goethe-Gesamtausgaben, das andere mit der Bild-Zeitung, stimmte ihr Glückslevel sogar noch geringfügig stärker überein. Frappant waren auch die Übereinstimmungen der Intelligenzquotienten. Zweieiige Zwillinge hingegen haben gemäß diesen Forschungen unterschiedliche Glücks-Richtwerte, egal ob sie gemeinsam oder getrennt aufwachsen.

Die Adaptionstheorie des Glücks hat etwas Tröstliches: Ob wir von einer geliebten Person verlassen werden, den Job verlieren, die Amputation eines Beines verkraften müssen, ins Gefängnis gesteckt werden – gemäß dieser Theorie können wir nicht nur darauf hoffen, sondern damit rechnen, dass wir – nach einiger Zeit – wieder ebenso glücklich sind wie vor den erwähnten Lebenskatastrophen.

Die Theorie hat aber auch etwas Ernüchterndes: Ob wir uns verlieben, das erste Kind in den Armen wiegen, ins Eigenheim einziehen, bei einem Marathonlauf siegen oder im Lotto gewinnen – das Glück wird nicht ewig währen, vielmehr wird es wieder so weit verblassen, wie es vor den ersten Küssen oder vor den ersten Nächten im eigenen Haus war. Im Zusammenhang mit Arbeitslosigkeit und Scheidung ist aber dargelegt worden, dass dermaßen einschneidende Ereignisse Menschen dauerhaft aus ihrer Glücksbahn werfen können.

Eine Glücksformel

Die Glücksforscherin Sonya Lyubomirski hat eine Glücksformel erarbeitet, die sowohl das Glücksthermostat als auch
dessen Veränderbarkeit berücksichtigt:

$$G = S + L + A$$

Das Ausmaß an Glück, das ein Mensch erlebt (G), ist die
Summe des genetisch festgelegten Sollwertes (S), plus der
Lebensumstände (L), plus des (freiwilligen) Aktivitätsspek-
trums (A). S, bei der genetischen Lotterie zu Lebensbeginn
festgelegt, erkläre gut die Hälfte des Glücks und der Persönlichkeitseigenschaften. Wiederholt hat die Glücksforschung nachgewiesen, dass extravertierte Personen, die
schnell eine lahme Party in Schwung bringen und zum
Mittelpunkt des Geschehens werden, weil sie vor Charme
und Witz sprühen, anlächeln und angelächelt werden,
glücklicher sind. Die hohe Stabilität des Glückslevels im
Lebenslauf ist auch dadurch bedingt, dass die Persönlichkeitseigenschaften ebenfalls sehr stabil bleiben.

Zu L, den Lebensumständen gehört, ob Sie in einem
Mietshaus im Ruhrpott oder in einer Villa am Starnberger
See wohnen, ob Sie ein Doktorat absolviert oder die Pflicht-
schule vorzeitig abgebrochen haben, ob Sie Kinder haben
oder keine, 2000 oder 8000 Euro verdienen. Die Lebensumstände erklären um die zehn, allenfalls 15 Prozent des
Glücks. An ein neues Auto, das eben noch das Herz höher
schlagen ließ, gewöhnt man sich schnell, ebenso an eine
neue Wohnung, auch wenn man wähnte, in den neuen
vier Wänden mit Seeblick das Paradies zu finden.

Stärker beeinflussen können wir Glück mit unserem Aktivitätsspektrum.

»Ändern Sie Ihre Aktivitäten, und nicht Ihre Lebensumstände«

So betitelte die Forschergruppe um Sonja Lyubomirsky einen Aufsatz, in dem sie experimentell danach fragten, ob sich Glück nachhaltig erhöhen lässt.[43] Sie fragten 224 Studenten, ob sich ihre Lebensumstände in den letzten Monaten einschneidend veränderten, aber auch, ob sie andere Aktivitäten begonnen hätten. Die Forscher bildeten zwei Gruppen: Eine, bei denen sich die Lebensumstände änderten, etwa weil sie auf dem Campus einen neuen Zimmerkameraden bekommen hatten, umgezogen waren, eine neue Studienrichtung wählten. In der zweiten Gruppe waren jene Männer und Frauen, die in den letzten Monaten beispielsweise damit begannen, regelmäßig zu joggen, Gewicht zu heben, sich gemeinnützig zu engagieren. Danach wurde das Ausmaß an positiven Stimmungen sowie von Gewöhnung gemessen.

Es kam wie erwartet: Wer damit begonnen hatte, regelmäßig zu malen oder ein Tagebuch zu schreiben, fühlte sich überdurchschnittlich glücklicher und zeigte eine geringere Anpassung als diejenigen, bei denen die Lebensumstände anders geworden waren. Bei den Studenten, die sich einem neuen Hobby verschrieben hatten, hielten die günstigen Effekte mehrere Monate an. Körperliche Tätigkeiten bewirkten einen besonders nachhaltigen Effekt, aber auch eher ruhige Hobbys. In meinem Bekanntenkreis lebt ein älterer Gärtner, der nach seiner Pensionierung in eine Krise geriet, weil es der Schwiegersohn nicht gerne sah, dass er sich in den Gewächshäusern mit den Blumen beschäftigte. Eines Tages meldete er sich zu einem Aquarellkurs an und begann Blumen zu malen – dies macht ihn tief glücklich.

Meditation kann Glück nachhaltig steigern: Während meiner Studienzeit war ich genötigt, neben den Lehrveranstaltungen auch Geld für eine Familie mit zwei kleinen Kindern zu verdienen. Ich geriet in ein Burn-out mit marternder Schlaflosigkeit, Schwindelanfällen, Erschöpfungszuständen (selbst bei kurzen Treppen). Zufällig fiel mir das Buch »Yoga für Anfänger« in die Hände. Die regelmäßigen Asanas (Yoga-Übungen) wirkten Wunder, und dann das später regelmäßig aufgenommene Joggen erst recht. Ein halbes Jahr nach den Arztbesuchen begann, aufgrund dieser neuen Aktivitäten, eine der glücklichsten Zeiten meines Lebens.

Noch vor wenigen Jahrzehnten galt Meditieren als etwas fernöstlich Skurriles und Esoterisches. Aber Dutzende von Untersuchungen wiesen nach, dass Menschen zufriedener und glücklicher werden, wenn sie beginnen, regelmäßig zu meditieren.[44] Der Blutdruck sinkt, die Herzfrequenz geht zurück, der Blutfluss ins Gehirn wird stärker, auch zeigen EEG-Untersuchungen, dass die Alpha-Tätigkeit, die entspannte Ruhe anzeigt, stärker wird. Bei vielen Meditierenden wird auch mehr Melatonin produziert, das das Immunsystem stärkt und Karzinomen vorbeugen kann. Umgekehrt sinkt die Produktion von Cortisol, das die Menschen in den ungünstigen, krank machenden Stress treibt. Viele Menschen kehren tief zufrieden und glücklich aus ihren Meditationen und Entspannungsübungen zurück. Gemeinhin gilt Buddha, nachdem ihm die Erleuchtung zuteil geworden war, als glücklicher Mensch par excellence, nicht nur episodisch, sondern lang anhaltend.

Auch Entspannen beglückt: Schon kurze Entspannungsübungen – mehrmaliges tiefes Durchatmen, die Augen schließen und dabei an etwas Erheiterndes denken – können unser Wohlbefinden heben, wodurch Glücksbilanzen des gesamten Lebens positiver ausfallen. Es ist ja eines der großen Probleme unserer Lebensweise: Oft laufen in unseren Körpern die gleichen Prozesse ab wie in unseren Vorfahren, wenn sie einem Mammut gegenüberstanden. Die Amygdala (der Mandelkern, ein Teil des limbischen Systems) schlägt Alarm und es erfolgt die Kampf- oder Fluchtreaktion, Blutdruck und Hautwiderstand steigen, das Herz pocht schneller, die Verdauung setzt aus, mehr Blut fließt in die Arme (kämpfen) und in die Beine (flüchten). Genau so geht es oft in unseren Organismen zu, wenn wir in vollklimatisierten Räumen sitzen und die einzige Bewegung die mit der Maus ist – und selbst die ist nur aus Plastik. Auf Dauer schädigt dies die Gesundheit beträchtlich, vor allem kardiovaskuläre Erkrankungen können die Folge sein. Und es senkt auch unser Glück.

Selbst einfache und keineswegs aufwändige Tätigkeiten können unser Wohlbefinden nachhaltig heben. Werden Menschen glücklicher, wenn sie eine Woche lang jeden Tag einfach nur zählen, wie oft sie freundlich und gütig waren? Sie werden es! Japanische Psychologen maßen bei 71 StudentInnen, wie glücklich sie waren, ließen einen Monat verstreichen und instruierten dann die jungen Frauen, sie sollten jeden Abend die Menge ihrer guten und freundlichen Taten registrieren. Einen Monat später wurde die Glücksmessung wiederholt: Die jungen Menschen waren glücklicher als zwei Monate zuvor und glücklicher als eine Kontrollgruppe, die ihre Nettigkeiten nicht zählte.

Zusammenfassend: Glücksforschung – Erziehung zum Glück

Psychologische Glücksforschung ist nicht nur spannend, sondern kann Freude bereiten, weit mehr als die in der Psychologie vorherrschende Beschäftigung mit Melancholie, Depression und Ängstlichkeit. Für eine glücksförderliche Erziehung lässt sich festhalten:

☺ Kinder, ungefragt in diese Welt geboren, die ziemlich am Rande unserer Milchstraße um die Sonne kreist, haben ein Anrecht auf Glück.

☺ Glück ist etwas Subjektives, auch bei Kindern; sie sollten das Recht haben, ihr Glück zu erleben, wenn es sein muss, mit einer Ratte auf der Schulter.

☺ Wir stehen stets in der Gefahr, unsere eigenen Glücksvorstellungen auf Kinder zu projizieren, was zu (subtiler) Zwangsbeglückung führen kann. Wer als Kind beim Lesen überglücklich war, wird nicht zwingend Kinder bekommen, die ein Lesetemperament haben.

☺ Glück lässt sich zwar von Zufriedenheit und Wohlbefinden unterscheiden, fließt aber in diese Befindlichkeiten hinein. Zufriedene Kinder erleben auch häufiger glückliche Episoden, in denen sie mitunter lachen, bis die Freudentränen fließen.

☺ Geld erhöht Glück besonders dann, wenn nur wenig da ist. Sind die Grundbedürfnisse gedeckt, steigen – aufgrund von mehr Einkommen – oft die Ansprüche, was unzufrieden stimmt. Auch Kinder, die mehr und noch mehr wollen, sind weniger glücklich.

☺ Wie glücklich Menschen sind, hängt weniger von den äußeren Lebensumständen ab – an die gewöhnen wir uns schnell –, sondern vielmehr von ihrer Lebensform. Verheiratete und Personen in festen Beziehungen sind glücklicher, jedoch nicht nur aufgrund des Gangs zum Standesamt beziehungsweise Traualtar, sondern auch, weil sie zuvor schon glücklicher – und risikofreudiger – waren.

☺ Es klingt banal: Glückliche Paare haben glücklichere Kinder. Das Eheglück bleibt geschützt, wenn die Partnerschaft gepflegt wird – auch und gerade dadurch, dass wir unsere positiven Illusionen über den anderen bewahren und Beziehung – einschließlich Sexualität – als etwas Heiliges würdigen.

☺ Die Geburt ist für viele Mütter und Väter das intensivste, glücklichste Erlebnis, bei dem sie noch nicht an schlaflose Stunden und krächzendes Geschrei aufgrund des Zahnens oder der Mittelohrentzündung denken. Niemand muss sich ein schlechtes Gewissen machen, wenn er nachts um halb drei auf den kleinen Erdenbürger ungehalten wird und wenn die Lebenszufriedenheit durch ihn zurückgeht, am stärksten übrigens in der Pubertät.

☺ Arbeit, seit den biblischen Zeiten oft verflucht, beglückt umso mehr, je freier sie gestaltet werden kann und je mehr Flow sie ermöglicht.

☺ Der Königsweg zum Glück ist Flow, gerade bei Kindern, die mit der Notwendigkeit eines Naturgesetzes spannende Situationen zwischen Wollen und Können aufsuchen, auf einem schaukelnden Stuhl ebenso wie später auf dem Skateboard oder auf dem Rücken der Pferde.

☺ Wer Kinder dahingehend erziehen beziehungsweise besser: begleiten will – Kinder sind nicht störrische Esel, die man ziehen muss –, tut gut daran, am eigenen Glück zu arbeiten. Nicht nur miese Laune steckt an, sondern auch ein heiteres Gemüt.

☺ Glücklicher werden wir primär durch Änderungen unseres Verhaltens, wenn wir beispielsweise zu joggen oder Aquarell zu malen beginnen, aber auch durch unsere Denkstile: Nicht die perfekteste Lösung suchen, sich nicht mit den noch Hübscheren, Reicheren, Prominenteren vergleichen, sondern versuchen, achtsam im Augenblick und im Hier und Jetzt zu leben, und nicht über das Dort und Damals grübeln. »Es ist, wie es ist«, sagt nicht nur die Liebe, sondern auch das Glück.

2. Kapitel

Entwicklung von positiven Emotionen, speziell Freude und Glück

Stellen wir uns einen gigantischen Schrottplatz vor. Ein Tornado wirbelt die Metallstücke, Drähte, Scherben durcheinander ... und es entsteht ein Jumbo-Jet. In etwa so gering war die Wahrscheinlichkeit, dass im Wirrwarr der brodelnden Elemente eine lebendige Zelle entstand, die sich teilen konnte. Leben ist ein Wunder. Und erst recht die Entwicklung, auch beim Menschen. Ein Säugling, hilflos in der Wiege liegend – in einem Jahr, in dem im Gehirn Milliarden von Synapsen verknüpft werden, wird er gehen können und das Tischtuch herunterreißen. Und mit fünf Jahren auf Bäume klettern und fähig sein, mit seinem bisher erworbenen Wortschatz so viele Sätze zu kombinieren, dass er Jahrhunderte bräuchte, um sie alle auszusprechen. Und – Entwicklung ist nicht abgeschlossen, wenn beim jungen Mann die Schultern ausgewachsen sind, und bei der jungen Frau Hüfte und Taille. Noch im Pensionsalter kann sich der Mensch neue Ziele setzen und mit dem Dichter Hermann Hesse beherzigen:

»Wir sollen heiter Raum um Raum durchschreiten
Und an keinem wie an einer Heimat hängen.
Denn der Weltgeist will nicht fesseln uns und engen.
Stuf' um Stufe will er uns heben, weiten.«[1]

Wer Glück und Freude von Kindern für wichtige Erziehungsziele hält, dürfte sich für die Entwicklung von Emotionen interessieren. Die traditionelle Entwicklungspsychologie schenkte ihnen wenig Augenmerk. Zu Unrecht! Denn wir *sind* unsere Emotionen, intensiver als unsere Gedanken. Diese können wir *haben* und reflektieren, was ursprünglich bedeutet: in Distanz treten. Weniger bei den Gefühlen. Eine Ehefrau, die ihren Ehemann der Untreue verdächtigt und um den Fortbestand der Ehe fürchtet, *ist* Eifersucht und Angst, die ihr die Brust verengt, beim Staubsaugen ebenso wie vor der Supermarktkasse. Ein junger Student, der über beide Ohren verliebt ist, *ist* seine freudige Erwartung, die seinen Magen durchkribbelt, während einer Vorlesung, auf dem Fahrrad, überall. Und erst recht *sind* Kinder ihre Emotion, das, was sie bewegt, was Emotion (vom Lateinischen *emovere* – bewegen) ursprünglich bedeutet.

Intensiver als die Entwicklung von Emotionen wurde die des Denkens untersucht, mit epochaler Wirkung von Jean Piaget[2], so mit seinen bekannten Wasser-Umgieß-Experimenten. Er stellte zwei gleichförmige Gläser, die bis zur gleichen Höhe mit Saft gefüllt waren, vor Kinder hin. Diese beantworteten die Frage, ob es in beiden gleich viel Sirup hat, mit Ja. Anschließend wurden sie gebeten, den Inhalt eines Gefäßes in ein schmaleres zu füllen, in dem der Flüssigkeitspegel entsprechend anstieg. »Ist in beiden gleich viel Sirup?« »Da ist mehr drin«, sagen Kinder bis zu fünf Jahren und zeigen auf das schmalere Gefäß. Piaget zog daraus den Schluss, das Denken jüngerer Kinder sei noch nicht reversibel (sie seien nicht in der Lage, die Handlung innerlich zurückzuspielen); auch sei es mit konkreten Sinneseindrücken verknüpft: Höher ist mehr.

Solche Experimente sind aufschlussreich. Piaget interessierte sich weniger dafür, wie sich ein Kind fühlt, wenn es das Wasser umgießt, und auch nicht, ob Kinder, die fröhlicher sind, die Aufgabe früher richtig lösen. Eines ist Piaget jedenfalls hoch anzurechnen: dass er hohen Respekt vor der Aktivität der Kinder hatte! Das Kind selbst, davon war er überzeugt, leiste die Entwicklung und baue die Welt gleichsam neu auf. »Wir sollten«, schrieb er gegen Ende seines Lebens, »den Kindern nicht zu viel sagen, weil sie es dann nicht mehr selber entdecken können.«

Was Sie in diesem Kapitel erwartet:

☺ Zunächst erörtere ich, welche Emotionen Kindern vermutlich angeboren sind, weil sie sich in der Evolution als außerordentlich nützlich erwiesen haben;

☺ dann, was wir über positive Emotionen in der frühen Kindheit wissen,

☺ von wann an bei Kindern mit einem Verständnis für emotionale Begriffe zu rechnen ist,

☺ und wie sich die emotionale Entwicklung in der Kindheit fortsetzt, speziell warum das Wohlbefinden gegen Ende der Kindheit deutlich geringer wird.

Angeborene Emotionen

Entwicklungspsychologische Forschung basiert auf einem bestimmten Bild des Kindes. Die amerikanischen Behavioristen in der ersten Hälfte des 20. Jahrhunderts (Psychologen, die sich auf das beobachtbare Verhalten konzentrierten) sahen im Kinde ein unbeschriebenes Blatt, auf das die Umwelt ihre Eindrücke schreibe. Verfügt ein so gesehenes Kind über Emotionen? Nein! Es erlerne sie, und zwar anhand von Modellen und über positive Verstärkung. Ein Kind lerne Wut, wenn es seinen zornigen Vater gesehen habe, der sich so durchzusetzen vermochte. Wenn es fortan selbst etwas will, aber Widerstand spürt, greife es zur gleichen Strategie, und dies umso stärker, wenn es damit Erfolg erfährt.

In den Sechzigerjahren des 20. Jahrhunderts reiste Paul Ekman, ein Emotionspsychologe, um die halbe Welt, um zu zeigen, dass der menschliche Emotionsausdruck erlernt werde und zwischen den Kulturen variiere. Er wollte keinen geringeren als Charles Darwin widerlegen, der behauptete, Emotionen seien angeboren. Ekman legte Studenten in Japan, den USA, in Argentinien Bilder von Gesichtern vor, einige freudig lächelnd, andere mit furchtsam aufgerissenen Augen, andere mit tiefen Kummerfalten. Anders als erwartet stellte er fest, dass diese *überall* gleich identifiziert wurden, in New York ebenso wie in Buenos Aires. Anfänglich vermutete Ekman, dies sei deswegen der Fall, weil alle Studenten der westlichen Kultur begegnet waren. Also begab er sich nach Neuguinea und legte die gleichen Bilder Eingeborenen vor, die von der Zivilisation weitgehend unberührt waren: Auch sie sagten zu einem Gesicht mit hochgezogenen Augenbrauen und nach oben geschwungenem Mund »Glück«, zu einem, in dem die Lider herunterhängen, »traurig«. Ekman, der auszog, um Darwin zu widerlegen, kam als Neodarwinist zurück.

Die Entwicklungspsychologie der letzten Jahrzehnte neigt zu einer nativistischen Position, gemäß der viele Eigenschaften des Kindes genetisch festgelegt sind und vieles angeboren ist, auch Basisemotionen. Damit geht mehr Interesse an der Evolutionspsychologie einher, die versucht, menschliches Verhalten und Erleben, auch die Emotionen, aus der Evolutionsgeschichte zu erklären, die hunderte von Millionen Jahren zurückreicht.[3] Abertausende Generationen unserer Vorfahren waren Jäger (vor allem die Männer) beziehungsweise Sammler (Frauen). Wenn man auf einer deutschen Autobahn bei 170 km/h regelrecht gejagt wird, drücken hinten zumeist Männer auf die Lichthupe, und wenn man zuschaut, wer bei unserem Lyons-Flohmarkt in den Kleidern wühlt, sind es Frauen.

Ein schlagender Beweis für angeborene Basisemotionen ist, dass Kinder, blind geboren, lächeln, wenn sie sich glücklich fühlen; dass sie die Zähne blecken und diese zusammenbeißen, wenn sie in Wut und Zorn geraten, und dass sich ihre Lider in das Auge hineinsenken und sich in ihrem Gesicht Falten bilden, wenn sie bekümmert sind.

Dem Emotionspsychologen Carroll Izard[4] zufolge sind folgende Basisemotionen dem Menschen angeboren:

1. **Interesse/Neugier**: Wären unsere Vorfahren, in den Wäldern lebend, nicht neugierig gewesen, was die Savanne alles zu bieten hat, säßen wir vermutlich heute nicht vor PC-Bildschirmen. Interesse steigert die Aufmerksamkeit, macht offen für Neues, geht einher mit stärkerer neuronaler Erregung im Gehirn, löst Aktivitäten aus, die Lerneffekte bewirken.

> Sind Kinder an etwas interessiert, lernen sie unweigerlich. Sie verfügen über ein Gehirn, das nach Eindrücken und Informationen hungrig ist und gefüttert werden muss, wie ihr Magen auch.

2. **Freude/Glück**: Zwei Menschen, die sich fröhlich anlächeln und dabei die Augenbrauen heben, sind mehr miteinander verbunden als zwei, die sich misstrauisch betrachten, im Extremfall bei einem Revolverduell wie Charles Bronson, der die Augen zusammenkniff. Ein evo-

lutionärer Nutzen der Freude ist, soziale Gemeinschaft zu stiften. Sie stellt sich nach Tätigkeiten ein, die unserem Überleben förderlich sind. Nach wie vor: Werdende Mütter sind in aller Regel tief glücklich, wenn sie, ihre Hände auf dem gewölbten Bauch, das fertig eingerichtete Babyzimmer betrachten.

3. **Überraschung:** Wenn es an Ihre Türe klopft, Sie hinausgehen und plötzlich ein Jugendfreund vor Ihnen steht, den Sie seit zwanzig Jahren nicht mehr gesehen haben, dann weiten sich Ihre Augen und es heben sich die Brauen, meist wird auch der Mund leicht geöffnet. Sie sind buchstäblich überrascht und vergessen das Telefongespräch, das Sie gleich führen wollten. Überraschung hat den nützlichen Zweck, das Nervensystem von den gerade bestehenden Emotionen und Gefühlen zu befreien, um angemessener auf die neue Situation reagieren zu können.

4. **Zorn und Wut:** Da beginnt das Blut zu kochen, das Gesicht wird heiß, in den Muskeln ballt sich Energie zusammen. Zorn wurde in der abendländischen Tradition als Todsünde verworfen – nicht ganz zu Recht. Denn in Zorn geraten wir, wenn wir bei zielgerichteten Aktivitäten behindert werden; er mobilisiert Energien, diese Ziele doch noch zu erreichen, und ist der Fitness förderlich. Zorn ist auch dann angezeigt, wenn wir registrieren, wie anderen Menschen Unrecht angetan wird; zornige Menschen intervenieren wahrscheinlicher als emotional unberührte. Es gibt auch den moralisch gerechtfertigten, ja heiligen Zorn. Wiederholt unterdrückter Zorn äußert sich psychosomatisch, als Schuppenflechten, Magengeschwür, Bluthochdruck.[5] Denn um Zorn oder Ärger im Zaum zu halten, brauchen wir, ähnlich wie ein Wagenlenker bei störrischen Pferden, (zu) viel Energie.

Wer kann es Kindern verdenken, wenn sie ihren Zorn mit den Füßen in den Boden hineinstampfen oder mit ihren Fäusten in die Luft hinausboxen. Hilfreich kann ein Trampolin sein, oder ein von der Diele herabhängender, mit Sand gefüllter Sack, auf den eingedroschen werden kann.

5. **Kummer:** Was tun wir, wenn wir bekümmert sind? Wir überlegen, was uns fehlt und was mit unserem Leben nicht in Ordnung ist. In heiterer Stimmung haben wir kaum Anlass, nach Gründen dafür zu suchen – wir leben es! Anders hingegen, wenn wir uns traurig, niedergeschlagen, elend und dabei zumeist allein fühlen; dann motiviert Kummer dazu, die Lebensumstände zu überdenken – und zu verändern.

6. **Ekel:** Was geschieht, wenn wir ein faules Ei öffnen? Wir rümpfen die Nase, ziehen die Oberlippe hoch, Brechreiz würgt. Der evolutionäre Sinn von Ekel liegt auf der Hand: Wir wenden uns von Ekligem ab, weil dieses uns schädigt, sei es physisch (schimmliger Käse), sei es psychisch (Gewaltdarstellungen in Filmen).

7. **Furcht:** Sie wandern durch einen Laubwald und sehen plötzlich, fünf Meter vor Ihnen, eine Viper, die Sie anzischt. Unweigerlich fixieren sich Ihre aufgerissenen Augen auf das Reptil, sodass die Umgebung kaum mehr wahrgenommen wird; zugleich mobilisiert der Körper Energie, um zu kämpfen oder zu flüchten. Es gibt genetisch fixierte Ängste, die sich in der Evolutionsgeschichte herausgebildet haben, so vor Schlangen und Spinnen, die unsere Kinder in helle Panik versetzten. Aber wenn sie in ein Auto einstiegen, was gefährlicher ist als die Achtbeiner, fürchteten sie sich nicht. Evolutionär bedingt haben wir – so der Verhaltensneurobiologe Niels Birbaumer – »Höhenängste, Ängste vor Spinnen und Schlan-

gen, aber wir haben keine Phobien vor Atomkraftwerken.«[6]

Wenn eine Dreijährige panisch aufschreit: »Eine Spinne!«, sagen Erwachsene oft: »Ist ja nur eine Spinne! Ist doch nicht schlimm!« Solche Beschwichtigungen sind gut gemeint, aber Kinder können Spinnen als existenzielle Bedrohung erleben! Panische Ängste, die das Gehirn von Kindern lahmlegen, sollte man von ihnen fernhalten.

8. **Geringschätzung** ist für Izard auch eine angeborene Basisemotion, deren adaptiver Nutzen nicht so leicht einzusehen ist. Möglicherweise diente sie in der Evolution dazu, Gegner zu schwächen, indem ihnen gegenüber Überlegenheit signalisiert wurde.

Wissen Sie, wie Sie sich leicht unbeliebt machen können? Wenn Sie im Gespräch mit anderen den Kopf leicht nach hinten halten, sodass der Eindruck entsteht, dass Sie auf ihn oder sie herabsehen. Wer gelegentlich den Kopf senkt und nach unten schaut, signalisiert Ergebenheit und macht sich sympathischer.

9. **Scham:** Wie verhalten wir uns zu einem Kind, das absichtlich auf ein anderes eingehauen hat, nun aber die Hände vors Gesicht hält, wie um das Vorgefallene unges(ch)ehen zu machen, voller Scham? Wir mäßigen unsere Sanktion und schonen es. Daraus wird der evolutionäre Nutzen von Scham – und Schuldgefühlen – ersichtlich: Wenn unsere Vorfahren, in Gruppen von Jägern und Sammlern lebend, ein Vergehen begingen, das zum tödlichen Ausschluss hätte führen können, konn-

ten sie Scham zeigen und damit die Sanktionen vermindern.

Zeigen sich diese Basisemotionen auch bei Kleinstkindern? Die meisten in der Tat, jedenfalls Interesse und Freude/ Glück. Freilich werden sie schon früh kulturell geformt, wenn Mütter den Wutanfall eines zweijährigen Jungen dämpfen, oder wenn sie – bei passender Gelegenheit – lachen und damit das Kind anstecken.

(Positive) Emotionen in der frühen Kindheit

Ist ein schlummernder Säugling, der seine Lippen zu einem Lächeln formt, glücklich? Überhaupt, welche Emotionen können Neugeborene und Kleinkinder erleben? Gemäß der neueren Kleinkindforschung mehr und differenziertere, als traditionell angenommen. William James, ein amerikanischer Gründervater der wissenschaftlichen Psychologie, hielt kleine Kinder für »unbewusste, unempfängliche und lernunfähige Organismen«[7]. Ähnlich defizitär sah die klassische Psychoanalyse den Säugling; er sei schutzlos seinen Lustimpulsen ausgeliefert. Margreth Mahler überzeugte viele Eltern und Erzieher davon, der Säugling befinde sich in den ersten Lebensmonaten »in einem Zustand halluzinatorischer Desorientiertheit« und – bis gegen sechs, sieben Monate – in einer symbiotischen Phase, in der er keinen Begriff, kein Schema von sich selbst und anderen und damit auch kein individuelles Selbst besitzt.

Der kompetente Säugling[8] ist hingegen der Tenor der jüngeren Kleinkindforschung. Daniel Stern, Verfasser des wunderschönen Buches *Tagebuch eines Babys*[9], hat nachgewiesen, dass Kleinkinder schon in den ersten Lebenswochen ein Empfinden ihres auftauchenden Selbst haben. Viel früher als von Piaget angenommen können sie nachahmen: Beugen sich Erwachsene über Säuglinge, die einige Stunden alt sind, und strecken ihnen die Zunge heraus, tun sie das sehr wahrscheinlich auch. Wochen alte Kinder, die mit geschlossenen Augen einen Schnuller mit Noppen ertasteten, blickten, als ihnen die Augenbinde abgenommen wurde, intensiver auf diesen als auf einen Schnuller mit glatter Fläche. Sie sind viel früher zu sensorischen Koordinationen fähig, das heißt sie können unterschiedliche Sinneseindrücke – etwa Sehen und Tasten – auf ein gleiches Objekt beziehen. Und dies in einem Alter, in dem sie gemäß der früheren Sicht symbiotisch unbewusst vor sich her dämmern müssten! Traditionellerweise nahm man auch an, ein Kind höre entweder seine Mutter oder es sehe sie, ohne dazwischen eine Verbindung herzustellen, sodass es in einer Welt unzusammenhängender Eindrücke lebe. Doch vielmehr ist davon auszugehen, dass auch Säuglinge in einer ähnlich gegenständlichen Welt leben wie wir, dies umso mehr, als auch ihre Sehschärfe mit vier, fünf Monaten schon so gut ist wie die von Erwachsenen.[10]

Gedächtnisleistungen legen Babys früher an den Tag als traditionell angenommen: Francoise Dolto, eine französische Kinderärztin, erzählt, wie während des Zweiten Weltkrieges eine Mutter kurz nach der Entbindung in eine Klinik eingeliefert werden musste; der Säugling sollte mit der Flasche ernährt werden. Aber er trank nicht. Kurz bevor es für den Säugling lebensbedrohlich wurde, kam die Ärztin auf die rettende Idee, in der Klinik das Nachtgewand der Mutter zu holen und dem Baby an die Nase zu halten – es trank sogleich.

Auch emotional können Kleinkinder mehr!

Eine bekannte Studie zur emotionalen Entwicklung in der frühesten Kindheit verdanken wir der Kinderpsychologin Katharina Bridges.[11] In den Dreißigerjahren des letzten Jahrhunderts beobachtete sie in einem britischen Krankenhaus mehrere Monate lang 62 Neugeborene und Kleinkinder, um einen Stammbaum der Emotionen zu entwickeln: Wann und wie verästeln sie sich? Im ersten Lebensmonat seien die Emotionen noch wenig differenziert (anders als Izard ging sie nicht von trennscharfen Basisemotionen aus). Wenn Säuglinge hochgehoben werden, würden sie in eine *allgemeine Erregung* geraten, schneller atmen, die Armmuskeln anspannen und die Beine ruckartig bewegen. Im zweiten Lebensmonat erfolge die Ausdifferenzierung in Wohlbehagen und Unbehagen, wenn Säuglinge zu spezifischen Anlässen weinen. Wohlbehagen signalisieren sie durch ihr Lächeln, das aber auch spontan, im Augenkontakt speziell mit der Mutter auftritt: das soziale Lächeln, neueren Erkenntnissen zufolge eine evolutionäre Mitgift. Wenn dieses kleine Wesen, nachdem es in vielen langen Nächten stundenlang geweint hat, gefüttert werden musste und viele Kübel mit hellbraun verdreckten Pampers angefüllt hat, plötzlich zu lächeln beginnt, selig – dann sind die schlaflosen Stunden vergessen und die Bereitschaft zu weiteren Strapazen in der Pflege ist fest wie ein Fels.

Frühe negative Emotionen verästeln sich Bridges zufolge in den nächsten Monaten folgendermaßen: Drei Monate alte Kinder können wütend sein, wenn sie etwas Erstrebtes nicht bekommen. Mit fünf Monaten würden Kinder Ansätze von Ekel zeigen, wenn sie, den Löffel voller Spinat vor sich, den Mund sauer verziehen. Angst, speziell vor Fremden, trete im sechsten Monat auf, wenn Kinder in ihren Bewegungen innehalten und zu weinen beginnen, wenn sich ihnen eine fremde Person nähert.

Frühe positive Emotionen differenzieren sich mit etwa sieben Monaten heraus, zunächst freudige Erregung, wenn es den Kindern gelingt, ein Objekt zu ergreifen; dann lächeln sie, atmen tiefer und geben mitunter »grunzende« Laute von sich. Schon in den ersten Lebensmonaten ergibt sich »Glück« aus »Gelingen« sowie, dafür notwendig, aus Tätigkeit. Zu eigentlicher Freude seien Kinder aber erst zu Beginn des zweiten Lebensjahres in der Lage, wenn sie motorisch zu mehr fähig sind (speziell Laufen) und sich oftmals lächelnd hin- und herbewegen.

Die Studie von Bridges war bahnbrechend. Aber an ihren Ergebnissen wird nur noch zum Teil festgehalten. Das emotionale Reaktionsrepertoire von Neugeborenen ist vielfältiger. Wiederum: Der unterschätzte Säugling! Auch Kinder in den ersten Lebenswochen können Freude zeigen, zumindest Vorformen, erkennbar an einem Lächeln, das bereits in der dritten Lebenswoche demjenigen Erwachsener ähnelt: Beteiligung der Augenpartie, Heben der Brauen, fokussierter Blick. Ekel, Bridges zufolge erst im fünften Monat beobachtbar, zeigten zwei Monate alte Kinder als Reaktion auf bestimmte Geschmackstoffe (Zitronensäure). Mindestens sechs der von Izard beschriebenen Basisemotionen sind in den ersten Monaten nachweisbar: Freude und Interesse, die die neuronale Tätigkeit im Gehirn anregen, Ekel, Angst, Wut und Traurigkeit. Scham hingegen tritt erst im zweiten Lebensjahr auf.

Kleinstkinder bevorzugen positive Emotionen

Izard führte mit seinen Mitarbeitern ein Experiment durch, in dem zwei Gruppen von Säuglingen, die einen vier und die anderen sechs Monate alt, auf drei nebeneinander stehenden kleinen Leinwänden ein fröhliches Gesicht gezeigt wurde, eines mit gefühlsneutraler Mimik und schließlich eines mit einem zornigen Ausdruck. Schon die vier Monate alten Babys schauten länger auf das lächelnde Gesicht. Das Erkennen von Freude ermögliche dem Säugling verstärkende und angenehme Erlebnisse.[12]

> Der Ratschlag liegt auf der Hand: Lächeln Sie Ihren Säugling an. Und er wird – nicht zuletzt aufgrund der Stimmungskongruenz – zurücklächeln.

Auch sind Kleinstkinder fähig, differenziert auf den emotionalen Ausdruck ihrer Bezugspersonen zu reagieren. In Experimenten, die ethisch nicht unbedenklich sind, wurden Mütter gebeten, ganz normal mit ihrem drei Monate alten Kind zu reden, dann plötzlich zu schweigen und teilnahmslos zu schauen. »Einfrieren des mütterlichen Gesichtsausdrucks« nennen das Kinderpsychologen. Die Kinder schauten zunächst perplex, wurden ruhiger, einige begannen zu weinen. Wenn das Kleinkind narzisstisch auf sich selbst fixiert wäre und halb unbewusst dahindämmern würde, wie von der alten Entwicklungspsychologie behauptet, könnte es solche Reaktionen nicht zeigen.

Glück: hinter dem linken Auge

Wenn Kleinkinder emotional erregt sind, sind bei ihnen die gleichen Gehirnareale aktiver wie bei Erwachsenen. Der Emotionsforscher Richard Davidson legte seinen Versuchspersonen Bilder vor, die teils Negatives zeigen (Verkehrsunfälle, Verstümmelungen), teils Positives (blühende Blumenwiesen). Bei den ekelerregenden Bildern zeigte sich eine stärkere Aktivität im rechten Teil des Stirnlappens (präfrontaler Cortex), bei den beglückenden hingegen in der linken. Das Glück sitze, so der Münchner Glücksforscher Bernd Hornung, einen Finger breit hinter dem linken Auge.[13]

In einem weiteren Experiment maß er bei zehn Monate alten Babys, welcher Teil des Stirnlappens aktiver ist. Danach setzte er sie einer kleinen Stresssituation aus, indem die Mutter kurz den Raum verließ. Er prognostizierte: Kleinkinder mit stärkerer linksseitiger Aktivität (häufigeres Glückserleben) nehmen das gelassener. In der Tat: Die meisten Kinder mit höherer rechtsseitiger Aktivität schrien wie am Spieß und waren untröstlich. Bei diesen Kindern wurde auch mehr vom Stresshormon Cortisol nachgewiesen. Allerdings können diesbezüglich die Lernerfahrungen mit der Umwelt noch vieles verändern, »vor allem, wenn es sich um positive Erlebnisse handelt«, die geschult werden können.[14]

Kinder verstehen früh positive emotionale Begriffe

Auch emotionale Begriffe verstehen Kinder früher als traditionell angenommen. Ohnehin gilt: Das Erleben geht dem Verstehen voraus, und dieses seinerseits der Verbalisierungsfähigkeit. Kinder sind glücklich, längst bevor sie die Worte »glücklich« oder »happy« verstehen, und erst recht, bevor sie sie aussprechen können.

Die Kinderpsychologen Ridgeway, Waters und Kuczaj baten in den USA 300 Eltern, ihre Kinder, zwischen eineinhalb und sechs Jahre alt, aufmerksam zu beobachten.[15] Dann wurden sie gefragt, ob ihr Kind vorgegebene emotionale Ausdrücke – so »happy« oder »sad« – verstehe. Mit Abstand am frühesten verstehen die Kinder »glücklich«, die noch nicht zwei Jahre alten zu 80 Prozent: »Santa Claus ist happy, weil ich aufs Töpfchen gehe«, so ein amerikanischer Knirps. Im dritten Lebensjahr waren sowohl »glücklich« als auch »traurig« nahezu allen Kindern bekannt. Aber noch im Alter von fünf Jahren konnte nur eine Minderheit (10 Prozent) etwas mit »neidisch« anfangen, gut die Hälfte mit »angeekelt«, und drei Viertel mit »verlegen«.

Zu ähnlichen Ergebnissen gelangten Studien, in denen die sprachlichen Äußerungen von Kindern analysiert wurden. Bereits nach dem 18. Lebensmonat brauchen Kinder Emotionswörter, sei es im Zusammenhang mit Auslösern (»Es ist dunkel, habe Angst«), oder Ausdrucksverhalten (»Ich weine jetzt nicht, bin glücklich.«)[16]

Kindern ist zu gönnen, wenn Eltern solche Äußerungen ernst nehmen und spiegeln: »Ich verstehe, dass du Angst hast, traurig bist.« Wenn Mütter und Väter selber reichlich und angemessen Emotionswörter verwenden, begünstigen sie den Aufbau der emotionalen Intelligenz beim Kind.[17]

Dass Kinder Emotionen – speziell »glücklich« und »traurig« – früh verstehen können, belegen Studien, in denen ihnen Gesichterfotografien vorlegt wurden, die relativ eindeutig Glück, Überraschung, Wut, Angst, Traurigkeit und Ekel zeigen. Auf die Bitte hin, sich zu den Gesichtern zu äußern, verwendete von den zweijährigen Kindern nur ein einziges Emotionswörter, und zwar »glücklich« und »traurig«; erst bei den Vierjährigen wurde der Gebrauch von emotionalen Begriffen deutlich häufiger.

Anders hingegen, als die Versuchsanordnung geändert wurde. Nachdem der Leiter bei den Zweijährigen »glücklich« gesagt hatte, zeigten 80 Prozent der Kinder auf das freudig lachende Gesicht, ebenso viele bei »traurig«, wohingegen es bei »wütend« und »überrascht« nicht die Hälfte waren. Neben »Traurigkeit« ist »Glück« diejenige Emotion, die von Kindern am frühesten verstanden wird, was unmöglich wäre, wenn sie nicht schon erlebt worden wäre. Ist, wie Freud einmal behauptete, Glück im Plane der Schöpfung wirklich nicht enthalten? Oder ist es nicht vielmehr eine der stärksten Kräfte in der Natur, in der Evolution und in der Entwicklung der Kinder?

Ist Trotz auch für Kinder Trotz?

Die traditionelle Entwicklungspsychologie beschrieb für das dritte Lebensjahr die Trotzphase. Es kann knatschig an den Nerven zerren, wenn Folgendes geschieht: Sie heben Ihre Dreijährige vom Küchenschemel, von dem aus sie auf die Arbeitsfläche hatte klettern wollen. Sie beginnt zu schreien, schlägt mit Armen und Beinen um sich, lässt sich heulend auf den Boden fallen. Frühere ErzieherInnen führten diese lautstarke Aktivität oft auf den bösen Eigenwillen der Kinder zurück, der gebrochen werden müsse. Auch Bernhard Bueb hängt, auf Freud Bezug nehmend, diesem Bild an, wenn er jede Generation von Babys mit einem Einfall von Barbaren vergleicht[18] und »trotzenden« Kindern den »Verstand« abspricht.[19]

Aber war diese Reaktion wirklich Trotz? In diesem Alter beginnen Kinder, innere Skripts (Handlungsabfolgen) zu entwickeln, die auch erprobt werden müssen. Ein solches Skript kann sein, an die Schokolade heranzukommen, die im oberen Regal des Küchenschrankes verwahrt ist, wofür der Schemel zur Küchengarnitur hinzuschieben und diese zu erklettern ist – für ein dreijähriges Kind ein Abenteuer! Wenn es aus dieser Spannung herausgerissen wird, bricht das Skript zusammen und kann es gar nicht anders als mit Wut reagieren.

Auch wir Erwachsenen mögen es nicht, wenn wir bei Tätigkeiten gestört werden, die wir in vollster Konzentration ausüben. Wenn Kinder ganz und gar Konzentration sind, sollten sie – wenn irgendwie möglich – nicht gestört werden.

Positive Emotionen in der mittleren Kindheit

Das unterschätzte Kind

Nicht nur Säuglinge wurden in der traditionellen Entwicklungspsychologie unterschätzt, sondern auch Kindergartenkinder. Jean Piaget charakterisierte sie als »egozentrisch«.[20] Wenn sie im Sandkasten spielen und miteinander reden, handle es sich um »kollektive Monologe«, in denen sie sich zwar hören, aber nicht empathisch verstehen. Kinder gingen davon aus, andere Personen nähmen die Welt genau gleich wahr wie sie. Sie seien noch unfähig, sich in die Perspektive anderer zu versetzen. Diese Egozentrizität, die nicht mit Egoismus zu verwechseln sei, führe dazu, dass Kinder die ihnen vom eigenen Erleben her bekannten Regungen in die Natur projizieren: Ein Orkan, der die Bäume entwurzelt, sei böse; der Mond, der dem Auto in der Nacht nachfahre, neugierig, weil er wissen wolle, wohin die Familie fahre. Piaget nannte dies »Animismus« (Beseelung der Umwelt).[21] Wenn Kinder als egozentrisch gesehen werden, wird ihnen auch weniger Altruismus (aufopferndes Handeln für andere) zugemutet. Erst mit sieben/acht Jahren lasse das Kind den Egozentrismus allmählich hinter sich und werde fähig, sich in die Perspektive anderer zu versetzen. Dass dem nicht so ist, zeigt ein einfaches entwicklungspsychologisches Experiment, das aber das Bild des Vorschulkindes gründlich veränderte:

Ein vierjähriges Kind sitzt vor einer Puppenküche, in der ihm mit Handpuppen folgende Szene vorgespielt wird: Die Puppenmutter räumt Schokolade in den grünen Schrank und wird dabei vom Puppenkind beobachtet. Danach geht das Puppenkind draußen spielen. Derweil nimmt die Puppenmutter die Schokolade wieder aus dem grünen Schrank, legt sie in einen roten Schrank und geht weg. Das Puppenkind kommt zurück und möchte Schokolade. »Wo wird es suchen?« Dreijährige Kinder antworteten mehrheitlich: »Im roten Schrank!« Aber bereits Vierjährige sagten: »Im grünen!« Sie konnten innerlich nachvollziehen, dass das Puppenkind, weil es draußen spielte, während die Mutter die Schokolade anderweitig ablegte, gar nicht wissen kann, dass die braunen Glücksbringerstücke anderswo liegen.

Schon mit vier/fünf Jahren können Kinder zwischen ihrer Perspektive und der anderer unterscheiden. Sie verfügen – wie Entwicklungspsychologen zu sagen pflegen – über eine *theory of mind*, eine Theorie des Geistes. Auch können sie zwischen Wirklichkeit und Schein unterscheiden: Milch wird nicht mehr blau, wenn man sie in eine blaue durchsichtige Flasche füllt. Und ein Stab, der ins Wasser gehalten wird und aufgrund der Brechung gekrümmt erscheint, bleibt gerade.

Kleinkinder können trösten: Sobald Kinder eine Theorie des Geistes gebildet haben, wissen sie, dass andere Menschen ihre je eigenen Emotionen erleben. Dies erleichtert die Empathie, das Mitfühlen mit anderen, wozu Kinder ebenfalls früher in der Lage sind. Noch in der Entwicklungspsychologie der Sechzigerjahre wurde behauptet, Kinder im zweiten Lebensjahr seien allenfalls für Gefühlsansteckung zugänglich und ähnlich wie die »Primitiven«, die noch nicht mit anderen Menschen mitfühlen könnten.

Die Entwicklungspsychologin Doris Bischof-Köhler konfrontierte in einem Experiment 15 Monate alte Kinder damit, dass einer vertrauten erwachsenen Spielpartnerin ein Missgeschick passierte: Einem Teddybären brach der Arm ab, worauf sie Kummer zeigte. Etliche Kinder wollten helfen, die missliche Situation für die Betroffene zu beheben; andere blieben unbeteiligt. Der entscheidende Faktor war, ob sich die Kleinstkinder in einem Spiegel bereits erkannten: Wenn ja, war die Wahrscheinlichkeit viel höher, dass sie zur Gruppe der Helfer gehörten. Empathie setzt eine elementare Erkenntnis des eigenen Selbst voraus.

Früher als traditionell angenommen sind Kinder zu prosozialem Verhalten fähig: Schon vor dem zweiten Geburtstag können sie einander physisch trösten (streicheln), helfen (der schreienden kleinen Schwester die Flasche geben), teilen, einander beschützen – und dies umso mehr, je häufiger sie dies an uns Erwachsenen gesehen haben.

Jüngere Kinder *sind* ihre Impulse und ihre Emotionen

Für die emotionale Entwicklung im Kindesalter bedeutsam ist die Entwicklungstheorie des Selbst, die der amerikanische Psychologe Robert Kegan erarbeitete.[22] Entwicklung geschieht, indem das Kind zu haben beginnt, was es zuvor war. Neugeborene Kinder *sind* noch ihre Reflexe, so der Greifreflex, der so stark sein kann, dass man einen Säugling, der seine Fingerchen um unseren Zeigefinger klammert, in die Höhe ziehen kann. Aber typischerweise im dritten Lebensmonat wird dieser Reflex vom willentlichen Greifen abgelöst, welches noch stark einverleibend ist. Kinder greifen nach allem, was sich ihren Händchen bietet, voller Interesse und Lust stecken sie die Legoklötze in den Mund. Ohne dieses konkrete Greifen gäbe es nie den geistigen Begriff.

Das Kleinkind ist seine Impulse: Typischerweise im zweiten Lebensjahr tritt das Kind in das »impulsive Gleichgewicht«. Es *ist* seine Impulse – und seine Emotionen. Wer zweieinhalbjährige Kinder auf dem Spielplatz beobachtet, dem wird nicht langweilig. Da kommt eine Katze angelaufen, der der Knirps nachrennt, darauf springt er zu den Blumen, um sich dann kurz neben die strickende Mama auf die Bank zu setzen. Sogleich läuft er wieder weg, zu den Sträuchern, und es dauert nicht lange, bis er einem weiteren Impuls folgt und auf einen Gartenstuhl klettern will, der aber zu schwanken beginnt. Wenn Sie den Jungen, um ihm den Aufprall am Boden zu ersparen, herunterheben, was ihm völlig widerstrebt, kann er heftig zu schreien beginnen und ganz seine Wut *sein*. Nicht aus bösem Willen, nicht, um Sie zu ärgern – er kann nicht anders; er *ist* sein Impuls (hochklettern), aus dem er herausgerissen wurde, er *ist* seine Emotion.

Wie oft sagen wir Kindern, wenn sie traurig oder wütend sind: »Es ist ja gar nicht schlimm.« Und tun ihnen damit Unrecht. Denn für Kinder ist es schlimm.

In diesem Alter können die Emotionen schnell in ihr Gegenteil umschlagen. Ein Mädchen streichelt eine Katze und strahlt über beide Wangen, und wenn das Tier plötzlich wegrennt, ist es tief betrübt. Glücklicherweise geschieht auch das Umgekehrte: Sabrina, fünf Jahre alt, ist stinksauer vom Kindergarten heimgekommen, weil ihre frühere Freundin sie nicht zur Geburtstagsparty eingeladen hat. Als die Oma anruft und ihren Besuch ankündigt, blüht sie auf. Diesem emotionalen Erleben kommt folgendes Kinderlied entgegen:

> »Heile, heile Segen,
> drei Tage Regen
> drei Tag Schnee
> es tut meinem Schätzlein nicht mehr weh.«

Die nächste Stufe bezeichnete Kegan als das souveräne Gleichgewicht des Selbst. Fortan *hat* das Kind seine Impulse, es kann zu ihnen auf Distanz gehen und sie unterdrücken; aber fortan *ist* das Kind seine Rolle. Weil es seine Impulse besser kontrollieren kann, erlangt es mehr Souveränität und Autonomie. Es wird auch fähig, seine wahren Gefühle zu verbergen und – was die Kehrseite davon ist – sich zu verstellen und uns zu täuschen. Ermöglicht wird dies durch natürliche Reifungsvorgänge im Gehirn, speziell die Myelinisierung, wenn Nervenfaserbündel gleichsam mit einer Isolationsschicht umhüllt werden, wodurch die Informationsübertragung beschleunigt wird.

»Ich bin, was ich kann« – das Modell von Erikson

»Wer sind Sie eigentlich?« Wenn jemand so fragt, kann verständlicherweise der Verdacht aufkommen, er sei ziemlich verwirrt. Oder dass er uns nicht gerade hoch schätzt. Die Frage kann aber auch philosophisch gedeutet werden. Wer wir eigentlich sind, ist nicht nur die Frage nach unserer Identität, sondern auch die nach dem Sinn.

Wir stellten die Frage Schulkindern! Die sahen darin kein Problem, sondern antworteten keck:

»Ich bin der Bernd. Ich bin ein Mensch, und ich kann so viele Dinge machen.«

»Ich bin ein Junge und kann gut Fußball spielen, und am Schlagzeug bin ich auch gut.«

Aber auch folgende Frage: »Wer möchtest du eigentlich sein?«

»Eigentlich bin ich zufrieden mit meinem Leben, es könnte nicht besser sein. Nur, in manchen Dingen könnte ich noch besser sein. Wenn ich im Kämpfen nicht so gut bin, das mag ich eigentlich nicht so gern. Da möchte ich manchmal schon ein bisschen stärker sein. Sonst aber ist es gut.«

So ein aufgeweckter Zehnjähriger. Kinder machen ihre Identität daran fest, was sie können. Dies erinnert an eine weitere Entwicklungstheorie, die für die Emotionen – nicht nur im Kindesalter – bedeutsam ist, die von Erik Erikson.[23] Gemäß dieser Theorie hat der Mensch, damit sein Leben glückt, acht Entwicklungsaufgaben zu bewältigen:

Ich bin getragen: Die erste Entwicklungsaufgabe besteht darin, dass der Säugling ein Urvertrauen aufbaut beziehungsweise ein solches geschenkt erhält, zumal durch eine prompte und fürsorgliche Reaktion auf seine körperlichen Bedürfnisse. Wem dies geschenkt wird, der ist später optimistischer, glaubt eher daran, dass die großen Probleme der Menschheit zu lösen sind und findet die Mitmenschen vertrauenswürdig. Wem dies nicht zuteil wird, neigt zu Pessimismus, fühlt sich in diesem Universum ungeborgen und misstraut sich selbst ebenso wie den anderen.

Ich bin, was ich will: Ein stabiles Urvertrauen begünstigt, im zweiten Lebensjahr, die Entstehung von Autonomie, wenn das Kind stolz ist, gehen zu lernen, auf einen Stuhl zu klettern, seine Ausscheidungsorgane zu beherrschen. Kindern, denen dies nicht gelingt, neigen dazu, sich gleich zu schämen, oft indem sie die Hände vor die Augen halten, als wollten sie für andere unsichtbar werden. Später kann die Furcht bestehen bleiben, dass andere persönliche Fehler herausfinden, oder das Gefühl nagen, es wäre das Beste, im Boden zu versinken. Im vierten und fünften Lebensjahr entscheidet sich, ob das Kind zu Initiative neigt oder aufgrund (falscher) Schuldgefühle, die ihm nur zu oft eingeredet wurden, daran gehindert wird.

»Gesunde« Kinder sind in diesem Alter voller Neugier, sie drängen in neue Räume hinaus, wollen alles wissen, fragen unermüdlich und wollen alles untersuchen – und genau das macht sie glücklich. Hier entsteht, was sich im späteren Leben in folgenden Überzeugungen äußern kann: »Ich habe mein Schicksal in der Hand, ich habe aufregende Pläne für die Zukunft.«

Ich bin, was ich kann, charakterisiert die Identität von Schulkindern. Glücklichen Kindern gelingt es, ihren Werksinn zu entfalten. In der Tat: Die meisten Kinder wollen mittun, Nägel selber in die Bretter einhämmern, auf einem Bauernhof selber Traktor fahren. In dieser Phase ist das Kind,

105

was es kann, und es ist umso glücklicher, je besser es etwas kann. Der Gegenpol von Werksinn ist Minderwertigkeit, wenn das Gefühl zu lähmen beginnt, inkompetent zu sein, keine Energie zu haben, um endlich in Angriff zu nehmen, was ich schon längst vorhatte. Solche Frustrationen sind Gift für Glück und Zufriedenheit.

> Der glückspädagogische Ratschlag liegt auf der Hand: Burschen und Mädchen vielfältige Möglichkeiten gewähren, aktiv zu sein und ihren Werksinn zu entfalten. Und ihnen zutrauen, dass sie einen Nagel selber einschlagen können, auch wenn das zu Beginn ohne einen blauen, feurigen Fingernagel meistens nicht gelingt.

Ich bin der, der ich bin: Die Entwicklungsaufgabe des fünften Stadiums besteht darin, im Jugendalter eine tragfähige Antwort auf die Frage zu finden, wer man eigentlich ist. Wem dies nicht gelingt, gerät in eine Identitätskrise, in der gelegentlich extravagante Lebensstile ausprobiert werden: Sich einer religiösen Sondergruppe anschließen, mit anderen Punks herumsitzen und die Passanten fragen: »He, haste mal'n Euro?«

Intimität – Generativität – Integration: Gefestigte Identität ist die Voraussetzung dafür, im Stadium sechs zu wirklicher Intimität fähig zu werden, die etwas vom Beglückendsten ist, was uns das Leben bereithält: Mit einem geliebten Menschen verschmelzen, ohne dabei unsere Einzigartigkeit zu verlieren. Wem dies nicht gelingt, schlittert in die Isolierung: Niemand, der einen wirklich versteht; niemand, der Freude und Sorge mit einem teilt. Im mittleren Erwachsenenalter schöpft der Mensch sein Glück aus generativem Verhalten: indem er Kinder großzieht, eine Familie ernährt, ein Haus baut, ein Mandat übernimmt.

Wem dies nicht gelingt, gerät in Stagnation. Diese macht es wahrscheinlicher, dass im höheren Alter existenzielle Verzweiflung, dem Gefühl von Ekel vergleichbar, alles verdüstert und sich oft in bösartigem Zynismus äußernd. Anders der integrierte Mensch:»Das Leben war, wie es war, und es war gut!«, dieser Mensch kann eine tiefe Dankbarkeit für die vorausgegangenen Generationen entwickeln, ohne die wir nicht wären, für Millionen Mütter, die in ihren Wehen stöhnten, für Millionen Väter, die im Schweiße ihres Angesichts Äcker pflügten.

Warum das Glück am Ende der Kindheit geringer wird

Eltern kann es frustrieren: Je mehr Jahre sie investieren, damit ihre Söhne und Töchter eine glückliche Kindheit verbringen, desto geringer wird die Wahrscheinlichkeit, dass diese ihr bisheriges Leben als sehr glücklich bezeichnen.

Warum geht mit dem Alter das Glücksquantum dermaßen zurück? Antworten präsentieren auch die Neurobiologen, die untersuchten, welche tief greifenden hormonellen Veränderungen in den Organismen der Heranwachsenden ablaufen. Auch unsere Töchter standen, bis sie neun/ zehn Jahre alt waren, in aller Regel (zu) früh auf, buchstäblich mit den Hühnern, um dann zu spielen oder – sofern wir es erlaubt hatten (schlaftrunken meistens ohnehin) – KiKa zu schauen. Doch nach dem zehnten Geburtstag räkelten sie sich an freien Tagen mitunter bis zum Mittag im Bett, zusehends häufiger verpassten sie den Schulbus. Verantwortlich sind Östrogenschübe, die im Gehirnareal, das für den Tagesrhythmus zuständig ist, den Schlafrhythmus verändern[24]: Viele Zehn- und Elfjährige bleiben am Abend länger auf, lesend oder fernsehend, und sind am Morgen schwieriger aus den Federn zu kriegen. Auch wenn es viele für eine Wonne halten, an den freien Morgen stundenlang im Bett herumzuliegen – in dieser Zeit über eine taufeuchte Wiese zu joggen, würde mehr Glücksbotenstoffe produzieren. Bei den Jungen erfolgen diese Veränderungen etwa ein Jahr später. Ohnehin ist das weibliche Gehirn im Schnitt um die zwei bis drei Jahre früher ausgereift als das männliche.

Die Hormonschübe, bei den Mädchen vor allem Östrogen und Progesteron, bei den Jungen Testosteron, führen nicht nur zu den bekannten körperlichen Veränderungen, sondern auch zu solchen im Erleben und im Befinden. Diese Umbrüche müssen bewältigt werden und senken die Lebenszufriedenheit. Bei den Mädchen beginnen nicht nur die Brüste zu wachsen, was freilich viele mit Stolz erfüllt, sodass der Kauf des ersten BHs ein tolles Erlebnis ist, gleichsam der Abschluss der Kindheit. Auch die Hüften werden

Anteile von als sehr glücklich bilanzierten Kindheiten, Alter, %, N = 1319 Schüler in Salzburg

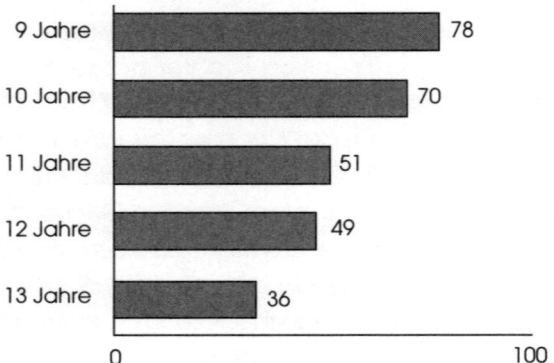

runder – und zwar meist üppiger als bei den Models im *Girl*. Eine Analyse von Tagebüchern, die Mädchen zwischen 11 und 19 Jahren geschrieben hatten, zeigte: 28 Prozent aller Eintragungen von 13- bis 15-Jährigen befassten sich mit dem Körper, die große Mehrheit davon mit einer negativen Sicht.[25] Wenn man sich zu dick vorkommt, stundenlang vor dem Spiegel steht und die Akne mit Salben oder Abdeckstiften behandelt, sinkt die Lebenszufriedenheit. Eine Jugendstudie brachte zu Tage: Etliche Mädchen begannen zu rauchen, weil sie gehört hatten, dass man dann schlanker bleibe.

Die Schlankheitsmanie wirkt sich verhängnisvoll aus. Im Vergleich zu den nicht 50 Kilogramm schweren Laufstegschönheiten muss man sich auch als normalgewichtiges Mädchen viel zu wanstig vorkommen. Nachdem über- und normalgewichtige Frauen Fotos ranker Blondinen betrachtet hatten, waren *beide* Gruppen mit dem eigenen Aussehen weniger zufrieden. Übrigens: Eine jüngere britische Studie zeigte, dass schlanke Models weniger glücklich sind und ein geringeres Selbstwertgefühl haben als Menschen in anspruchsvolleren Berufen.[26] Hüftenschwingend über den Laufsteg zu schreiten fordert weniger heraus als beispielsweise auf der schulpsychologischen Beratungsstelle für einen Schüler mit originellem Verhalten (wie Verhaltensauffälligkeit auch gesehen werden kann) die beste Therapie zu finden.

Jungen sind mit ihrem Aussehen zwar zufriedener als die Mädchen. Dennoch stehen auch sie in der Pubertät länger vor dem Spiegel, betupfen ihre Akne oder betrachten ihren Penis, der halt viel dünner und kürzer ist als bei Mark oder Hans. Auch ihnen kann es, wenn der puberale Wachstumsschub eingesetzt hat, peinlich sein, wenn Tante Berta, zu der man eben noch aufgeschaut hat, von unten her sagt: »Bist du groß geworden!« Etliche würden sich dann am liebsten in ihr Zimmer einschließen und laut Rap hören. Auf körperliche Veränderungen sollten Jungen und Mädchen nur behutsam angesprochen werden.

Heftige Gefühlsschwankungen

Sie mindern das Glück ebenfalls. (Vor-)pubertierende Mädchen können freundlich von der Schule oder von ihren Freunden erzählen, aber furienhaft aufbrausen, wenn eine kritische Frage gestellt wird: »Rauchen die schon und trinken sie Bier?« »Das geht euch doch gar nichts an! Mensch, seid ihr misstrauisch! Und altmodisch!« »Und verlogen!«, wenn der Papa am Abend auch seine drei Bier trinkt. Gefühlsschwankungen sind auch hormonell bedingt, besonders bei Frauen mit dem prämenstruellen Syndrom. Ein niedriger Östrogen- und Progesteronspiegel geht mit einer geringeren Serotoninkonzentration einher, was die Wahrscheinlichkeit von depressiven Verstimmungen, Ängsten und Wutgefühlen erhöht.[27]

»In die Schule gehe ich nicht mehr gerne« – weniger Glück in der ausgehenden Kindheit ist oft durch die Schule bedingt, in der die Anforderungen härter und die Vierer und Fünfer häufiger werden. Vor allem Kinder, die von bildungsbeflissenen Eltern auf weiterführende Schulen geschickt werden – aber als Tischler oder Gärtner glücklicher würden denn als Jurist oder Arzt (was sie dann oft doch nicht werden) – können aufgrund permanenter Frustrationen nachhaltig unglücklich werden. Schüler, die weniger für binomische Formeln als vielmehr für ein Handwerk begabt sind, kommen mir an weiterführenden Schulen oft vor wie Hunde, die einer vor ihnen herabbaumelnden Wurst hinterherrennen. Diese hängt von einer weit nach vorn gerichteten Latte herab, die an einem Wagen befestigt ist, den der Hund hinter sich herzieht. Je schneller er rennt, desto schneller fliegt sie ihm davon. Eltern sollten den Mut haben, Schullaufbahnentscheidungen, die für das Kind zum Dauerfrust wurden, zu überdenken und zu revidieren. Glück ist nicht an einen Magistertitel gebunden, der schon längst keine Gewähr mehr dafür bietet, sein Auskommen zu finden. Voltaire beendete seinen Roman *Candide* damit: »Lasst uns für unser Glück sorgen: In den Garten gehen und arbeiten!« In meinem Bekanntenkreis wurden etliche Schulabbrecher glückliche Gärtner oder Floristinnen.

3. Kapitel

Kinder erzählen uns von ihrem Glück

*»Wenn ich mit intellektuellen Freunden spreche,
festigt sich in mir die Überzeugung,
vollkommenes Glück sei ein unerreichbarer Wunschtraum.
Spreche ich dagegen mit meinem Gärtner
(oder einem Kind, A.B.),
bin ich vom Gegenteil überzeugt.«*

Bertrand Russell

Mit Statistiken kann man furchtbar langweilen. Und viele Statistiken sind nicht erfreulich: Gestiegene Rohölpreise, mehr Scheidungen und so weiter. Aber gelegentlich bauen Statistiken auf, beispielsweise die, die zeigen, wie viele Kinder sich in der Bundesrepublik für »(sehr) glücklich« halten.

Bilanzierung der Kindheit durch die Kinder selbst, in Prozent. Gesamtzahl 1239

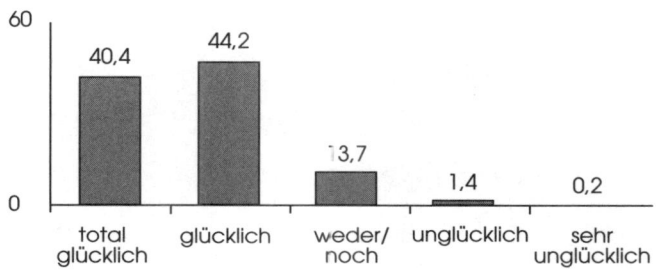

»meine Kindheit, alles in allem, ist ... «

113

Solche Prozentzahlen besagen noch wenig. Denn: Wo sind Kinder glücklich? Auch im Wartezimmer des Zahnarztes? Oder am Adriastrand, ein Magnum-Eis in der Hand? Wir legten den Kindern – sowohl in der Salzburger Studie als auch jener in der Bundesrepublik – 40 Bereiche vor, so »bei meiner Mutter«, »in den Ferien«, »beim Skaten«. Diese konnten einer fünfpunktigen Gesichterskala zugeordnet werden, wie sie schon von Kleinkindern emotional zutreffend identifiziert werden können:

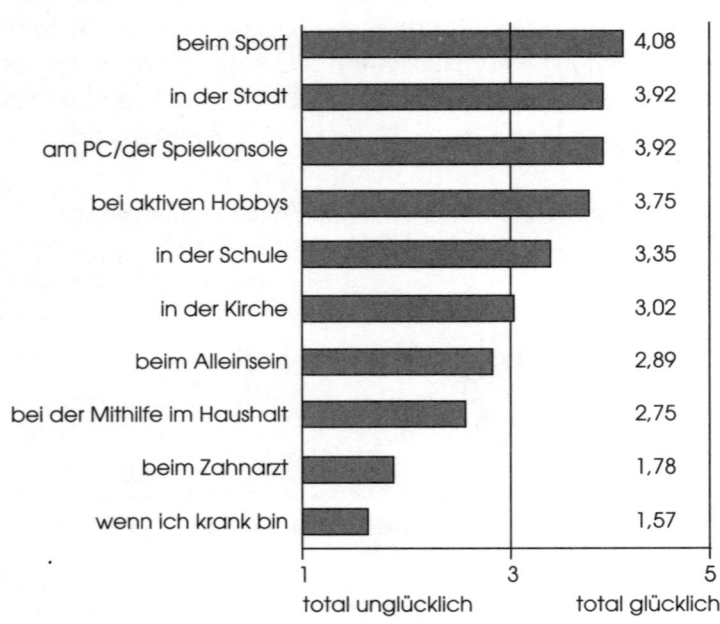

Glück in verschiedenen Breichen der Kindheit, Mittelwerte, N = 1239

Bereich	Mittelwert
beim Sport	4,08
in der Stadt	3,92
am PC/der Spielkonsole	3,92
bei aktiven Hobbys	3,75
in der Schule	3,35
in der Kirche	3,02
beim Alleinsein	2,89
bei der Mithilfe im Haushalt	2,75
beim Zahnarzt	1,78
wenn ich krank bin	1,57

1 — total unglücklich 3 5 — total glücklich

Am glücklichsten sind Kinder – wie wohl eh und je –, wenn sie bei Freunden und draußen sind, mit ihnen spielen, bestenfalls pädagogisch nicht überwacht. Auch das Fernsehen verbinden die meisten Kinder mit einem lächelnden Smiley, ebenso Mama und Papa, Oma und Opa, ihr Zuhause.

Noch lebensnaher wird Kindheitsglück, wenn Kinder selber schildern, was sie in ihrem bisherigen Leben am meisten glücklich gemacht hat:

»Mit sechs Jahren war ich sehr glücklich, als ich ein kleines Schwesterchen bekam. Denn von da an hatte ich jemanden zum Spielen.«

»Mein Hund. Er ist so lieb. Da ist noch unser Schwimmbad. Es ist immer so schön erfrischend. Und dass wir ein Haus haben und dass ich da mit Mama, Papa, Oma und Opa wohnen darf.«

»Sport betreiben, Computer spielen.«

»Als ich das erste Mal ausgeritten bin. Ich bin zum Reithof gefahren, danach hat meine Reitlehrerin gesagt, dass wir zwei alleine ausreiten. Das freute mich riesig.«

»Mein erstes Fußballspiel in Lamprechtshausen gegen Bürmoos, wir gewannen 5 : 0. Ich habe zwei Tore geschossen und ein sicheres Tor verhindert. Aber in der zweiten Hälfte wurde ich gefoult und konnte nicht mehr mitspielen. Der andere Spieler hat eine rote Karte bekommen, und das hat mich sehr glücklich gemacht.«

»Als ich, mein Vater und mein Bruder einen Tag vor meinem Geburtstag Roller-Skater kaufen gefahren sind.«

»Als ich in der Hauptschule meinen ersten Einser in Mathematik schrieb.«

»Als ich nach Hause kam und erfuhr, dass mein Bruder nach dem Unfall aus dem künstlichen Tiefschlaf geholt wurde.«

»Es war schon immer ein Traum von mir, einmal Kart zu fahren. Mit zehn Jahren bin ich dann das erste Mal in einem Kart gesessen. Es war so schön. Ich spürte den Fahrtwind, und es war einfach herrlich unbeschreiblich cool.«

»Dass mein Vater nicht mehr bei uns wohnt, er war so streng, meine Brieffreundin, meine Lehrerin in der Grundschule, meine beste Freundin, meine Katze.«

Gesammelt haben wir auch 300 Berichte, in denen sich Erwachsene an die glücklichsten Episoden ihrer Kindheit erinnerten.

Die Berichte sind mannigfaltig. Es gibt so viele Wege zum Glück, wie es Menschen gibt. Und so viele Wege zum Kindheitsglück, wie auch Kinder leben, weil jedes Kind *seine* Welt ist. Was Kinder glücklich macht, differiert erheblich. In einem Falle sind sie besonders glücklich, wenn der Papa von der Arbeit kommt, in einem anderen, dass er ausgezogen ist. Ein Mädchen kann besonders glücklich sein, wenn es das Meerschweinchen füttert, in einem anderen Fall, dass seine Schwester das schon getan hat. Dennoch gibt es gemeinsame Themen, wie Sie auch in diesem Kapitel sehen werden:

☺ Zunächst berichten Kinder, wie sie Glück in ihren Familien erleben,

☺ dann bei ihren Freunden,

☺ und speziell wie es ihnen mit Tieren geht, dem Kindheitsglück mit Fell und Pfoten.

☺ Auch Kinder schildern, was im Kern der Glückstheorie des Philosophen Aristoteles steht: dass Glück aus ihren vielfältigen Tätigkeiten erwächst, die sie um ihrer selbst willen ausüben.

☺ Es ist zwar nicht ausgeschlossen, aber eher selten: dass Kinder in der Schule besonders glücklich sind, was ihrem Lernen zuträglich wäre.

ʿ☺ʾ Und nicht zuletzt sind Kinder zu spirituellen Intensiverfahrungen fähig, oft außerhalb der Kirche, die sie nachhaltig beglücken.

Kinder erleben Glück in ihren Familien

Sechs von zehn Kindern sind total glücklich, wenn sie mit ihrer Mutter zusammen sind, weitere 33 Prozent glücklich. Beim Vater sind 54 Prozent total glücklich und 34 Prozent glücklich. Bei den Brüdern und Schwestern fühlen sich die Kinder geringfügig weniger wohl: 36 Prozent total glücklich, und 37 Prozent glücklich. Mit Geschwistern kann man zwar spielen, aber sie können auch bevorzugt werden, sodass der Neid stachelt – eine der schädlichsten Emotionen. Sie können einem auf die Nerven gehen und einen anschreien. Häufiger Streit mit Geschwistern reduziert das gesamte Kindheitsglück.

Die Wahrscheinlichkeit, dass die gesamte Kindheit als glücklich bewertet wird, ist am höchsten, wenn die Familie als Glücksort erlebt wird. Aber widerspricht dies nicht so ziemlich allem, was über die Familie geklagt wird?

Exkurs:
Ist die Familie nicht schon längst dahin?

»Die Familie stirbt«, überschrieb der Soziologe Herbert Gronemeyer ein Kapitel seines Buches *Die Entfernung vom Wolfsrudel. Über den drohenden Krieg der Jungen gegen die Alten.* Doch nicht genug mit dem Sterben der Familie; sie sei jetzt schon »für immer versunken«[1].

Die Klage über den Verfall der Familie ist nicht neu. Schon vor 150 Jahren fürchteten die Befürworter der Familie, der Materialismus löse sie auf. Auch der Industrialisierung wurde angelastet, diese Lebensform zu zerstören, weil die Väter und viele Mütter in rußigen Fabriken arbeiten mussten. 1919 nahmen sich die Väter der Weimarer Verfassung vor, entschieden zur »Reinhaltung, Gesundung und sozialen Förderung der Familie« beizutragen. Die Familie – ein Patient.

Die Familie wurde und wird aber nicht nur beklagt, weil sie zugrunde gehe. Sie wurde und wird auch angeklagt, bis hin zur Forderung, sie aufzulösen. Schon der griechische Philosoph Plato meinte um 400 v. Chr., es sei für Kinder besser, nicht bei den leiblichen Eltern aufzuwachsen, sondern gemeinsam mit Gleichaltrigen, von geschulten Hebammen gehegt, von Pädagogen erzogen und unterrichtet. Auch die kommunistische Bewegung war ursprünglich gegen die Familie. Sie bringe kapitalistisch gesinnte Bürger hervor, die an ihren Eigennutz, nicht aber ans Gemeinwohl denken würden. Auch viele Angehörige der 68er-Bewegung haben die bürgerliche Familie kritisiert: Sie erzeuge frustrierte und autoritätshörige Konformisten, die sich kritiklos ausnutzen und manipulieren lassen würden.

Steht es um die Familie so arg? Ist sie ein Patient in den letzten Zügen, mit Finanzspritzen des Staates noch kurzzeitig am Leben zu erhalten? Und schädigt sie, sofern es sie noch gibt, Heranwachsende in ihrer Freiheit, Lust und Lebensfreude? Wer den Verfall der Familie beklagt, nimmt an, früher sei es um sie besser bestellt gewesen. Ohnehin scheint ihm früher nicht nur alles anders, sondern auch besser gewesen zu sein. Die Ehen hielten länger, es kamen mehr Kinder, die Angehörigen vertrugen sich besser, weil sie mehr gemeinsam arbeiteten und am Abend nicht fernsahen, sondern einander Geschichten erzählten, sangen oder beteten.

Aber: Bis ins 19. Jahrhundert waren »Patchworkfamilien« die Regel

Dass die Ehen länger dauerten, war bis ins 20. Jahrhundert nicht die Regel. Im Jahre 1756 beispielsweise heiratete der 27-jährige Johann Müllensiegen seine Verlobte Anna Elisabeth Heuser. Sie starb sieben Jahre später nach der Geburt von drei Kindern. Ein Jahr später verehelichte sich der Witwer mit Anna Maria Birkenach; sie starb sechs Jahre später im Kindbett. Zwei Jahre später gelobte er das dritte Mal »Treue, bis dass der Tod euch scheidet«. Ähnlich erging es seinem Sohn Peter Eberhard. Seine erste Ehe trennte der Tod nach drei Jahren. Seine zweite Frau starb mit 37 Jahren, auch sie im Kindbett. Danach blieb er Witwer.

Vor der Intensivierung der Hygiene und vor der Erfindung des Penicillins trennte der Tod, was heute vor dem Scheidungsrichter zu enden pflegt. Auch früher wuchsen unzählige Kinder in modern anmutenden Familienkonstellationen auf, insbesondere in Stieffamilien. Es gab Familien mit Kindern von zwei, mitunter noch mehr Müttern. Es gab Geschwister, die, weil von einer Zweitfrau, einem Zweitmann mitgebracht, überhaupt nicht blutsverwandt waren. Förmliche »Patchworkfamilien«, längst bevor dieser Begriff populär wurde.

Die Anzahl der Scheidungen hat in den letzten Jahren stetig zugenommen. Ein Jurist, der in einem Seminar zur Ehevorbereitung über Familien- und Eherecht referierte, pflegte den Abend zu beginnen, indem er die Reihe der vor ihm sitzenden Paare abschritt. Dabei zählte er jeweils bis drei und sagte zu dem dritten Paar: »Gemäß Statistik geschieden.« Aber: Zwei von drei Ehen bleiben bestehen. Das Glas ist nicht ein Drittel leer, sondern zu zwei Dritteln voll. Mag sein, dass in der nächsten Zeit die Scheidungsrate weiter steigt. Aber aufgrund der gestiegenen Lebenserwartung können viele Ehepaare zeitlich viel länger zusammenbleiben. Gab es schon eine Zeit, in der so viele Opas und Omas beziehungsweise Uropas und Uromas die goldene, ja die diamantene Hochzeit feiern konnten?

Dass ein Drittel der Ehen geschieden wird, bedeutet nicht, dass jedes dritte Kind davon betroffen ist. Ratgeber zur Scheidung und zur Milderung von Scheidungsfolgen schüren solche Ängste. So die amerikanischen Autoren Beal und Hochmann, wenn sie schätzten, »dass nahezu 50 Prozent der in den 1980er-Jahren in den USA geborenen Kinder die Scheidung der Eltern erleben werden, bevor sie achtzehn sind«[2]. Dass Scheidung zusehends eine normale Kindheitserfahrung wird, behaupten selbst Kinderbücher. Christine Nöstlinger erzählt in ihrem Buch *Der Zwerg im Kopf*, wie sich die sechsjährige Anna einen Hund wünscht. Als ihr die Mutter das abschlägt, sagt sie:

> *»Ich habe nur gesagt: Wenn geschiedene Eltern normal sind, weil jedes dritte Kind solche hat, dann wäre es auch normal, dass ich einen Hund habe, weil den jedes zweite Kind hat.«*[3]

Faktisch erleben in der Bundesrepublik deutlich weniger Kinder, dass ihre Eltern auseinandergehen. Um die 80 Prozent wachsen bei Mutter und Vater auf. Im Bundesland Salzburg 83 Prozent, in ländlicher und dörflicher Umgebung deutlich mehr als in der Stadt, wo 30 Prozent der Schüler und Schülerinnen angaben, nur bei der Mutter zu leben, ganz vereinzelt beim Vater.

Dass es weniger Kinder gibt, wird ebenfalls als Zeichen der Schwäche der Familie gewertet. Eine um 1930 geborene Schweizerin brachte durchschnittlich 2,2 Kinder zur Welt, eine um 1960 geborene 1,3. Im Jahre 2000 kamen in Deutschland auf 1000 Einwohner 9,2 Geburten, in Österreich 9,7. Familien mit vier, fünf oder noch mehr Kindern sind Ausnahmen, die Bewunderung, häufiger aber Kopfschütteln hervorrufen und mit dem Vorwurf des Sozialschmarotzertums rechnen müssen.

Die sinkende Geburtenzahl verfestigte den Eindruck, die meisten Kinder seien Einzelkinder. In einer Vorlesung ließ ich Studierende einschätzen, wie viele Kinder solo aufwüchsen. Sie nannten hohe Quoten, zwischen 30 und 50 Prozent. Als ich fragte, wie viele der Anwesenden Einzelkinder waren, meldeten sich von den 20 Anwesenden zwei: 10 Prozent. Faktisch verbringen nach wie vor mehr als 80 Prozent der Buben und Mädchen ihre Kindheit mit mindestens einem Geschwister.

Die Familie – schon so oft totgesagt und tot gewünscht – sie hat standgehalten und hält stand. Die Versuche in den Siebzigerjahren, in Kommunen Kinder aufzuziehen (oft stand hier nur die Mutter zweifelsfrei fest), sind gescheitert. Für kleinere Kinder ist die Familie die Welt schlechthin.

Auch Jugendliche sind nicht so antifamiliär eingestellt, wie ihnen oft nachgesagt wird. Neun von zehn der Schuljugendlichen im Fürstentum Liechtenstein planen, später zu heiraten und Kinder zu haben, eines, vielleicht auch zwei. Als Heranwachsende gefragt wurden, was ihnen heilig sei, nannten sie zwar häufig Freiräume, Freunde/Freundinnen, aber noch häufiger die Familie:

»Das heiligste, was ich habe, ist meine Familie. Die Geborgenheit, die ich in dieser Gemeinschaft erlebe. Dass ich mit meinen Eltern und meinen Geschwistern über meine Probleme reden kann. Dass jemand da ist, der mich liebt, mich achtet und mich so annimmt, wie ich bin. Das ist für mich heilig.«

Auch in einer repräsentativen Umfrage, im Dezember 1999 in Österreich durchgeführt: Auf die Frage, was ihnen in ihrem Leben heilig sei, nannten 81 Prozent die Familie, 22

Prozent den Pkw und 21 Prozent die kirchliche Gemeinschaft.[4] Und: Familie stimmt die (meisten) Kinder enorm glücklich.

Vom Glück, ein Geschwisterchen zu bekommen

»Als ich acht Jahre alt war, bekam Mutti meine kleine Schwester. Nie in meinem Leben hätte ich gedacht, dass ich noch ein kleines Geschwisterchen bekommen würde. Als Papa an dem Tag, wo sie geboren war, vom Krankenhaus kam, stand ich schon stundenlang gespannt am Beginn unserer Straße und wartete.«

Jüngere Kinder reagieren, wenn ein neugeborener Bruder oder ein Schwesterchen die Bewunderung aller Besucher auf sich zieht, gelegentlich mit Eifersucht. Diese lässt sich vermindern, wenn die Kinder von Anfang an in die Pflege des neuen Erdenbürgers eingebunden werden, wenn sie den geröteten Po mit Salbe oder Creme einreiben dürfen und ihnen zugemutet wird, das Baby in den Armen zu halten.

Dennoch überraschte, wie oft – und vor allem mit welcher Freude – die Geburt eines Geschwisters als glücklichstes Kindheitserlebnis erinnert wurde:

»Als ich eines Morgens aufwachte, waren nur meine Oma und mein Opa daheim. Meine Oma erzählte mir, dass meine Mutter und mein Vater ins Krankenhaus gegangen waren. Das konnte nur eines bedeuten: Meine Mutter bekam meinen Bruder! Als ich das erfuhr, fuhren wir gleich ins Krankenhaus. Ich freute mich sehr, als ich meinen kleinen Bruder das erste Mal im Arm halten durfte!«

»Die Geburt meines kleinen Bruders war sehr lustig. Das war der schönste Tag in meinem Leben.«

»Ich war auch super glücklich, als mein Bruder zur Welt kam. Das Wichtigste ist mir, dass alle meine Freunde, meine Verwandten da sind und total super wichtig, dass meine Familie gesund ist!!!«

Ist es nicht eines der wunderbarsten Augenblicke, den uns das Leben bereithält: dass eine neue Seele auf die Welt kommt, dass in den Augen des Kindes die Sonne neu aufzugehen beginnt, ja die Welt neu entsteht! Kinder scheinen intuitiv darum zu wissen, auch wenn sie die Geburt eines Geschwisters vor allem mit der Möglichkeit in Verbindung bringen, mit ihm spielen zu können:

»Als meine Schwester geboren wurde. Mit der kann ich spielen.«

Kindern ist nicht zu verargen, wenn sie sich ein gleichgeschlechtliches Geschwister wünschen. Während der letzten Schwangerschaft meiner Mutter war ich, acht Jahre alt, bei der Patin im Urlaub. Als sie fragte, ob ich lieber ein Schwesterchen oder Brüderchen hätte, sagte ich: »Natürlich einen Bruder! Und wenn es ein Mädchen wird, stoße ich den Kinderwagen um!« Ich konnte gar nicht verstehen, warum die Patin ziemlich entrüstet reagierte.

Berührend ist folgender Bericht:

»Meine Mutti war schwanger. Als sie ins Krankenhaus kam, war mein Vater in einem anderen Spital, weil sie ausgemacht haben, dass dort das Kind zur Welt kommen soll. Also war mein Vater bei der Geburt meiner Schwester nicht dabei. Als sie dann heimkam, waren wir alle sehr glücklich. Leider starb meine Mutti zwei Jahre später, da waren wir alle sehr traurig.«

Gleichwohl stufte die Elfjährige ihre Kindheit als grundsätzlich glücklich ein. Die Anpassungskräfte von Kindern wurden und werden unterschätzt.

Auch Geburten im erweiterten Familienkreis können beglücken:

»Sehr glücklich war ich, wie meine Cousinen geboren worden sind, denn ich hatte sechs Cousins und keine Cousine, wollte aber unbedingt eine haben. Jetzt habe ich sie.«

Auch in so genannten unvollständigen Familien:

»Am meisten glücklich machte mich die Geburt meines Stiefbruders. Und dass ich mich mit meinem Vater wieder gut verstehe. Nach der Scheidung haben wir uns nicht gut verstanden! Dass meine Familie so nett ist und dass noch alle leben.«

Kinder akzeptieren auch (farbige) Adoptivkinder problemlos als Geschwister:

»Meine Familie und ich, also meine Eltern und mein großer Bruder, sind nach Ecuador (Südamerika) gegangen. Dort blieben wir fast vier Jahre. Ich habe sehr viel kennen gelernt, was mich aber so glücklich machte: dass ich dort meine kleine Schwester bekommen habe, sie ist schwarz (adoptiert).«

Vom Glück, in der Familie etwas leisten zu können und gelobt zu werden

Einjährige Kinder können motorisch schon sehr viel, beispielsweise sich an einem Blumenstock hochziehen, die darin liegenden Granulatkugeln herausklauben und auf den Parkettboden streuen. Oftmals drehen sie danach ihren Kopf, wie um sich zu vergewissern, ob ihnen jemand zugeschaut hat. Wenn ja, dann beglückt es sie, wenn ihnen zugenickt wird: »Toll, was du schon kannst!« Allerdings ist Müttern nicht zu verdenken, wenn sie angesichts der möglichen Kratzer auf dem Parkett mit dem Lob eher zurückhaltend sind.

124

Lob und Anerkennung zu erfahren, ist für das Glück einer Kindheit ganz entscheidend. Dies setzt voraus, dass die Kinder zuvor etwas leisten konnten und ihnen zugemutet wurde, dies zu können.

»Meine Schwester (elf Jahre jünger) war gerade neun Monate alt, als meine Mutter mir unerwartet erlaubte, mit ihr im Kinderwagen in den nahe gelegenen Park zu gehen. Da ich die Kleine abgöttisch liebte, war ich echt glücklich, die volle Verantwortung für sie, wenn auch nur für kurze Zeit, übertragen zu bekommen. Mein Selbstwertgefühl stieg ins Unendliche«

So eine 46-jährige Erzieherin über ihr glücklichstes Kindheitserlebnis.

> Kinder können schon früh in Tätigkeiten eingebunden werden und Verantwortung übernehmen. Sich nützlich zu fühlen und gebraucht zu werden beglückt uns Erwachsene ebenso wie Kinder.

Zugegeben: Kindern auf dem Lande ist es leichter möglich, mit anzupacken. Das erste Mal den Traktor lenken – der beglückende Stolz mancher Jungen:

»Wie wir von der Stadt auf einen Bauernhof gezogen sind, weil da kann ich sehr viel arbeiten, mithelfen, wenn ich in der Frühe aufstehe, höre ich immer die Melkmaschine und die Kühe und das macht mich sehr, sehr, sehr glücklich.«

Aber auch in der Stadt ist Partizipation möglich. Wenn Kinder für jüngere Geschwister Verantwortung übernehmen. Oder für Haustiere, etwa Meerschweinchen, die zu füttern sind, deren Käfig auszumisten ist. Oder wenn sie bei den Heimwerksaktivitäten von Mutter oder Vater assistieren und den Akku-Schraubenzieher betätigen dürfen. Oder beim

Kochen oder Backen. Zu meinen glücklichen Kindheitserinnerungen rechne ich das Backen der Weihnachtskekse. Den Teig ausrollen, die Kekse ausstechen, dann die schmalen Teigreste mit dem Finger aufpicken und sie, weil sie so süß waren, essen. Oft lobte die Mutter: »Das habt ihr wirklich gut gemacht!«

Kinderarbeit hat einen schlechten Ruf. Zu Recht, wenn man sich erinnert, was Kinder, oft schon Kleinkinder, bis vor wenigen Jahrzehnten arbeiten mussten, nicht nur auf besonnten Heuwiesen, sondern beispielsweise auch in stickigen Bergwerkstollen. Noch zu Beginn des 20. Jahrhunderts arbeiteten Kinder neben der Schulzeit bis zu 40 oder 50 Stunden: in Fabriken, zu Hause, wo in fahlem Licht Heimarbeit zu verrichten war, oft bis tief in die Nacht. Auch jetzt arbeiten in der so genannten Dritten Welt Millionen von Kindern, oft für einen Hungerlohn. Für Mitteleuropa hingegen kann man sich fragen, ob es an sinnvoller Kinderarbeit – gerade auch in der Familie – nicht zu wenig gibt, was es früher zu viel gab.

Vom Glück bei gemeinsamen familiären Tätigkeiten

Auch in der Familie ergibt sich Glück aus gemeinsamem Tun. Eine Zwölfjährige erinnert als glücklichsten Kindheitsmoment:

»Als mein Vater, meine Mutter, mein kleiner Bruder, meine kleine Schwester auf den Berg Schober gegangen sind, da konnten wir unser Haus sehen, wir alle waren glücklich.«

Ähnlich eine Elfjährige:

»Am meisten glücklich bin ich, wenn die ganze Familie zusammen etwas unternimmt. Einmal fuhren wir in die Türkei. Wir gingen immer zusammen baden und spazieren. Meine Oma war auch dabei.«

Auch gemeinsame Tätigkeit mit Geschwistern kann beglücken:

»Früher hat mein größerer Bruder Christian – 17 Jahre – dauernd mit mir gespielt. Wir haben ein Foto, wo ich auf der Schaukel sitze. Er steht daneben und wir beide zeigen uns die Zunge. Er hat mich sogar das Schwimmen gelehrt. Zwar manchmal aus dem Wagerl geschmissen, aber nicht absichtlich.«

Im Urlaub erleben viele Kinder intensivstes Glück:

»Erstens einmal, dass alle in meiner Familie glücklich und gesund sind. Sonst macht mich vieles glücklich. Wenn wir einen schönen Urlaub machen, zum Beispiel vor zwei Jahren im Eurodisney in Paris.«

»Ein Urlaub mit unserer Familie in Italien am Meer. Sommer – Sonne – Meer, und die Familie um sich, was wünscht man sich mehr? Man hat das Gefühl, geborgen zu sein.«

»Letztes Jahr fuhr ich mit meiner Familie, meiner Tante und meiner Cousine nach Kroatien auf Urlaub. Wir hatten sehr viel Spaß und mussten jeden Tag viel lachen.«

»Als wir ans Meer gefahren sind, da war ich überglücklich. Ich hatte sehr viel Spaß und ich konnte die kleinen Fische anschauen. Ich habe so viele verschiedene Fische gesehen. Ich freue mich auf unseren nächsten Urlaub.«

Dass Glück vielfach geteiltes, gemeinsam erarbeitetes Glück ist, zeigen auch die Kindheitserinnerungen von ErzieherInnen. Auch nur kurzes und episodisches Zusammensein der Familienangehörigen konnte beglücken, so bei einer 33-jährigen Lehrerin:

»Mein Vater hatte sehr wenig Zeit, mit uns Kindern zu spielen. Doch einmal, im Winter, nahm er sich Zeit für eine Rodelpartie. Dieses Gefühl ›Mein Vater nimmt sich Zeit für mich‹ ist eine meiner glücklichsten Kindheitserinnerungen.«

Entscheidend ist nicht allein das Ausmaß an Zeit, die mit Kindern verbracht wird, sondern die Qualität des Beisammenseins, die Intensität des Miteinanders. Allerdings, mit steigendem Alter macht es Kinder zusehends weniger glücklich, wenn sie gemeinsam mit Mama und Papa ins Erlebnisbad fahren, und schnell kommt die Zeit, wo sie sich weigern oder allenfalls dann mitkommen, wenn ihre Freunde sie begleiten können.

> Eines ist stets zu bedenken: Die Kindheit unserer Söhne und Töchter verstreicht schnell, besonders dann, wenn wir auf sie zurückblicken.

Das Weihnachtsfest ist ein besonders häufig berichteter Glückshöhepunkt in den Familien. Seit im 19. Jahrhundert die bürgerliche Familie die vorherrschende Lebensform wurde, ist es der Inbegriff von Familien- und Kinderglück. In tausenden Familien spielte sich ab, was der 1837 geborene Hansjakob Heinrich in seiner Lebensgeschichte mitteilt:

»Der fröhliche Einzug der Kinderschar in die weihnachtliche Stube ist uns fürs ganze Leben im Gedächtnis geblieben. Unser Weihnachtsbaum trug noch vergoldete Nüsse und Äpfel, Pfefferkuchen und Zuckerringel. Was unterm Baum an Geschenken lag, waren überwiegend nützliche Sachen, die wir auf alle Fälle haben mussten: Strümpfe und Hausschuhe, Hauspantoffeln und Ähnliches.«

Auch heutige Kinder:

»Am glücklichsten bin ich, wenn wir (die ganze Familie, 17 Leute) zu Weihnachten zusammen sind.«

»Am glücklichsten war ich, als ich letztes Jahr zu Weihnachten eine Katze und ein sieben Wochen altes Meerschweinchen zu meinem ersten Meerschweinchen dazubekommen habe.«

»Als ich vier Jahre alt war und auf das Christkind wartete. Ich war sehr aufgeregt und als es kam, war ich sehr glücklich über das, was mir das Christkind gebracht hatte, es war ein Kran.«

»Zu Weihnachten lag unterm Christbaum ein längliches Paket für mich. Nachdem ich es aufmachte, sah ich, dass eine Angel drinnen war. Darüber war ich sehr glücklich.«

Dass Kinder vielfach ihre Geschenke erwähnen, ist nicht als Materialismus zu bekritteln. Kindern ist es zu gönnen, dass sie beschenkt werden und die Freude der Eltern darüber spüren, dass sie da sind. Besonders an den Geburtstagen. Der bekannte Kinderpsychologe Bruno Bettelheim erzählt in seinem wunderschönen Buch *Ein Leben für Kinder* von einer jungen Amerikanerin, die zu ihm in Therapie kam. Sie geriet oft in depressive Verstimmungen und litt darunter, wenig wert zu sein. In den Gesprächen stellte sich heraus, dass sie am 22. Dezember Geburtstag hatte. Ihre Eltern, pragmatisch eingestellt, legten ihren Geburtstag mit der Santa-Claus-Feier zusammen. Beim Mädchen kam an: Ich bin es nicht wert, dass mein Geburtstag gefeiert wird.[5]

Die unterschätzten Großeltern

Ursprünglich gehörten auch die Großeltern zur Familie, zum »großen Haus«. Heute leben am ehesten auf dem Lande drei Generationen nahe zusammen, die älteste zumeist im Viertelhaus, aber für Enkel jederzeit erreichbar. In der Bundesrepublik sehen immerhin 58 Prozent Oma oder Opa einmal die Woche. Schon in Kindheitserinnerungen aus früheren Jahrhunderten werden die Großeltern als Glücksbringer gelobt. Johann Wolfgang Goethe schrieb, er sei mit seiner Schwester oft zu den Großeltern »geflüchtet« und habe dort selige Stunden verbracht, weil diese nicht so streng waren. Die 1910 in der Steiermark geborene Hanna Konrad erzählt:

> *»Urgroßmutter ist wirklich gestorben. Für mich ist eine ganze Welt zusammengebrochen. Ich rief: ›Ich will nicht mehr leben und möchte mit der Urgroßmutter in die Ewigkeit eingehen!‹«*

Mehr als 40 Prozent der befragten ErzieherInnen sprachen in ihrem Rückblick auf glückliche Kindheitsmomente die Großeltern an:

> *»Zwischen vier und sechs Jahren verbrachte ich in Abständen mehrere Wochen bei meiner Großmutter, die mich sehr liebte, viel Zeit mit mir verbrachte, einfach da war. Besonders schön war der Weg zum Kindergarten, immer die gleichen Rituale, an Einfriedungen balancieren, Einkauf bei Greißler, Versteckspiele in der Hecke. Ich war das Reh, Omi der Jäger.«*

An den Großeltern wird geschätzt, dass sie für ihre Enkel Zeit hatten, sie ernst nahmen, mit ihnen spielten und Geschichten erzählten, oft aus ihrem Leben. Vor allem aber, dass sie mit ihnen lockerer und zugleich sicherer umgingen als die vielfach strengeren und besorgteren Eltern. Eine Zehnjährige:

> *»Als ich mit meiner Cousine bei der Oma war, ließ der Opa Wasser in einen kleinen Swimmingpool. Ich wollte unbedingt hineinhüpfen und ich habe meine Oma so gerne gemocht und meine Mama war nicht da, die hätte das verboten, aber meine liebe Oma hob mich in den Pool hinein.«*

Auch heutige Kinder schauen mit ihren Großeltern gerne alte Fotoalben an und kleben ihnen an den Lippen, wenn sie von früher erzählen, etwa wie es im Krieg war, in den Jahren der großen Entbehrung. Ich erinnere mich, wie gebannt zwei Geschwister im Grundschulalter lauschten, als ihre Oma erzählte, was sie in diesem Alter selber erlebt hatte. Dass sie viele Kilometer durch den Schnee stapfte, um bei einem der ebenfalls darbenden Bauernhöfe vielleicht ein Ei oder ein bisschen Schmalz zu erbetteln. Solche Erzählungen bereichern das Familiengedächtnis und stiften Heimat.

Heutigen Großeltern wird gelegentlich nachgesagt, sie hätten weniger Zeit für ihre Enkelkinder. Sie seien zu sehr mit ihrer Selbstverwirklichung oder damit beschäftigt, die noch reichlichen Renten auszugeben, auf Kreuzfahrtschiffen oder im Wellnesscenter. Sie wollten lieber ihre kinderfreien Jahre genießen als wieder (Ersatz-)Eltern spielen. Doch dies trifft nur bedingt zu: Die meisten Großeltern werden durch ihre Enkel enorm beglückt, und viele rechnen deren Geburt zu ihren glücklichsten Lebensereignissen:

»Die Geburt meines ersten Enkelkindes. Es war ein geplanter Kaiserschnitt, somit der Zeitpunkt frisiert. Der Anruf meines Schwiegersohnes, dass meine Tochter und Enkeltochter wohlauf seien, beflügelte mich, selten war ich so glücklich – welch ein Wunder! Sonnenschein von A bis Z, unsere beiden einzigen Enkeltöchter, zwar Frühchen, aber gesund.«

»Die Geburt der ersten Enkeltochter zunächst über Tage per Telefon (Deutschland-Holland), dann am Entbindungstag (Aufregung, da überraschend Kaiserschnitt), die Nachricht der Tochter: »Lea-Catharina ist da«. Und ihr erstes Schreien im Hintergrund. Diese Freude dann mit dem nun neuen Großvater (meinem Mann) zu teilen, wirklich ein glückliches Erlebnis.

Viele Mütter von 30-jährigen Frauen sehnen sich danach, Oma zu werden, oder sie leiden, wenn sie erfahren, dass die Enkel ausbleiben werden. 80 Prozent der bundesdeutschen Kinder verbinden ihre Großeltern mit Glück. Täten sie das ohne entsprechende Erfahrungen? Viele Kinder lieben ihre Großeltern, und Lieben beglückt:

> »Am glücklichsten hat mich gemacht, dass mein Opa nicht durch einen Herzinfarkt ums Leben kam, als wir in Kanada Urlaub machten und ich einen Puma sah. Immer wenn ich bei meinen Großeltern bin und mit meinen Cousinen spiele.«

> »Meine Großeltern wohnen bei uns in der Nähe, deshalb bin ich oft bei ihnen. Sie sind einfach lieb.«

Die wirklichen Vorbilder von Kindern: Familienangehörige

Vor einiger Zeit fragten wir in Österreich und in Norddeutschland Kinder und Jugendliche, welches ihre Vorbilder seien.[6] Als wir mit Erwachsenen darüber diskutierten, wer das wohl sein könnte, nannten sie Sportler wie Michael Schuhmacher, Popstars, Sänger, Schauspieler. Alle lagen daneben. Am häufigsten als Vorbild gewürdigt wurde die Mutter, dies von 85 Prozent der mehr als 1200 Befragten:

> »Meine Mutter, sie hat versucht, mir zu helfen und mir immer Auswege zu geben, sie hatte mir immer gegeben, was ich am meisten brauchte, Liebe, Trost, Zuneigung oder auch Zurechtweisung. Von meiner Allergie hat sie sich nie unterkriegen lassen, sondern immer versucht, Auswege zu finden.«

Die Vorbildhaftigkeit des Vaters ist mit 80 Prozent geringfügig geringer, aber dennoch überraschend hoch:

> »Mein Vater, er hilft mir immer! Auch wenn ich blöd war, er ist sehr verständnisvoll.«

»Vorbilder sind meine Eltern, würde ich sagen: sie sind 25 Jahre verheiratet und ihre Ehe ist immer noch harmonisch. Natürlich haben sie auch Fehler und gehen mir manchmal auf den Wecker, aber ›nobody is perfect‹, und das akzeptiere ich auch.«

»Ich habe eigentlich keine Vorbilder, außer meine Eltern. Wie sie sich für mich einsetzen, ist einfach ein Traum. Ich hoffe, ich werde genau so stark sein, wie meine Eltern für mich waren und immer sein werden.«

Großeltern werden von 70 Prozent der Kinder und Jugendlichen zu ihren Vorbildern gerechnet:

»Meine Oma ist mir eigentlich noch immer ein Vorbild, sie hat meinen Opa über 9 Jahre gepflegt und sich nie beklagt und als er starb, hat sie nicht sofort an sich gedacht (wie es ihr ohne ihn gehen wird), sondern sie hat es ihm gegönnt, obwohl sie ihn immer noch wahnsinnig vermisst.«

»OPA (Johann Gugg), er war Vaterersatz für mich, er hat mich großgezogen mit Hilfe von OMA (Gertrude Gugg) und Mutter (Gertrude Gugg). Er war der liebste Mensch auf der Welt für mich. Er war hilfsbereit, gutmütig, großzügig, ... Mein absolutes Vorbild!«

Sportler wie Michael Schuhmacher (in der Bundesrepublik) oder das Tennisass Thomas Muster (Österreich) sind deutlich seltener Vorbild (um die 15 Prozent), ebenfalls Popstars wie Michael Jackson. Und ganz zu schweigen von den PolitikerInnen: Sie sind als Vorbilder unten durch.

Gelegentlich wird an Eltern und Erzieher appelliert, sie sollen Vorbilder sein. Wer Vorbild sein will, sich schlimmstenfalls dazu zwingt, ist es in aller Regel nicht. Zu Vorbildern werden Erzieher dann, wenn sie echt und authentisch sind, so wie sie sind. Und das sicherste Mittel, dass Personen für Kinder nicht Vorbild werden, ist, wenn man ihnen sagt: »Nimm dir den oder die zum Vorbild!«

Freilich erleben etliche Kinder und Jugendliche ihre Eltern und Großeltern auch als pures Gegenteil eines Vorbildes, als Beispiele dafür, wie sie später keinesfalls werden wollen. Ein alkoholisierter Vater, der Frau und Kinder schlägt, kann in diesen den Vorsatz kräftigen, nie zur Flasche zu greifen. Anti-Bilder wirken mitunter ebenso stark wie Vorbilder.

Aber wenn man bedenkt, dass eine Person erst dann Vorbild wird, wenn sie geliebt wird, überrascht die positive Einstellung der meisten Kinder zu ihren Familien. Diese Lebensform, schon so oft totgesagt, ist nach wie vor *der* Ort, der am maßgeblichsten entscheidet, ob Kinder glücklich werden oder nicht. Aber gilt dies auch für die unvollständigen Familien?

Glück in »unvollständigen« Familien

In meiner Grundschulzeit: Eines Morgens saß eine neue Schülerin im Klassenzimmer. Wir betrachteten sie neugierig. In der Pause kam das Gerücht auf, ihre Eltern seien geschieden. Wir sahen sie nunmehr weniger neugierig als vielmehr voller Mitleid an.

Scheidungskinder sind heute keine Rarität mehr. Jedes fünfte Kind erlebt das Auseinandergehen der Eltern, teils dramatisch, teils sehr gefasst, mitunter erleichtert:

»Zuerst war ich sehr glücklich, doch als sich in meinem neunten Lebensjahr meine Eltern scheiden ließen, war ich nicht mehr glücklich. Jetzt geht's mir wieder besser.«

Soziologen von der Pennsylvania University führten eine umfangreiche Studie über Scheidungsfolgen durch. Besonders traumatisiert sind Kinder, wenn der Papa völlig überraschend die Koffer packt und auszieht; sie leiden unter starken Ängsten, Depressionen, Schuldgefühlen – ein Fünfjähriger, weil er glaubte, der Vater habe die Familie verlassen, weil er öfters vergaß, die Kaninchen zu füttern. Gleichermaßen schlecht ging es aber auch jenen Kindern, deren Eltern während den regelmäßigen Schreiduellen Geschirr zerschlugen, aber zusammenblieben – zumeist den Kindern zuliebe! Anders hingegen Kinder häufig streitender Eltern, nachdem sie sich getrennt hatten, für sie gilt: Besser ein Ende mit Schrecken als ein Schrecken ohne Ende, sie erlebten die Trennung als erleichterndes Ende einer unerträglichen Stresszeit.

Stufen Scheidungskinder ihre Kindheit als weniger glücklich ein? Geringfügig ja. Bundesdeutsche Kinder, bei beiden leiblichen Eltern lebend (es sind um die 80 Prozent), bewerten ihre Kindheit zu 43 Prozent als total glücklich und zu 44 Prozent als glücklich. Aber auch 34 Prozent der Kinder in Patchworkfamilien sind sehr glücklich, knapp die Hälfte (47 Prozent) glücklich, die Jungen häufiger, wenn ein Stiefvater mit ihnen Mountainbiken oder Skifahren geht. Mädchen tun sich schwerer, einen neuen Mann an der Seite ihrer Mutter in ihr Leben eintreten zu lassen, je näher sie der Pubertät sind, umso mehr. Alleinerzogene Kinder sind zu 19 Prozent total glücklich, zu 44 Prozent glücklich und mehr als jedes dritte ist (tendenziell) traurig. Die meisten dieser Haushalte haben auch ein deutlich niedrigeres Einkommen. Aber: Alleinstehende Mütter werden von ihren Kindern als ebenso lieb, freundlich und lobend erlebt und sind ihnen Halt, Stütze und Trost:

>*Wie ich eine schlechte Note hatte, war ich sehr enttäuscht und musste den ganzen Tag die Tränen rinnen lassen. Aber als meine Mutter nach Hause kam, redete sie mir lauter gute Dinge herbei, und das hatte mich sehr, sehr glücklich gemacht. Ich bin froh, dass ich eine Mutter habe, mit der ich über alles reden kann.*«

Alleinerziehende können neue Lebenspartner finden, mit denen auch die Kinder zurechtkommen:

>*Meine Mutter und mein Papa sind getrennt! Meine Mama hat einen neuen Freund namens Gerhard. Und heute hat meine Mama Gerhard einen Heiratsantrag gemacht. Hurra!*«

>*Am glücklichsten war ich, als sich meine Mutter von ihrem Exfreund, mit dem sie acht Jahre zusammen war, trennte. Er war wirklich ein gemeines Arschloch! (Stimmt wirklich, obwohl es arg klingt!!). Gott sei Dank, lernte sie dann meinen zukünftigen Stiefvater kennen! Er ist der liebste Mensch auf der Welt (abgesehen von meiner Mum natürlich!). Vor zwei Monaten sind wir dann in eine andere Wohnung gezogen. Mir ging es nie besser in meinem Leben! Ach ja, meine Eltern sind seit meiner Geburt geschieden!*«

Bis noch vor gut hundert Jahren musste ein Drittel der Kinder dem Sarg hinterherschreiten, in dem ihre Mutter lag.

Auch hier fragt man wieder: Ist die Familie etwa bereits gestorben? Oder die Terrorstube, in der die nachrückende Generation diszipliniert, frustriert, neurotisiert und um ihre Lebensfreude gebracht wird? Gewiss gibt es solche Familien auch. Aber weit häufiger solche, die – nicht hochgespielt in den Schlagzeilen – Kindern Glückserlebnisse bescheren, alltägliche und gewohnte ebenso wie außergewöhnliche und unvergessliche, und die ihnen Rückhalt vermitteln, der das ganze Leben über hält:

»Es hat mich sehr glücklich gemacht, dass ich Eltern, Geschwister, Verwandte und Freunde habe. Dass sie mir helfen, wenn ich sie brauche.«

»Natürlich gibt es viele Dinge in meinem Leben, die mich glücklich gemacht haben. Aber am meisten glücklich macht mich, dass ich einen Papa und eine Mama und drei Geschwister habe. Und dass wir alle gesund sind.«

Glück bei und mit Freunden

*»Es gibt kaum ein beglückenderes Gefühl
als zu spüren, dass man für andere Menschen
etwas sein kann.«*

Dietrich Bonhoeffer

Zu seinen glücklichsten Kindheitserinnerungen rechnete der 1758 geborene Franz Xaver Brunner, wie er an seinem neuen Wohnort Freunde kennen lernte:

»Nachdem ich einmal in der Gegend vor dem Thore bekannt war, lief ich ins Freie hinaus, so oft es anging, und traf da meistentheils Gesellschaft von anderen Knaben an. Im Sommer nachmittags an Feyertagen nahmen sie mich of zum Baden mit. Es war zwar scharf verboten; allein wir hatten deß wenig acht.«

Freunde sind Glückselixiere. Schon der griechische Philosoph Epikur (341–271 v. Chr.) schrieb: »Von allem, was die Weisheit zur Glückseligkeit des ganzen Lebens bereithält, ist weitaus das Größte die Erwerbung der Freundschaft.« Dies gilt auch für Kinder. Schon in jungen Jahren sind sie fähig, eine »Theorie« darüber zu entwickeln, wann jemand ein Freund ist. »Wenn wir spielen!« »Wenn wir etwas machen.« Kinder sagen es selbst: Freundschaften werden zusammengeschweißt im gemeinsamen Tun. Sie können ein Leben lang als Glücksgipfel in Erinnerung bleiben. Jean-Jacques Rousseau (1712–1772), dessen Kindheit auch verdunkelt und dessen erstes Unglück der Tod seiner Mutter war, drei Tage nach seiner Geburt, erinnerte sich ein halbes Jahrhundert später an sein zehntes Lebensjahr, das er gemeinsam mit seinem Vetter Bernhard verbrachte:

> *»Die Erinnerung an die glücklichen Tage, die ich dort verbrachte, hat in jedem Alter die Sehnsucht nach diesem Ort und seinen Freuden in mir wachgehalten. Unsere Arbeiten, unsre Vergnügungen, unser Geschmack waren die gleichen. Wir waren allein, waren im selben Alter und jeder von uns bedurfte eines Kameraden. Uns zu trennen hieß auf gewisse Weise so viel wie uns vernichten.«*

In Kindheitserinnerungen aus dem 18. Jahrhundert wie in den Berichten von Zeitgenossen, auch von Kindern: Aus ihnen strahlt das Glück der Freundschaft. Eine 26-jährige Erzieherin erzählte, als Kind habe sie schon beim Aufwachen ein Glücksgefühl übermannt, sobald sie an das Zusammentreffen mit anderen Kindern dachte. Eine ältere Lehrerin erinnert eine glückliche Kindheit, obschon ihr Vater in Gefangenschaft war:

> *»Ich bin fast nur draußen gewesen und konnte mit vielen Kindern die ganze Umgebung erkunden (Wasser, Moor, Wald, Wiesen). Das war für mich das höchste Glück. Wir legten Geld auf die Bahngeleise und warteten, bis der Zug kam und es platt fuhr. Durchs ganze Dorf wurde Räuber und Gendarm gespielt. Ich hatte eine glückliche Kindheit, obwohl mein Vater in Gefangenschaft war und ich ihn erst mit neun Jahren kennen lernte.«*

Freilich mag man einwenden: Das war früher noch möglich. Da habe es mehr Nischen gegeben, wo die Kinder den pädagogischen Argusaugen entzogen waren, für den späteren Philosophieprofessor Karl Rosenkranz und seine Gespielen die zugefrorene Elbe, auf der sie mit den in einem nahen Friedhof ausgegrabenen Totenköpfen kegelten, sodass sie mit hohlem Schall auf der Eisfläche dahinkollerten. Oder dunkle Estriche, gut geeignet fürs Doktorspiel. Kiesgruben, wie geschaffen für Steinschleuderduelle. Unbefahrene Querstraßen, über die man flüchten kann, ohne umgefahren zu werden, wenn man die Nachbarin herausgeklingelt oder ihr einen Knallkörper in den Briefkasten geschmissen hat. Aber heute? Selbst in den Dörfern lauert an jeder Straßenecke tödliche Gefahr: Stoßstangen, Autoreifen!

Auch wenn es wahr ist, dass viel mehr öffentlicher Grund für Autos zubetoniert als für Kinder im Naturzustand belassen wird – Gebüsche, kleine Erhebungen, Tümpel, in denen man Kaulquappen beobachten kann –, nach wie vor finden Kinder ihre Nischen. Das kann der Fahrradkeller im Wohnblock sein, ein Hinterhof, wo sich skaten lässt, das Zimmer:

»Am glücklichsten bin ich, wenn ich viel mit Freunden am Computer spiele.«

Kinder brauchen Kinder

Wichtiger als die Wohnumgebung ist, ob Kinder ihresgleichen finden. In vielen Wohnvierteln, in denen überwiegend ältere Menschen wohnen, die ihren Mittagsschlaf brauchen, sind Kinder lärmende Mangelware. Ungünstig ist es, wenn Kinder den Eindruck gewinnen, in ihrer Wohnumgebung lebten zu wenig Jungen und Mädchen. Gemäß der ZDF-Kindheitsglücksstudie erleben dies 20 Prozent so. Sie halten ihre Kindheit für deutlich weniger glücklich als jene, die beim Herausgehen gleich jemanden treffen, mit dem sie quatschen oder etwas spielen können.

> Wenn eine junge Familie eine Wohnung sucht: Sie sollte besser in eine Wohnstraße mit vielen Kindern als in eine Seniorensiedlung ziehen, auch wenn dort der Mietpreis günstiger wäre.

Kinder finden überall Freunde, so auf dem Skaterplatz:

»Ich war am glücklichsten, als ich Skateboarden anfing und zwei meiner besten Freunde gefunden habe.«

Oder beim Skifahren oder in Sportvereinen:

»Ganz glücklich hat mich das Skifahren gemacht. Man lernt viele andere Kinder kennen. Mich hat auch das Karate glücklich gemacht. Ich traf meine alte Freundin wieder. Doch das Lustigste ist, mit Freunden zusammen zu sein und zu spielen.«

Im Urlaub:

»Wir waren einmal im Urlaub. Dort war mir immer langweilig. Meine Mama sagte: ›Such dir doch 'ne Freundin!‹ Am nächsten Tag tat ich das, und mir ist nie mehr fad gewesen.«

In der Nachbarschaft:

»Am glücklichsten war ich, wie wir umgezogen sind, das war ungefähr vor sechs Jahren. Ich hatte endlich ein eigenes Zimmer. Dass ich gleich gute Freunde gefunden habe, die beste wohnt gegenüber von mir. Die hat ein sehr großes Haus mit Swimmingpool. Wir haben jeden Tag großen Spaß.«

»Dass ich meine Freundin Lena in M. gefunden habe. Wir sind Nachbarn. Wir sind beide immer lange Zeit am Zaun gestanden und haben uns angeschaut. Sie war um zwei Jahre jünger, dann habe ich gesagt: Komm rüber. Noch nie gestritten.«

Und auch heute noch draußen in der Natur:

»Ich mag es am liebsten, wenn ich im Wald mit anderen Kindern spielen kann. Dort bauen wir uns dann ein kleines Haus aus Heu, Ästen und Holz.«

Und vor allem in der Schule:

»Glücklich war ich am Beginn der Schule, weil ich hier meine besten Freundinnen kennen gelernt habe.«

Eine der wichtigsten Funktionen der Schule besteht ohnehin darin, dass Kinder dort ihre Freunde finden. Dies geschieht auf dem Pausenhof leichter als während einer Mathematikstunde. Was Schüler während der Pausen erleben, verknüpfen sie mit dem Faktor Freizeit und Freunde, und nicht mit Schule.

Kinder entwickeln eine Art Theorie der Freundschaft, die sich mit dem Alter verändert. Für Jungen und Mädchen im Kindergartenalter ist ein Freund, wer mit ihnen spielt, teilt und hilft.

»Tanja ist meine Freundin: Sie spielt immer mit mir und hilft mir gegen die blöden Jungs.«

In diesem Alter ist es normal, dass Freundschaften schnell zerbrechen. Manchmal genügen Kleinigkeiten: Weil Bettina auch mit Anna gespielt hat oder Bernd sein Lieblingsspielauto nicht ausleihen wollte. Aber ebenso schnell können sich Kinder wieder um den Hals fallen und sich ein Date fürs Spielen aushandeln.

Freunde im Schulalter teilen Geheimnisse, vertrauen sich ihre Sorgen an und unterstützen sich; Freundschaften sind mehr als augenblicksbezogene Schönwetterinteraktionen, sondern überdauernde stabile Beziehungen. Besonders beglückend ist, einen besten Freund, eine beste Freundin an seiner Seite zu wissen. Drei Viertel der Kinder in der Bundesrepublik sind jeden Tag mit ihm oder ihr zusammen.

»Solange ich Freunde habe, bin ich glücklich!«

Mädchen pflegen weniger Freundschaften, diese jedoch tiefer. Bei den Jungen wechseln die Freundschaften schneller und sind weniger intensiv – ausgenommen der beste Freund, der enorm beglücken kann.

Kinderfreundschaften eignet nicht nur ein enormes Glückspotenzial, sondern auch hohe Moralität. Durch sie werden Solidarität, Treue, Verlässlichkeit und Einfühlsamkeit gleichsam spielerisch erlernt:

»Ich bin froh, dass ich so viele Freunde habe und dass sie für mich da sind. Das ist das Wichtigste für mich.«

»Dass ich eine Freundin habe, die nichts verrät und immer zu mir hält. Sie heißt Birgit und sie ist wirklich die Beste. Ihr kann man vertrauen.«

Und insbesondere lernt man das Lösen von Konflikten – durch Verzeihen, was auch Erwachsene glücklich macht, den Blutdruck senken und das Stresshormon Cortisol verringern kann.

»Ich und meine beste Freundin hatten einen schlimmen Streit. Wir bekriegten uns schon seit Wochen, bis es mir endgültig reichte. Eine andere Freundin ging dann zu unserer Lehrerin. In der nächsten Stunde saßen wir dann zu viert zusammen und redeten uns aus. Nachher habe ich mich bei ihr und sie hat sich bei mir entschuldigt. Da war ich sehr glücklich!«

Glück bei Freizeitaktivitäten

> *»Nichts ist beglückender,*
> *als über ein Pflaster zu laufen,*
> *das man selber gelegt hat.«*
>
> Alain[7]

Sportwissenschaftler schlugen Alarm: Heutige Kinder würden sich zu wenig bewegen. Sie säßen, Chips knabbernd, stundenlang vor dem Fernseher und wüssten mit ihrer Freizeit nichts mehr anzufangen, sofern sie solche überhaupt noch haben. Moderne Kindheit sei »Stresskindheit«, überfüllt von Terminen: Ballett, Querflötenunterricht, Longieren mit Ponys, die »Simpsons«. *Ende der Spielzeit,* so lautete beispielsweise der Titel eines Buches über Kindheit.[8]

Wenn man Kinder fragt, ob sie genug Freizeit haben, bejahen das die meisten, in der Bundesrepublik 41 Prozent »total«, 51 Prozent »eher«. Auch klagten nur wenige, sich jeden Tag mit Langeweile herumschlagen zu müssen. Zudem sind die meisten in ihrer Freizeit aktiv. Geht man an Kinderspiel- oder Fußballplätzen vorbei, sieht man nach wie vor Jungen und Mädchen in Bewegung: zu Fuß, auf Fahrrädern, Inland-Skates. Ihre Tätigkeiten, wie unterschiedlich sie auch sind, bescheren ihnen Glück und Freude.

Kindheitsglück beim Sport und in Bewegung

Zu meinen glücklichsten Kindheitserinnerungen gehört, wie ich mit 13 einen Fußball auf mich zufliegen sah. Ich brauchte keinen Sprint hinzulegen, sondern einfach den rechten Fuß zu heben. Der Ball prallte zurück, flog in hohem Bogen über den Torwart – unser Biologielehrer –, der nach ihm hechtete, und landete im Netz. Die Schülermannschaft führte 1 zu 0 gegen die Lehrer, durch das zufällige Tor eines mittelmäßigen Spielers. Das Glücksgefühl hielt an, über die unvermeidliche Niederlage hinaus und bis unter die Bettdecke.

In Sportvereinen erleben nach wie vor viele Kinder Ähnliches. Diese sind nämlich nicht nur als Stressoren zu kritisieren, weil sie den Kindern Termine und »Arbeit« bescheren, sondern sie ermöglichen auch intensive Glückserfahrungen, die das Selbstwertgefühl stärken. Ein Team sein, gemeinsam gegen einen Gegner ankämpfen und dafür alle Energie hergeben, die in den Waden und in den Oberschenkeln steckt – es beglückt:

> *»Was mich bisher am meisten glücklich gemacht hat: Bei einem Fußballturnier spielten wir gegen Casino Salzburg, es kam zum Elfmeterschießen und ich stand im Tor. Ich hielt alle drei Elfmeter. Danach bekam ich einen Pokal und meine Mannschaft trug mich auf den Schultern.«*

> *»Das glücklichste in meinem Leben war, dass ich einmal bei einem Fußballverein spielen konnte.«*

Selbstverständlich auch Mädchen:

> *»Vor zwei Jahren war eine Landesmeisterschaft im Geräteturnen. Ich turnte viele gute Übungen, darum hatte ich gewonnen. Ich bin jetzt noch sehr glücklich, weil ich damals gewonnen hatte.«*

Seit mehr als hundert Jahren wurden Kinder befragt, welches Schulfach sie am liebsten mögen. Regelmäßig ist es Turnen. Kein Wunder! Bewegung, sei es beim Handball oder am Reck, setzt Glücksbotenstoffe frei, was bei Mathematik oder lateinischer Grammatik weniger der Fall ist. Das Bewegungsspektrum auch heutiger Kinder ist enorm. Ein Elfjähriger rechnete zu seinen glücklichsten Kindheitserlebnissen, dass er mit Skaten begonnen habe, jetzt sei er schon der drittbeste in seinem Dorf. Ein anderer fand beim Skateboarden, für ihn das Beglückendste, seine besten Freunde. Im Winter ist es vor allem das Skifahren, das Spaß bereitet:

»Skirennen, Sport. Im Winter fahre ich seit einem Jahr im Skiclub. Das ist immer sehr lustig.«

Kindheitsglück bei weiteren Hobbys

Lesen und traditionelle Hobbys wie basteln, zeichnen, ein Musikinstrument spielen sind heutigen Kindern abhanden gekommen. Dieser Eindruck trügt. Musikschulen haben regen Zulauf und Musizieren beglückt viele Kinder ungemein:

»Was mich am meisten glücklich gemacht hat: Als ich das Musikspielen anfing (Flügelhorn)!«

»Meine Schlagzeugprüfung. Noch einen Tag, dann ist es soweit. Ich saß hinter meinem Schlagzeug und übte. Als ich dann bei der Musikschule eintraf, kam mein Lehrer und begrüßte mich und stellte mich der Prüfungskommission vor. Dann legte ich los. Beim Vibraphonstück verspielte ich mich, aber es merkte keiner. Dann teilte man mir mit, dass ich die Prüfung mit ›sehr gut‹ bestanden habe.«

Und: Bücher für Kinder und Jugendliche sind aus den Buchhandlungen nicht verschwunden. Wie viele Kinder verschlangen Harry Potter? Knapp jedes vierte Schulkind liest täglich, die Mädchen fast doppelt so oft, was mehrheitlich Freude bereitet: *»Radfahren, oder lesen in meiner Freizeit«* machen eine Elfjährige *»am meisten glücklich.«* Und eine Zehnjährige: *»Als ich mein erstes Buch bekommen habe. Es war Weihnachten unter dem Christbaum.«*

Schüler, die häufig zu einem Buch greifen, finden das Lesen besonders beglückend. Auch Erzieherinnen erinnerten sich an ihre Kindheitstage im Leseglück:

»Wenn ich in ein Buch versunken war, war ich am glücklichsten.«

»Bei der Oma konnte ich auch Nachmittage lang ungestört auf der Wiese im Garten liegend lesen, und Lesestoff (zum Beispiel alte Jahrgänge ›Fliegende Blätter‹ und viele Kinder- und Jugendbücher) gab es ebenfalls bei ihr.«

»Hatte ich noch ein Stück Schokolade, war mein Glück vollkommen. (Das ging manchmal auch umgekehrt: Hatte ich was Gutes zum Essen, brauchte ich ein Buch dazu).«

Spannende Bücher werden buchstäblich verschlungen. Lesende tauchen in eine neue Welt ein beziehungsweise erschaffen diese durch die Kraft ihrer Fantasie.

Die Kinder berichteten von weiteren Freizeittätigkeiten, die sie besonders beglücken. Eine Elfjährige:

»Mit acht Jahren habe ich mit meiner Musikgruppe viele Lieder gesungen. Seither darf ich Gesangsunterricht nehmen. Ich habe eine CD aufgenommen.«

Menschen, die regelmäßig singen, geraten seltener in depressive Verstimmungen, wenn überhaupt. Die Musik hat eine Heilkraft, die in früheren Kulturen dazu geführt hatte, sie für heilig zu halten.

»Ich liebe Zeichnen und bastle gern. Mein Geburtstagsfest ist immer schön. Ich freu mich jeden Tag.«

»Ich war am glücklichsten, wie ich mein Hobby entdeckt habe: Fischen!«

Allen ist gemeinsam: Glück resultiert aus Tätigkeiten.

146

Machen die (neuen) Medien unglücklich?

Viele Pädagogen sind Neuem gegenüber skeptisch, speziell neuen Medien. Jean-Jacques Rousseau kritisierte die im 18. Jahrhundert aufgekommenen Bilderbücher als die »Werkzeuge ihres (der Kinder) größten Unglücks«[9]. Viele Eltern wären heute froh, ihre Kinder griffen nach den Werken von Michael Ende, Astrid Lindgren oder Joanne Rowling. Und nicht nach der TV-Fernbedienung oder der PC-Maus! Viele Erwachsene verbinden mit diesen Büchern glückliche Erinnerungen: Gepackt-Werden von Jim Knopfs Abenteuern in China; die hämische Mitfreude mit Michel von Löneberg, wenn es ihm gelang, Erwachsene reinzulegen. So ist es verständlich, wenn Eltern wünschen, dass ihre Kinder dies auch erleben.

Pädagogisch gewarnt wurde zu Beginn des 20. Jahrhunderts auch vor den Kinos. Jugendliche würden verdorben, Kinder verwirrt. Als Kassettenrekorder Einzug in die Kinderzimmer hielten, fürchteten Musikpädagogen um die Kreativität der nächsten Generation. Vor allem Fernsehen und PC würden Kinder zerstreuen, lähmen oder zappelig, unglücklich machen. Eingefleischte Waldorfpädagogen halten die Medien für förmliche Monster, die Kinder an Leib und Seele krank machen. Der Medienpädagoge Glogauer lastet sogar Asthmaanfälle einem zu exzessiven Fernseh- oder Videokonsum an.[10] Lehrer, wenn ihre Kinder am Montagmorgen griesgrämig sind oder zappeln, sind mit der Diagnose schnell zur Hand: »Fernsehwochenendsyndrom«.

Das Fernsehen ist aus heutigen Kindheiten nicht mehr wegzudenken. Zwei Drittel der vom ZDF repräsentativ befragten Kinder in der Bundesrepublik schauen jeden Tag fern, sechs von tausend nie – möglicherweise in Anthroposophiehaushalten. Mit steigendem Alter sitzen sie länger vor dem Fernseher, Sechsjährige an Wochentagen, wenn am

nächsten Morgen Schule ist, um die 60 Minuten, Dreizehn-
jährige anderthalb Stunden. An Wochenenden und freien
Tagen läuft der Fernseher länger, bei Sechsjährigen anderthalb Stunden, während die 13-Jährigen sogar länger als
zwei Stunden schauen, nicht mehr KiKa, sondern MTV, Pro
Sieben. In den letzten Jahren hat sich die Fernsehdauer
übrigens kaum geändert.[11]

Glück vor dem Bildschirm – das haben viele Kinder
erlebt. Wie ich das erste Mal sah, wie die kraushaarige Heidi aus dem trostlosen Frankfurt wieder zu ihrem Öhi auf der
Alm zurückkehren durfte, rannen Freudentränen über die
Wangen; und erst recht, als Klara, von Ziegenmilch und fri-
scher Alpenluft gekräftigt, ihre ersten, zögernden Schritte
tat! Auch ist Fernsehen nicht völlig passiv. Konzentrierte
Zuschauer handeln innerlich mit, jüngere Kinder mitunter
körperlich. Unsere Kinder, als sie einmal sahen, wie ein Mär-
chenheld verfolgt wurde, begannen in der Stube im Kreis
herumzurennen. Auch erfolgen Synapsenverbindungen,
wenn Kinder die Sendung mit der Maus anschauen und lernen, wie ein Raketenantrieb funktioniert. Sogleich gingen
sie ins Badezimmer und öffneten den Wasserhahn des
Duschschlauches, der sich zu heben begann – bis eine Fon-
täne an die Scheiben und in die Diele spritze.

Auch Fernsehbildern muss Bedeutung zugeschrieben werden, was individuell unterschiedlich erfolgt. Eine medienpä-
dagogische Diplomarbeit über die *Rettungsschwimmer von
Malibu*, mit David Hasselhoff in der Hauptrolle, zeigte: Sechsjährige hatten einen höheren galvanischen Hautwiderstand, wenn die Retter in die tosenden Wellen hineinspran-
gen, um ein ertrinkendes Kind herauszuholen; pubertierende
Mädchen, wenn die Augen von David Hasselhoff in Nahauf-
nahme zu sehen waren – und erwachsende Männer, wenn
die Blondinen in ihren Bikinis über den Sandstrand schlender-
ten.

Kinder mögen es auch, wenn Mutter und Vater mit ihnen fernsehen und über den Film reden; Serien wie die *Sendung mit der Maus* können anregend sein und dazu motivieren, die gesehenen physikalischen Experimente nachzustellen. Vor allem aber sollte unterbleiben, dass sich Eltern über Kindersendungen abschätzig äußern, beispielsweise Sponge Bob für »bescheuert« halten. Wenn Kinder von dem sprechenden Schwamm begeistert sind, beziehen sie das »bescheuert« unweigerlich auch auf sich selbst.

Auch wenn Fernsehen bilden kann und keineswegs nur passiv ist: Kinder glücklich(er) machen zu wollen, indem ihnen ein TV-Gerät ins Zimmer gestellt wird – davon ist abzuraten. Gemäß den repräsentativen Daten aus der Bundesrepublik sind Kinder, die sehr lange fernsehen, vor dem Bildschirm zwar besonders glücklich – aber ihr bisheriges Kindheitsglück bilanzieren sie geringfügig niedriger. Freilich hängt das auch mit dem Alter zusammen: Je älter die Kinder, desto seltener bilanzieren sie ihr bisheriges Leben als »sehr glücklich«, und mit steigendem Alter wird auch länger ferngesehen.

Glücksmindernd ist der häufige Konsum von MTV, aber auch Reality-TV und CNN. Sich anschauen, wie in den Straßen von Bagdad nach einem Bombenanschlag Menschen herumrennen, panisch, einige blutüberströmt, um Hilfe schreiend oder sich auf einen am Boden liegenden, toten Angehörigen werfend – das macht nicht glücklich. Auch bei jüngeren Kindern: Wenn Jerry den Kater Tom überlistet, sodass dieser unter eine Straßenwalze gerät und plattgewalzt wird, um gleich wieder aufzustehen, dann ist das nicht Gewalt, sondern lustig. Anders hingegen, wenn sie – real – verwundete oder tote Kinder sehen.

Also: Macht Fernsehen dick, dumm und träge? Dies behauptete der Gehirnforscher Manfred Spitzer.[12] Gewiss ist es dem Organismus von Kindern bekömmlicher, wenn sie sich an einer Reckstange hochziehen oder auf einen Baum klettern als stundenlang auf der Couch zu sitzen. Aber einzig das Fernsehen als Ursache für alle Probleme von Kindern und Jugendlichen zu schelten, die massenmedial ohnehin hochgespielt werden, ist undifferenziert. Könnte es nicht auch sein, dass einige Kinder gerade deswegen öfters fernsehen, weil sie zu Fettleibigkeit neigen und es ihnen schwerer fällt, sich vielfältig zu bewegen? Könnte es nicht sein, dass gerade Kinder mit geringerer Intelligenz länger schauen, weil sie sich mit dem Lesen nicht so leicht tun? Und der Vorwurf, Fernsehen erzeuge Gewalt: Sie alle haben schon Mord und Totschlag gesehen, aber dies nicht imitiert. Zumeist ist es ein unfreundliches Familienklima, sind es Demütigungen und Frustrationen, die Kinder und Jugendliche geneigter machen, Filme anzuschauen, in denen Blut spritzt.

Computerspiele

Mehr als zwei Drittel der Kinder heute haben Zugang zu PCs. An diesen schreiben sie nicht nur ihre Mails, sondern spielen. Computerspielen ist nicht Computerspielen.

Es gibt Kinder, die Stunde um Stunde vor dem PC sitzen, weil sie kaum Freunde haben, draußen nur Asphalt und keine Entfaltungsmöglichkeiten sind und ihnen langweilig ist – das Gegenteil von Flow! Doch viele Kinder tragen zu zweit, zu dritt, mitunter zu viert ein Pentium-Autorennen aus, messen dabei ihre Geschicklichkeit und gehen ganz im Wettkampf auf. Viele Computerspiele ermöglichen Flow, beispielsweise »Gothic« oder – mit viel Action – »World of Warcraft«.

Ein Zehnjähriger:

»Also ich hab die Zeit nicht mehr mitgekriegt, wenn ich mit meinem Freund gespielt habe. Der kommt immer extra zu mir, um diese Adventures zu spielen. Wir hatten eigentlich vor, rauszugehen, und irgendwann um acht ist es uns erst aufgefallen. Haben die Zeit vollkommen vergessen, ich glaube, wir haben fünf Stunden gespielt. Wir haben erst aufgehört, als wir müde waren und keine Ahnung mehr hatten, wie es weitergeht. Da war die Wand, wir kamen nicht mehr drüber.«

Computerspiele können Erfolgserlebnisse bescheren, wenn die feindlichen Orks besiegt werden und ein höheres Level geschafft wird. 60 Prozent der deutschen Kinder verbinden Computerspiele mit einem glücklichen Gesicht. Anders hingegen ErzieherInnen: 70 Prozent bestreiten, dass der spielerische Umgang mit der Maus Kindheitsglück befördere. Aber dieses wird faktisch erlebt, so von einer Elfjährigen:

»Ich war glücklich, als wir einen neuen Computer bekamen. Noch glücklicher, als wir einen besseren bekamen.«

Und ein Zwölfjähriger:

»Mein Vater wollte noch nie einen Computer, aber er hat mir zu Weihnachten trotzdem eine Playstation gekauft.«

Einen Jungen beglückt am meisten, *»dass ich Haustiere habe, und dass ich manchmal computern darf.«* Computerspielen schließt andere Freizeitaktivitäten nicht aus.

»Mich machen am meisten glücklich: meine Tiere, meine Freunde, Computer, Sport.«

Ebenfalls nicht das Pflegen von Freundschaften:

»Mich macht am meisten glücklich, dass ich mit meinen Freunden immer spielen kann; wir spielen viel Computer.«

151

Keine Kindheit ohne Musik

In alten Kulturen galt die Musik als heilig und als ein Geschenk der Götter. Das finnische Epos Kalevala erzählt, was geschah, als der erste Musikant auf einer Kantele, einem Zupfinstrument, zu spielen begann: Sämtliche Tiere versammelten sich, Sonne und Mond ließen sich auf den Bäumen nieder – und lauschten, voll von Glück. Auch für heutige Kinder, mehr noch Jugendliche, ist Musik eine Quelle von Glück. »Auch die Musik macht mich froh«, so ein Zehnjähriger. Und zwar nicht nur selbst ein Instrument spielen, sondern auch CDs hören, was Kinder mit steigendem Alter häufiger tun.

Kindergartenkinder sind noch empfänglich für alle Musikstile der Welt; sie sind – wie Musikpsychologen zu sagen pflegen – »offenohrig«. Schon in der Grundschule schließt sich dieses Fenster und es legen sich die meisten Kinder auf bestimmte Musikstile fest, sei es Schlager, sei es Rock, beeinflusst von den Hörgewohnheiten in der Familie und der Freunde. Auch Kinder bevorzugen Musik, die zu ihrer Stimmung passt; hüpfige, wenn sie guter Laune sind, besinnliche und ruhige, wenn sie traurig sind – wie wir Erwachsenen auch. Eine weitere Festlegung der Musikvorlieben geschieht in der Pubertät und im jungen Erwachsenenalter; danach ändern sich die bevorzugten Stile kaum mehr. Die Seniorenmusik des Jahres 2060 wird nicht mehr der Musikantenstadl sein, sondern Robbie Williams.

Machen die neuen Medien unglücklich? In der Sicht der Kinder: Nein! Es führt kein Weg daran vorbei, dass sie Medienkompetenz erlernen, und zwar – wie alles – durch ihr eigenes Tun. Die Zeit mit ihren Freunden und ihrer Familie halten sie jedoch für beglückender als Fernsehen und Spielkonsole.

Kinderglück mit Fell und Pfoten[13]

Von einem Ergebnis unserer Salzburger Studie waren wir selber überrascht: wie sehr Tiere Kinder beglücken können. 92 Prozent verbinden sie mit einem glücklichen Gesicht. Eine Elfjährige sei am glücklichsten gewesen,

>*als ich meinen Kater Muscha bekam. Doch als er uns davonlief, war ich sehr traurig. Doch dann bekamen wir Tini und Susi und unsere jetzigen Katzen. Tini ist ein roter Kater und Susi ist eine schwarze Katze. Tini und Susi sind Geschwister. Wir haben am Wallersee einen Wohnwagen, in dem ich und meine Eltern oft in der Freizeit sind. Dort gibt es auch Bauernhöfe mit vielen Tieren. Bei den Tieren bin ich am glücklichsten.«*

Und eine Gleichaltrige:

>*Das Reiten, meine Eltern, meine Haustiere, als ich zu Weihnachten zwei kleine Meerschweinchen bekam, ein Männchen und ein Weibchen, das Männchen ist gestorben, aber das Weibchen hat drei Junge bekommen. Später habe ich einen Hasen bekommen, und als unser Pferd ein Fohlen bekommen hat. Es war dunkelgrau und hat mich abgeschleckt.*

Ich habe viele Semester Erziehungswissenschaft studiert und dabei nie etwas von Haustieren gehört. Viele Erwachsene sind zu Tieren distanziert. Mitunter verhalten sie sich ihnen gegenüber rücksichtslos, ja grausam, so ein junger Bursche, der sich brüstete, ein Eichhörnchen gerade noch unter den Vorderreifen gekriegt zu haben. Das Elend, das in den vielen Tiertransportern Tag für Tag geschieht, ist namenlos. Als sich vor einigen Monaten in Salzburg ein junger Mann vor Gericht verantworten musste, weil er im Vollrausch zwei Hunde abgestochen hatte, lautete die Anklage auf Sachbeschädigung.

Kinder hingegen verspüren, schon gegen Ende des ersten Lebensjahres, ein intensives Interesse an Tieren. Diesen fühlen sie sich mitunter näher als Erwachsenen:

>Was mich am meisten glücklich macht: Mein Kater Maunzi, meine Katze Schnurli, ein Vogel Tschipsi, mein Hase Hoppel, meine Freundinnen und auch meine Familie.«

Ähnlich die Glücksprioritäten einer Zehnjährigen:

>In meinem Leben hat mich glücklich gemacht, dass ich einen Kater, eine Schwester, eine Mutter und einen Vater habe. Ich bin eigentlich das glücklichste Kind auf der Welt, denn wenn man an Kinder der Dritten Welt denkt, bemerkt man erst, wie gut es einem geht.«

Kinder mögen nicht alle Tiere gleich. Am liebsten sind ihnen Hunde, Katzen, Eichhörnchen, Pferde, Schwäne, Füchse, Kühe, Delfine, Kanarienvögel. An den Hunden schätzen sie die Verlässlichkeit; Katzen hingegen finden sie nicht so treu, dafür umso lustiger.

Besonders intensiv kann Glück auf dem Rücken der Pferde erlebt werden, von Mädchen häufiger als von Jungen:

>Samstagnachmittag werde ich um 14.45 Uhr bei meinem Reitstall abgesetzt. Als Erstes begrüße ich Freunde/innen, dann informiere ich mich, welches Pferd ich reiten soll. Darauf folgt das Huf-Auskratzen. Die Reitstunde ist schon wieder viel zu schnell vergangen. Nach einer Reitstunde bin ich glücklich. Dieses Glück hält dann den ganzen restlichen Tag an.«

Ein Pferd beherrschen, ein Lebewesen, um das Vielfache größer, schwerer und kräftiger, kann das Selbstwertgefühl eines Kindes ins Unermessliche steigern und ihm die Erfahrung von Können ermöglichen. Nicht umsonst wird Reiten auch therapeutisch eingesetzt. Ponyreiten korrigiert Haltungsschäden oder motorische Beeinträchtigungen und stärkt das Selbstwertgefühl. Einige Kindertherapeuten halten sich in ihrer Praxis ein Tier, oft eine Katze, die die anfänglich scheuen Kinder fasziniert und die Beziehung zum Therapeuten anbahnt.

Reiten ist nicht das günstigste Hobby, vor allem dann nicht, wenn ein eigenes Pferd gehalten wird. Kosten fallen nicht nur für Unterstellung und Futter an, sondern auch für den Veterinär. Es gibt jedoch immer wieder Angebote für Reitferien, die den Kindern lange Jahre als glückliche Highlights in Erinnerung bleiben können.

Kleine Haustiere sind erschwinglicher; Katzen, Zwerghamster; auch Ratten werden speziell von Mädchen gerne gehalten. Freilich kann es auch mit diesen Probleme geben, etwa wenn jemand an einer Katzenallergie leidet. Aber wer folgende Erlebnisberichte beherzigt, wird alles daransetzen, zumindest ein Tier ins Haus zu bringen:

»Meine Schildkröte Maxi hat mich glücklich gemacht. Als ich kleiner war als jetzt, wünschte ich mir immer eine Schildkröte. Mein Vater kaufte mir eine kleine griechische Landschildkröte und machte mich sehr glücklich. Jetzt ist Maxi schon drei Jahre alt und jedes Mal, wenn ich ihn ansehe, macht er mich glücklich.«

»Ich war am glücklichsten, als ich meinen Hamster bekam: Ich kam vom Judo nach Hause. Es herrschte Chaos. Plötzlich klingelte das Telefon: ›Hallo, wer ist dran?‹, sagte ich ›Ähm, wegen dem Käfig. Ich hätte einen.‹, sagte die Stimme. ›Wie groß ist er?‹, antwortete mein Vater, der mir den Hörer aus der Hand genommen hatte. Er schrieb die Adresse auf und wir holten zuerst den Hamster (es war ein Inserat im Stadtanzeiger), danach holten wir den Käfig. Mein Hamster ist inzwischen 1 Jahr alt geworden.«

»Es sind meine Hamster. Ich hatte drei. Jetzt gibt es nur noch einen. Der erste Hamster (Charlie) wurde eingeschläfert. Den zweiten (Struppi) stieg mein Kater unabsichtlich zusammen. Und den dritten (Samson) gibt es noch. Ich hoffe, er lebt noch sehr lange. Ich liebe ihn über alles, was ich habe! Er ist schon einhalb Jahre, und sie werden leider nur zwei Jahre alt.«

»Ich war am glücklichsten, als ich meine Katze bekommen habe. Ich konnte zwei Tage nicht schlafen, weil ich endlich meine Katze bekam.«

Haustiere ermöglichen Kindern fürsorgliches Handeln und sind der moralischen Entwicklung förderlicher als hunderte »Du sollst, du musst!«.

»Meine Haustiere haben mich am meisten glücklich gemacht. Wenn wir mal ein junges Vogelbaby am Boden gesehen haben, das aus dem Nest gefallen war, haben wir es großgepflegt und später rausgelassen. Ähnlich ging es uns mit unserem Igel. Wir hatten schon vier Vögel, einen Igel, eine Maus großgepflegt.«

Welcher Erwachsene nimmt sich drei Tage Zeit, um junge Katzen zu suchen, was einem Mädchen als glücklichstes Kindheitserlebnis in Erinnerung blieb?

»Als unsere Katze Junge bekam! Eines Tages wurde unsere Katze schwanger. Als sie die Jungen gebar, fanden wir sie nicht. Ich suchte drei Tage lang und ich fand sie in der Mulde neben dem Hühnerstall.«

Eine der erfreulichsten Rückmeldungen zu einem Vortrag zu Kindheitsglück erhielt ich von einer Mutter, deren Sohn sich schon lange einen Hamster wünschte. Sie sei sogleich in die Tierhandlung gefahren und habe es nicht bereut, im Gegenteil: Ihr Kind sei regelrecht verändert worden, zum Positiven!

Heutige Kinder werden gelegentlich bedauert, weil sie von der Natur entfremdet seien. Anders als frühere Kindergenerationen würden sie den großen Kreislauf von Geburt, Aufblühen und Sterben nicht mehr miterleben. Insbesondere der wirkliche Tod sei aus ihrer Lebenswelt verschwunden; die Tausenden Fernsehtode seien dafür kein Ersatz, sondern Perversion. Erstmals begegnen heutige Kinder dem Tod vielfach dann, wenn ihr geliebtes Tier krank wird und stirbt:

»Mich machte es glücklich, wie ich eine Katze bekam. Doch sie wurde zusammengefahren. Da war ich sehr traurig.«

Das erste Meerschweinchen unserer ältesten Tochter erkrankte an Mundkrebs. Es wurde vom Veterinär behandelt, von der Tochter gepflegt, aber es starb. Die Tränen rannen, die Trauer war unermesslich. Es wäre völlig falsch gewesen zu sagen: »Wir fahren in die Tierhandlung und kaufen ein neues.« Vielmehr grub das Mädchen im Garten ein Loch und bestattete das Tier. Darüber errichtete sie aus zwei Aststücken ein Kreuz und pflanzte Primeln.

Kindheitsglück in der Schule?

»Lernen und die Erfahrung von Glück sind untrennbar miteinander verbunden.«
Stefan Klein[14]

Können Sie sich noch an Ihren ersten Schultag erinnern? Wahrscheinlich waren auch Sie voll freudiger Erwartung! Nicht nur: Was steckt in der Schultüte? Sondern auch: Ist die Lehrerin nett? Was werden wir lernen? Denn alle Kinder, wenn sie nicht geschädigt sind, wollen lernen und sich Wissen aneignen. Unermüdlich fragen sie: »Warum regnet es heute?« »Wie kommen die großen Berge in meine kleinen Augen?« »Warum sind die Flugzeuge in die großen Türme geflogen?« Die meisten sehnen sich danach, den Kindergarten hinter sich zu lassen und, die vollgestopfte Schultüte in den Armen, zum Schulhaus zu marschieren, dorthin, wo die Großen sind. Der erste Schultag ist ein auffallend häufig berichtetes höchstes Kindheitsglück, den meisten von uns noch erinnerlich, aber nicht mehr der zweite Schultag.

»Was mich am meisten glücklich gemacht: Der erste Schultag hat mir gut gefallen, die Ferien machen mir auch sehr viel Spaß!«

Diese Aussage ist bezeichnend: Anfänglich begeistert die Schule, aber zumeist dauert es nicht lange, bis die Ferien herbeigesehnt werden.

Hartmut von Hentig schrieb, heutige Kindheit sei »Schulkindheit«[15]. Dies war sie nicht immer. Durchgesetzt ist die allgemeine Schulpflicht erst seit gut zwei Jahrhunderten. Viele Landwirte und Handwerker wehrten sich dagegen, dass ihre Kinder unterrichtet wurden, oft von schlecht ausgebildeten Lehrern. Diese waren für ihr Überleben darauf angewiesen, dass ihnen die Schulkinder gelegentlich Speck, Schinken und Eier mit in die Schulstube brachten.

Schulgeschichte ist Gewaltgeschichte

Waren Kinder in der guten alten Zeit in der Schule glücklich? Eher nicht. Wenn im alten Ägypten die Schüler nicht Hieroglyphen schreiben lernen wollten, wurden sie mit Prügel dazu gezwungen und oft tagelang in einen Kerker gesperrt. Auch die privilegierten Kinder im alten Rom zuckten schmerzverzerrt zusammen, wenn der Stock auf ihre

Arme niedersauste. Das Sprichwort »Nicht mehr verprügelt werden« bedeutete auch: Ende der Schulzeit. Im Mittelalter schrieben die Schulordnungen vor, die Rute einzusetzen, wenn Schüler laut waren und sich balgten. Auf einem Holzschnitt aus dem Jahre 1592 sehen wir, wie sich ein Schüler über eine Truhe beugen muss und von einem Mitschüler festgehalten wird; hinter ihm zieht der Lehrer, mit aller Kraft, die Linke auf, um dem Delinquenten mit der Rute den Hintern zu versohlen.

Zu Beginn des 20. Jahrhunderts erschienen viel gelesene Romane, die das Kinderleid in der Schule anprangerten. Hermann Hesse, der selber aus dem Internat flüchtete, erzählt, wie Hans Giebenrath im Gymnasium »unters Rad« kommt und sich verzweifelt in einen Fluss stürzt. Rilke klagt, wie in der Turnstunde ein Schüler, der es nicht schafft, eine Kletterstange zu erklimmen, ausgelacht und verhöhnt wird, sodass er am liebsten im Boden versunken wäre. Bis heute ist älteren Österreichern die Eselsbank ein Begriff: eine im Schulzimmer abseits stehende Bank, auf die sich Schüler, wenn sie etwas nicht wussten, setzen mussten, auf den Kopf eine Eselsmütze gestülpt und von den anderen, wie vom Lehrer befohlen, ausgelacht.

Im Vergleich dazu sind heutige Schulen Stätten der Menschenfreundlichkeit. Lehrer, in der Fachsprache als »paidotrop« bezeichnet, das heißt um das Wohl des Kindes bemüht, begegnen den Schülern zumeist freundlich. Ohrfeigen, auch die angeblich »gesunden«, in Österreich bis vor wenigen Jahrzehnten erzieherischer Standard, werden nicht mehr verteilt. Viele Lehrer richten die Schulzimmer wohnlich ein, mit Sitz- und Kuschelecken. Sie bemühen sich um einen abwechslungsreichen, kreativen Unterricht, in dem die Kinder auch zeichnen können, basteln, spielen, ihren Fantasien nachreisen, Stille erleben und so weiter.

Doch auch heute ist Schule meist nicht gleich Glück

In der Schule fühlen sich Kinder deutlich weniger wohl als zu Hause, bei ihren Freunden, in den Kontrollnischen, wo kein pädagogisches Auge über sie wacht. Die Differenz zum Wohlbefinden beim Zahnarzt ist gering. Auf dem Pausenplatz, wo Kinder Freundschaften schließen und sie pflegen, lärmen, kreischen, balgen, lachen, toben, spielen, fühlen sie sich glücklicher als im Klassenzimmer, glücklicher auch als bei den Hausaufgaben. Ihren Angaben zufolge müssen Kinder pro Tag durchschnittlich eine Stunde lesen, rechnen oder auswendig lernen; Grundschüler freilich noch weniger lang. Nur ein Viertel ist der Meinung, sie müssten fast nie zu lange an den Hausaufgaben sitzen. Wer unter den Hausaufgaben leidet, stuft seine ganze Kindheit als weniger glücklich ein.

Beglückendes wissen Kinder aus der Schule freilich auch zu berichten. Viele finden dort ihre Freunde und Freundinnen, noch einmal das Beispiel vom Anfang:

> »Als ich erfuhr, dass meine beste Freundin in der Hauptschule nicht in meiner Klasse war, befürchtete ich, keine neue Freundin zu finden. Doch alles kam ganz anders. Alle waren nett zu mir. Das hat mich am meisten glücklich gemacht.«

> »Als ich in die Volksschule kam, hatte ich sehr viel Pech, denn ich kam in die wildeste Klasse. Aber ich machte das Beste daraus, obwohl mich immer wieder unsere Buben schlugen, half mir das Singen, das Reiten und die Tiere, das zu vergessen. Jetzt gehe ich ins musische Gymnasium und es gefällt mir auch sehr gut, aber wenn ich schlechte Noten habe, dann singe ich meinen Kummer einfach raus. Deswegen möchte ich auch Opernsängerin werden.«

Als beglückend nannten Kinder gemeinsame Unternehmungen in der Schule, so die in Österreich übliche Wien-, Ski- oder Landschulwoche:

»Als ich meine erste Landschulwoche hatte, war ich sehr glücklich.«

Gute Noten, davon hängt für Kinder Glück in der Schule vor allem ab:

»Erfolg in der Schule ist für mich und meine Eltern gut, ich bin froh, wenn ich gute Noten schreibe.«

»Was mich bisher am meisten glücklich gemacht hat: Ich habe in diesem Schuljahr schon viele Einser gehabt. Ich habe in der letzten Mathe-Schularbeit eine Zwei plus gehabt. Ich habe eine Katze bekommen.«

»Am meisten glücklich machte mich, dass ich in der Volksschule in jedem Zeugnis lauter Einser hatte.«

»Glücklich war ich, als ich in der Schule zweimal am gleichen Tag gute Noten bekommen habe.«

Aber gerade diese Erfolgsorientierung verringert das Wohlbefinden in der Schule mittelfristig: wenn die dortigen Aktivitäten primär für den Einser, Zweier, allenfalls Dreier ausgeübt werden. Psychologen sprechen von extrinsischer Motivierung (um der Noten willen), die wenig beglückt. Sitzt man in einem Bus mit vielen Schülern und hört ihnen zu, kreisen viele Gespräche um die Dates – und die Noten. Der Glückspsychologe Csikszentmihalyi hatte Recht, als er der Schule vorwarf, die Glücksfähigkeit der Kinder zu senken.[16] Anstatt sie zum Lernen zu »motivieren«, indem sie Notendruck machen, den die Eltern oft verstärken, sollten die Tätigkeiten im Klassenzimmer von Freude und Lust durchdrungen sein. Es gibt zu denken, dass jedes siebte Schulkind in der Bundesrepublik sich »immer« vor den Schularbeiten

161

fürchtet, und nur 14 Prozent »überhaupt nicht«. *Angst essen Seele auf,* titelte Werner Fassbinder einen seiner berührendsten Filme. Und: Angst blockiert das Lernen. Wenn das limbische System in Panik feuert, gelangen keine Informationen mehr in den Neokortex, der für die höhere Verstandestätigkeit zuständig ist.[17] Ich erlebte das mitunter in Mathematik, speziell während der Testarbeiten, wenn auf dem Handrücken kalter Schweiß austrat, der Magen zusammengezogen und der Druck auf die Blase stärker und stärker wurde. Da verloren die mathematischen Terme jedwede Bedeutung.

Der Leistungsdruck ist zumindest in Österreich auch in der Grundschule stärker geworden. Wer sich einen der knappen Plätze an Spitzengymnasien ergattern will, darf sich bereits in der dritten Klasse keinen Zweier mehr leisten, in der vierten, ein Jahr vor dem Schulwechsel, erst recht nicht. Ich habe schon neunjährige Schüler bitterlich weinen sehen, weil sie in einer Mathematikarbeit einen Dreier hatten und nun fürchteten, im Jahreszeugnis stehe eine zwei – aus der Traum vom musischen Gymnasium! Kinder werden zum Ehrgeiz erzogen. Und Ehrgeiz macht unglücklich, weil andere immer noch besser sind und weil man es selber immer noch hätte besser machen können. Starker Ehrgeiz geht überdurchschnittlich häufig mit Ängstlichkeit und Neigung zu Depressivität einher.[18]

Es ist bedrückend, als glücklichstes Kindheitserlebnis einer elfjährigen Schülerin zu lesen:

»Wenn mich meine Eltern wegen den Noten nicht geschimpft haben.«

Viele Eltern reagieren bei einem Vierer oder Fünfer falsch. Tadel wegen missratener Schularbeiten steigert den Druck, erhöht die extrinsische Motivation und schürt im schlimmsten Fall Angst. Dies umso mehr, wenn wegen schlechter Zeugnisse auch das Taschengeld vermindert, das Fußball-Training oder sonst ein geliebtes Hobby reduziert oder verboten wird. Ein Arzt aus meinem Bekanntenkreis reagierte jeweils ganz anders, wenn eines der Kinder einen Fünfer nach Hause brachte. Er feierte ein kleines Familienfest! Das macht Freude. Und Freude ist, gehirnphysiologisch betrachtet, die beste Voraussetzung für das Lernen.»Schüler, die sich in der Klasse wohl fühlen und lachen dürfen, lernen leichter. Das Gehirn wird vom Spaß angetrieben, sagen die Amerikaner: ›The brain runs on fun.‹«[19]

Gewiss, viele Lehrer und Lehrerinnen unterrichten mit Lust und Begeisterung und beherzigen das Wort von Berthold Otto, einem der originellsten Vertreter der Reformpädagogik, die vor allem eines anzielte: Dass in der Schule keine Seelen mehr gemordet werden[20], sondern Kinder sich glücklich fühlen können:

»Rezepte, wie man Schüler begeistern kann, möge der pädagogische Pfuscher beim pädagogischen Quacksalber suchen; der Lehrer, wie er sein soll, muss dadurch begeistern, dass er selber begeistert ist.«[21]

Begeisterung kann anstecken. Die Schule hat das Potenzial in sich, das Glückserleben der Kinder zu erhöhen. Folgender Bericht einer Zwölfjährigen sollte nicht die Regel sein:

»Im Kindergarten war es sehr schön. Ich hatte sehr nette Tanten. Als ich in die Schule kam, freute ich mich sehr. Doch mir verging der Spaß. Auch jetzt im Gymnasium verstehe ich manche Dinge nicht, und ich kämpfe in Mathematik um einen Dreier und in Englisch, was ich nicht verstehe (ich habe einen

Zweier plus und zwei Einser in den Schularbeiten geschrieben), muss ich um einen Einser kämpfen? Meine beiden Freundinnen Mirijam und Martha helfen mir dabei.«

Aber auch nicht, wenn Glück und Schule als Gegensätze erlebt werden:

»Mich macht besonders glücklich, wenn wir in den Urlaub fahren oder keine Schule ist.«

Beliebte Schulen gibt es freilich auch, beispielsweise die Laborschule in Bielefeld, die der bekannte Pädagoge Hartmut von Hentig im Jahre 1974 gegründet hatte. Als die Direktorin an einem heißen Tag den Schülern mitteilte, sie hätten hitzefrei, jubelten sie vor Freude. Aber einige fragten sogleich: »Dürfen wir dableiben?« Die Laborschule ist eine Ganztagsschule, die sich als Haus des Lebens versteht. Am Vormittag werden nicht sechs oder sieben verschiedene Fächer aneinandergereiht, unterbrochen von kurzen Pausen, was lernpsychologisch unsinnig ist. Vielmehr können die Schüler bis zu einem Drittel der Zeit wählen, womit sie sich beschäftigen wollen: Projekte, Gymnastik, Handwerk – Tätigkeiten, die erwiesenermaßen enorm beglücken.

Kindheitsglück in religiös-spirituellen Erfahrungen

»Glückselig sind die Barmherzigen,
denn sie werden Barmherzigkeit erlangen.«
Matthäus 5,7

Der Dalai Lama, das geistige Oberhaupt der tibetischen Buddhisten, ist eine Persönlichkeit, die wohl am ehesten berufen ist, sich zum Glück zu äußern.[22] Wirkliches Glück, für ihn verschwistert mit Frieden, erwächst nicht nur aus dem Lieben, sondern auch aus Spiritualität. »Spiritualität« ist nicht nur populär, sondern auch schillernd und unklar. Aber für viele Zeitgenossen ist sie positiv besetzt und lässt sie nicht mehr an Nonnen denken, die in abgeschiedenen Klöstern den Rosenkranz beten, nicht mehr an (wenige) Priesteramtskandidaten, die sich kopfnickend ihrem Spiritual unterordnen – sondern an Geist, Begeisterung, psychisches Wachstum, Wohlbefinden, Freude. Viele Zeitgenossen können sich darauf verständigen, Spiritualität sei Verbundenheit, sowohl mit der Natur, den Mitmenschen und einem Göttlichen. Eine karzinomkranke Frau umschrieb ihre Spiritualität so:

»Der Krebs bringt die Menschen näher zusammen ..., er hilft, mit anderen Menschen Beziehungen einzugehen. Denn wir sind alle spirituelle Wesen ... und wir sind alle hier aus verschiedenen Gründen, aber wir alle sind ein Teil des einen Geistes, nehme ich an, und du magst es Gott nennen, oder Universum, oder wie auch immer, und das bewirkt, dass du realisierst, da ist diese Verbindung.«[23]

Auch außerhalb der Kirchenmauern kann beglückende Spiritualität gelebt werden, oft sogar leichter: Viele Mitmenschen erleben die Kirche, speziell die katholische, als hinderlich für ihr spirituelles Wachstum, wenn diese zwar von der gleichen Würde von Mann und Frau spricht, aber letztere beharrlich von ihren Ämtern ausgrenzt – obschon sich diese Kirche selber als »Mutter« zu bezeichnen pflegt(e).[24] Dass die katholische Kirchenleitung Menschen, deren Ehen gescheitert sind, die aber einen neuen Partner gefunden haben, vom Brot des Lebens ausschließt, empfinden viele zu Recht als unchristlich.

Auch in der traditionellen Volkskirche erlebten Kinder tiefes Glück, und viele erleben es nach wie vor, speziell an den Hochfesten und bei den Sakramenten. Unzählige Geistliche, Religionslehrer, Tischmütter und Eltern bemühten sich, dass der Weiße Sonntag zum glücklichsten Tag der Kindheit wird. In ein knöchellanges Gewand gekleidet werden, die blonden Mädchenhaare fein zu Zöpfen geflochten, einen Blumenkranz auf dem Haupt, und dann in der Gruppe der Erstkommunionkinder durch die Straße marschieren, hinter der Musik, von der Bevölkerung bewundert und wohlwollend stolz angeschaut – das hat sich vielen Kindern als enorm beglückend eingeprägt:

> »Was mich bisher am meisten glücklich gemacht hat: Die Erstkommunion. Sie war als wie ich heirate, aber nur viel schöner. Der Gottesdienst war voll cool.«

> »Als ich acht Jahre war, hatte ich ein ganz schönes Erlebnis. Das war meine Erstkommunion. Die ganze Klasse ist zusammen in einen Märchenpark. Dann war ja auch noch meine Firmung. Die war sehr lustig. Wir hatten sehr viel Spaß.«

Viele Kinder mögen es auch, in sakralen Räumen zu verweilen, in die farbigen Fenster zu schauen, die Stille des Gotteshauses wahrzunehmen, in der die Schritte leise widerhallen. Viele Wand- und Deckengemälde – aus der Bibel, dem

Leben von Heiligen – können faszinieren. Und besonders gern zünden Kinder Kerzen an, dies umso mehr, wenn ihnen zugemutet wird, dass sie das Streichholz selber entflammen und den Docht anstecken können. Unsere Mutter sagte jeweils: »Eine Kerze für den Papa, eine für die Oma« – es wirkte!

Allerdings sind Kinder in der Kirche nicht immer so glücklich, besonders nicht in den Gottesdiensten. In der vom ZDF in Auftrag gegebenen Glücksstudie gab mehr als die Hälfte der Kinder nicht an, wie glücklich sie in der Kirche sind – sie besuchten sie (noch) nicht. Und bei den restlichen hielt sich die Begeisterung in Grenzen. Denn Kirche ist für Kinder auch: während der Messen unendlich langes Stillsitzen, bei dem die Beine von viel zu hohen Bänken baumeln; kaum verständliche, endlos scheinende Predigten; ernste, mitunter mürrische Gesichter, wenn Kleinkinder zu schreien beginnen; zerknirschte Selbstbezichtigungen: »Durch meine Schuld, durch meine Schuld« – aber wofür denn? Und auch der Anblick des zumeist weißhaarigen Mannes in langen Gewändern vorn, hinten überwiegend Senioren und kaum Gleichaltrige – sodass sich für Kinder fast unvermeidlich die Assoziation einstellt, Kirche sei etwas Altes.

Sofern in den Pfarren keine kindgerechten liturgischen Angebote gemacht werden – spannende Geschichten und keine abgehobenen Predigten, Bewegung und Tanz statt langes Stillsitzen – ist nicht zu raten, mit Kindern in die Kirche zu gehen, wenn sie sich dagegen sträuben.

Spiritualität der Kinder

Für Kinderspiritualität etablierte sich in den letzten Jahren eine weltweite Bewegung.[25] Kinder sind keine leeren Gefäße, die wir mit den richtigen Glaubensinhalten füllen müssten, sondern geistbegabt und schon in jungen Jahren zu spirituellen Intensiverfahrungen fähig. Zwar tun sie sich noch schwer, diese in Worte zu fassen; aber Erinnerungen wie die folgende sind glaubwürdig:

>*»Als Kind spürte ich immer, dass die Natur eine wirkliche Seele hat. In unserem Garten stand ein alter Ahornbaum. Oft kletterte ich auf ihn und verbrachte Stunden mitten in seinen Ästen. Ich umarmte den alten Baum, und ich spürte immer, dass er zu mir sprach ... Aber auch alle Pflanzen, Bäche, und selbst die Steine redeten zu mir. Wenn ich einen wunderschönen Stein fand, hob ich ihn auf, betrachtete ihn, roch an ihm und tastete ihn, und hörte auch auf seine Stimme. Und wenn ich nachher glücklich zu meinen Eltern zurücklief und ihnen erzählte, was die Bäume, Blumen oder Felsen zu mir gesagt hatten, fanden sie das köstlich und waren sie stolz auf die Fantasie ihrer Tochter.«*

Beim letzten Campingurlaub sah ich, wie ein Junge mit einem zerbrochenen Ziegel auf die Rinde einer Pinie einschlug. Zwei Mädchen, um die sieben Jahre alt, gingen zu ihm: »Hör auf, das tut dem Baum weh!« Er hörte auf. Grundschulkinder wurden gefragt, ob es einer Pflanze schmerzt, wenn man ihr ein Blatt abreiße. Sie bejahten dies zu 80 Prozent. Ein Zehnjähriger:

>*»Wir hatten eine Blume, da ist irgendwann mal ein Blatt abgegangen. Da kam so was Weißes raus, wie Blut. Als wenn die Pflanze blutet. Die hat ja auch solche Organe, solche Adern, wo das Blut, dieser Saft rausfließt. Es ist immer das Gleiche; was lebt, ist alles das Gleiche.«*

Der Animismus begünstigt solche Erfahrungen. Er ist die Tendenz des kindlichen Denkens, in der eigenen Vorstellung Dinge mit menschlichen Gefühlsregungen auszustatten, die in einem traditionell naturwissenschaftlichen Weltbild »tot« sind. Mitunter zeigt sich der Animismus geradezu rührend: Eine unserer Töchter stand einmal im Garten bei einem Mäuerchen, das um die 20 Zentimeter hoch war; auf beiden Seiten lag je ein blau schimmernder Stein. Sie legte die beiden zusammen: »Damit die nicht so alleine sind!«

Spirituelle Erfahrungen können auch im Kindesalter enorm beglücken und haben eine geradezu mystische Qualität:

»Wie ich (als siebenjähriges Mädchen) in den strahlend blauen Himmel schaute, sah ich auch die Sonne im Fensterglas gespiegelt. Plötzlich, und mit überwältigender Freude, fühlte ich die ferne Sonne als ein gewaltiges, pulsierendes und atmendes Herz im Himmel. Ich fühlte mich völlig eins mit ihr und war ganz in ihren lebendigen Atem eingetaucht. Ich wurde mir der Lebenskraft bewusst, die in allen Dingen wirkt, und fühlte mich als ein Teil von ihr.«[26]

»Ich befand mich allein am Strand. Die See berührte den Himmel. Mit den Wellen atmend, trat ich in ihren Rhythmus ein. Plötzlich war ein Strom von Energie da: Die Sonne, der Wind, die See gingen durch mich hindurch ... Ein Tor öffnete sich, und ich wurde zur Sonne, zum Wind, zur See. Da war kein Ich mehr ... Klang, Geschmack, Getast ... alles verschmolz in einem leuchtenden Licht. Eine pulsierende Energie durchströmte mich, und ich war ein Teil dieser Energie ... Meine Eltern fanden mich wie versteinert am Strand und dachten, ich hätte einen Hitzschlag erlitten. Sie brachten mich ins Bett, in die Dunkelheit, für mehrere Tage ...«[27]

Viele Erwachsene üben sich jahrelang in Meditation, zählen ihre Atemzüge, versuchen an nichts anderes, ja überhaupt nicht zu denken, sitzen Stunde um Stunde im Lotossitz, um dieses Glück zu erfahren, das vielen Kindern wie geschenkt zuteil werden kann. Michael Baine, ein amerikanischer Mediziner, der mehr als dreißig Jahre lang die buddhistische Meditation praktizierte, umschrieb es so:

> *»Es war eine Empfindung von Energie, die in mir ihr Zentrum hatte, in einen unendlichen Raum hinausströmte und wieder zurückkam. ... Ich spürte intensive Liebe, Klarheit und Freude. Die Verbundenheit mit allem in der Welt, die ich fühlte, war so tief, als wäre da nie eine Trennung gewesen.«* [28]

Auch Gehirnforscher nehmen an, dass solche Erfahrungen der Verzückung, offensichtlich schon im Kindesalter möglich, keine Einbildungen sind, wenngleich sie von der traditionellen Psychiatrie als krankhaft abgetan wurden.[29] Vielmehr haben sie eine neuronale Grundlage: gesteigerte Aktivität im Stirnhirn, dem Sitz der Aufmerksamkeit, bei gleichzeitiger geringerer Tätigkeit des so genannten Orientierungsfeldes. Dieses ist dafür zuständig, ein Abbild des Körpers im Kopf zu erzeugen, sodass wir uns der Grenzen unserer Arme und Beine bewusst sind, was zumeist enorm praktisch ist, wenn wir beispielsweise ein Möbelstück abstellen – neben und nicht auf den Fuß! In der meditativen Versenkung, mehr noch der mystischen Verzückung, verfließen diese Grenzen und wir erfahren uns als eins mit allem; ein ähnliches Verfließen geschieht im Orgasmus. Es ist ein anderes Lebensgefühl, mit der Natur verbunden zu sein – was viele Kinder intuitiv erleben – als einer getrennten Umwelt voller Feindseligkeit und Heimtücke ausgeliefert zu sein.

Solch eine Spiritualität – auch Kindern zugänglich, unabhängig, ob sie kirchlich gebunden sind oder nicht – sollte gehegt werden, unter anderem dadurch, dass Kindern viele Naturerfahrungen ermöglicht werden. Beispielsweise dass sie am Meeresstrand in den warmen Sand eingegraben werden, bis nur mehr der Kopf herausschaut, oder dass sie einen Baum umarmen, oder dass wir uns Zeit nehmen, mit ihnen einen herrlichen Sonnenuntergang zu betrachten.

Kindheitsglück: Weitere Faktoren

Im Folgenden breite ich weitere Ergebnisse der Glücksforschung mit Kindern aus. Macht Taschengeld, wie von vielen Kindern heiß begehrt, wirklich glücklich? Sind Kinder, wenn ihre Mütter auswärts arbeiten, weniger zufrieden, wie dies von wertkonservativen Politikern gelegentlich behauptet wird? Einzelkind zu sein sei ein Unglück, lernten Studierende der (Entwicklungs-)Psychologie noch vor wenigen Jahrzehnten – lernten sie etwas Richtiges? Und sind Kinder auf einem Bauernhof glücklicher als in der City?

Beglückt Taschengeld die Kinder?

Viele Kinder rechnen es zu ihren glücklichsten Momenten, wenn Mama oder Papa den Geldbeutel zückt:

»Was mich am meisten glücklich gemacht hat: Dass ich von meinen Verwandten und Eltern viel Taschengeld bekommen habe, dass ich mir Modelle oder Lego kaufen konnte. Über das bin ich noch immer froh.«

171

Im Schnitt bekommen die bundesdeutschen Kinder 15 Euro Taschengeld pro Woche, Jungen gleich viel wie Mädchen, die Sechs- und Siebenjährigen verständlicherweise weniger (durchschnittlich 8 Euro) als die Zwölfjährigen (21 Euro). 28 Prozent der Kinder in der Bundesrepublik kriegen kein regelmäßiges Taschengeld, überwiegend in einkommensschwachen Familien.

Mehr Taschengeld garantiert keineswegs, dass die Kindheit glücklicher wird. Auch Erwachsene macht Geld nur bedingt glücklich (zu wenig oder kein Geld hingegen ist ein Desaster). Von den Kindern, die überhaupt kein Taschengeld erhalten, schätzten 43 Prozent ihre Kindheit als sehr glücklich ein; jene mit 40 Euro und mehr zu 36 Prozent – die Differenzen liegen jedoch im Zufallsbereich.

Glücklicher macht Geld, wenn es sich die Kinder selbst verdienen können. Denn dem geht Tätigkeit, Arbeit voraus:

»Am meisten glücklich war ich, dass ich im Landestheater Salzburg mitgespielt habe und Geld dafür bekommen habe, und dass ich eine Familie habe.«

Eine Zehnjährige, die 5 Euro bekommt, nachdem sie in der Nachbarschaft am Abend zwei Kleinkinder gehütet hat, darf sich zu Recht stolz fühlen. Unsere Kinder strahlten, als sie nach dem Ministrieren von der Sakristanin das erste Mal ein 50-Cent-Stück bekommen hatten. Allerdings: Schon nach wenigen Wochen hatten sie sich daran gewöhnt. Auch wir Erwachsenen machen in der Regel keine Freudensprünge mehr, wenn wir das Monatsgehalt kriegen.

Kinder mit viel Taschengeld sind also nicht glücklicher. Unglücklicher sind Jungen und Mädchen aber dann, wenn ihre Eltern am Rande des Existenzminimums oder unter diesem leben. Der jüngst erschienene Bericht über Kinderarmut hat erschreckt: 14 Prozent der deutschen Kinder gelten offiziell als arm. Gemäß der ZDF-Kindheitsglücksstudie wohnt jedes achte Kind in einem Haushalt, dessen Einkommen unter 1500 Euro liegt. Mehr als die Hälfte von ihnen ist mit der alleinerziehenden Mutter zusammen. Es ist bitter, eine leere Hosentasche zu haben, wenn die Mitschüler zum Kiosk flanieren und dort ihren Zehneuroschein hinstrecken, um Süßigkeiten zu kaufen. Wenig kann Kinder trauriger machen, als nicht ins Schullager mitfahren zu können, weil die Eltern sich nicht noch mehr verschulden können.

Mehr als ein Viertel der armen Kinder hält seine Kindheit für tendenziell traurig, von denjenigen in begüterteren Familien sind es mit 12 Prozent deutlich weniger. Auch wenn sich 24 Prozent der Kinder in benachteiligten Haushalten total glücklich fühlen – faktisch sind sie benachteiligt, weil sie vielfach weniger gesund ernährt werden, sich weniger bewegen, in beengten Wohnungen und isolierten Vierteln unter sich bleiben und geringere Bildungsmöglichkeiten haben.

Sind Kinder glücklicher, wenn die Mutter stets da ist?

Seit dem Aufkommen der bürgerlichen Familie im 18. Jahrhundert wurde den Müttern ans Herz gelegt, stets für die Kinder da zu sein, ebenso für den am Abend müde heimkommenden Ehemann. Ihre oberste Pflicht sei es, ein »glückliches Heim« zu schaffen. Denjenigen Müttern, welche die Kindspflege einer Amme überlassen, die Erziehung dem Hausgesinde, werde es versagt bleiben, »in dem Glücke, in dem Gehorsam und in der kindlichen Ergebenheit ihrer Söhne und Töchter die seligen Früchte eurer jetzigen, durch mütterliche Zärtlichkeit versüßten Sorgfalt hundertfältig einzuernten« – so der Menschenfreund und Erzieher Johann Heinrich Campe im Jahre 1785.[30] Konservative Kreise unterstellen berufstätigen Müttern auch heute noch gelegentlich, sie würden das Glück ihrer Kinder trüben, wenn sie zu Schlüsselkindern würden, die zu Hause zwar Fertigmahlzeiten und den Fernseher vorfinden, aber kein Du, das sie anreden können, das sie tröstet, wenn sie etwas bedrückt, das ihnen bei den Hausaufgaben hilft oder mit ihnen spielt.

Aber sind Kinder wirklich weniger glücklich, wenn ihre Mütter, nachdem sie sie zur Schule gebracht haben, ins Büro oder Geschäft fahren und erst gegen Abend in die Wohnung zurückkehren, in der sich die Wäschestöße stapeln? Nein: Salzburger Kinder, deren Mütter in Vollzeit berufstätig sind, sagen zu 53 Prozent, sehr glücklich zu sein. Jene, deren Mütter den ganzen Tag zu Hause arbeiten, zu 56 Prozent – eine Differenz im Zufallsbereich. Und in der bundesdeutschen Studie des ZDF: Wenn Mütter den ganzen Tag auswärts arbeiten (es sind 20 Prozent) – oft weniger, weil sie wollen, sondern weil sie müssen –, sind die Kinder geringfügig weniger glücklich als jene, deren Mütter Hausfrauen sind (25 Prozent).

> Mütter müssen sich kein schlechtes Gewissen machen, wenn sie arbeiten gehen. Im Gegenteil: Auffallend hoch waren in der bundesdeutschen Studie zum Kindheitsglück die Anteile der total glücklichen Kinder, wenn die Mutter Teilzeit arbeitet.

Wo verbringen Kinder, wenn beide Eltern arbeiten, den Nachmittag? Und wirkt sich die jeweilige Unterbringung darauf aus, wie glücklich sie sich fühlen? 10 Prozent der Kinder gehen jeweils zu Oma und Opa – und sind gleich glücklich wie die, die den Nachmittag bei der Mama verbringen. Auch institutionell betreute Kinder – Hort oder Nachmittags auch Kindergarten oder Schule – sind nicht unglücklicher, dies sind geringfügig einzig jene, die den Nachmittag allein zu Hause verbringen und in der Regel schon älter und selbstständiger, aber allgemein weniger glücklich sind.

Einzelkinder – weniger glücklich?

»Einziges Kind zu sein, ist eine Krankheit«, soll Stanley Hall, einer der Gründerväter der akademischen Psychologie, zu Beginn des 20. Jahrhunderts gesagt haben. Das Klischee hielt sich lang und hartnäckig: Einzelkinder seien weichlich, empfindlich, unkindlich und altklug, sie könnten sich schwer ein- und unterordnen – und seien infolgedessen weniger glücklich. Letzteres trifft überhaupt nicht zu: 55 Prozent der Salzburger Einzelkinder sagen von ihrer Kindheit, sie sei sehr glücklich. Und gemäß der bundesdeutschen Studie des ZDF sind Einzelkinder sogar geringfügig glücklicher als jene mit Geschwistern.

In einer der wenigen Untersuchungen über Einzelkinder gelangte Rollin zum Schluss: »Bei all ihren positiven wie schwierigen Erfahrungen sind die Einzelkinder ebenso glücklich oder verzweifelt, kontaktfähig oder einsam wie erste, zweite oder dritte Kinder auch.«[31] Einzelkinder seien sogar selbstständiger, idealistischer, ernsthafter und selbstsicherer, anlehnungsbedürftiger und zärtlicher als die mittleren Geschwister, nicht aber die erst- und letztgeborenen. Nicht zu verschweigen aber ist, dass Einzelkinder mit ihrem Status als Einzelkind weniger zufrieden sind: 23 Prozent sagen, »sehr gern« Einzelkind zu sein, 40 Prozent sind dies »gern«; immerhin 37 Prozent hätten gerne ein Geschwisterkind, mit steigendem Alter jedoch deutlich seltener werdend: Kinder passen sich ihren Lebensumständen an! Geschwisterkinder hingegen finden es zu 53 Prozent »sehr schön«, dass sie Geschwister haben, und weitere 37 Prozent »schön«. Jedes zehnte Kind möchte keine Geschwister. Man kann sich vorstellen, dass dem nicht nur viel gemeinsames Spiel und einander Anlachen vorausgegangen ist.

Gewiss, Brüder und Schwestern können enorm beglücken:

>*Also, ganz glücklich war ich nicht, als ich eine Schwester bekommen habe. Aber jetzt merke ich erst, was Geschwister sind, wenn ich einsam oder traurig bin, bringen sie mich zum Lachen und bauen mich auf.*«

>*Ich bin am glücklichsten: Wenn mir meine kleine Schwester, wenn ich von der Schule nach Hause komme, um den Hals fällt und sagt: >Hallo, Verena!<*«

Aber mit Geschwistern ist auch Folgendes zu erleben: Der vierjährige David hat mit Holzklötzen einen hohen Turm aufgebaut, die sechsjährige Schwester stößt diesen absichtlich um und lacht; in seiner kochenden Wut beißt ihr David in den Unterarm, dass die Abdrücke der Zähne zu sehen sind und die Tränen kullern. Sowohl in der Salzburger als auch in der deutschen Studie zeigte sich: Je mehr Geschwister die Kinder haben, desto häufiger sind sie traurig, zumeist bedingt durch Streit, aber auch dadurch, dass man sich übersehen oder zurückgesetzt fühlt.

Wenn irgendwie möglich sollten Eltern von mehreren Kindern diese gleich behandeln. Auch dies ist leichter gesagt als getan. Gemäß meinen Erfahrungen ist schon viel gewonnen, wenn sich Eltern für sich eingestehen, dass sie ein Lieblingskind haben.

Mehr Kindheitsglück auf dem Land als in der Innenstadt?

»Ich bin am glücklichsten im Wald, auf der Wiese unter Kindern«, berichtete ein Zehnjähriger. Rousseau, der große Vordenker der Französischen Revolution, hätte nur beigepflichtet. Im Erziehungsklassiker *Emile* wächst dieser Junge, damit er glücklich werden könne, draußen auf dem Lande auf, fern vom Firlefanz der Städte. Glück lässt auch viele Erwachsene eher an unberührte Natur denken, an eine Au vor einem Wald, auf der Rehe grasen, über die feine Nebelschwaden schweben, in die die ersten Sonnenstrahlen leuchten, und nicht an eine Kreuzung von zwei sechsspurigen Straßen, wo sich die Autokolonnen stauen, Motoren dröhnen und Abgasschwaden in die Höhe steigen.

Aber was ist mit den Kindern, die neben dem Hauptbahnhof einer Großstadt wohnen? Bereits in den Dreißigerjahren des 20. Jahrhunderts führte das Ehepaar Muchow in Hamburg eine bekannt gewordene Studie durch. Sie beobachten, wie sich Kinder, zwischen neun und 14 Jahre alt, den Großstadtraum aneigneten. Sie taten das souveräner als von den Forschern vermutet, indem sie sich auch leer stehende Fabrikhallen zu eigen machten, Hinterhöfe, Schuppen, den Löschplatz am Hafen, wo sie gerne auf Holzgitterzäune kletterten, um zu dösen, auszuruhen und mit Kameraden zu klönen.

Seither hat der Straßenverkehr exponentiell zugenommen und es sind tausende von Quadratkilometern zubetoniert worden. Der Aktionsradius von Kindern in den Städten wurde eingegrenzt. Hamburger Stadtkinder bewegten sich um 1930 bis zu 10 Kilometer von der Wohnung fort; in den heutigen Großstädten sind es noch einige hundert Meter, zumeist auf einen Spiel- oder Sportplatz. Fraglich aber ist, ob Stadtkinder deshalb unglücklicher sind, sie wachsen stets in ihre Lebensumwelt hinein und passen sich an.

Gemäß beiden Kindheitsglücksstudien fühlen sich Stadtkinder gleich glücklich wie die auf dem Lande. Gefragt wurden alle Kinder auch, wie glücklich sie sich in der Stadt fühlen: Stadtkinder deutlich glücklicher. In Salzburg sagten 41 Prozent der Kinder, die auf dem Lande wohnen, die Stadt mache unglücklich, von jenen im Bezirk Lehen, wo es keine Grünflächen gibt und sich die Autos in den Straßenschluchten stauen, 6 Prozent. Kinder sind geborene Adaptionskünstler und finden auch in den heutigen Städten ihre Nischen, wo sie sich bewegen können, mit dem Skateboard über die Metallstangen neben einem Parkplatz.

Einige weitere Ergebnisse:

☺ Wenn Sie Kinder bekommen, während Gleichaltrige bereits Enkelfreuden entgegensehen, macht dies ihren Nachwuchs weder glücklicher noch unglücklicher.

☺ Ob Sie zwei Doktortitel oder Pflichtschulabschluss haben – Kinder sind gleich glücklich.

☺ Kinder in den neuen Bundesländern Deutschlands fühlen sich gleich glücklich wie die in den alten.

4. Kapitel

Erziehung zum Glück

Man kann einem Kind beibringen,
wovor es sich fürchten soll,
so vor der Straße;
man kann ihm auch beibringen,
wovor es sich ekeln soll,
beispielsweise vor Pferdemist;
aber man kann ihm nicht beibringen,
was es glücklich machen soll.

Wie wir erziehen, ist abhängig von unserem Kindbild

Sie betreten das Badezimmer. Ihre vierjährige Tochter hat das Spülbecken mit Wasser gefüllt und alles hineingeschmissen, was herumstand: Lippenstift, Papas Rasierpinsel, die Nagelfeile und so weiter. Der flauschige Badezimmerteppich ist nass, die Fliesen sind verspritzt.

Wie reagieren Sie? In Abhängigkeit von Ihrem Bild des Kindes! Wenn Sie in ihm einen Chaoten sehen, der Sie einfach nur ärgern will – in unserem Bekanntenkreis lebt eine Mutter, die ihre Tochter eine »Hexe« nannte, ernsthaft und nicht zärtlich wie Bibi Blocksberg –, dann eher unfreundlich, vielleicht mit einem Klaps auf den Handrücken. Anders hingegen, wenn Sie in Ihrer Tochter eine kleine Physikerin sehen, die durch ihr Experimentieren elementare physikalische Gesetzmäßigkeiten entdecken will: Was schwimmt? Was versinkt?

Im Laufe der europäischen Bildungsgeschichte wurden unterschiedlichste Kinderbilder vertreten, mit enormen Auswirkungen auf die Erziehung. Aristoteles verglich Kinder mit kleinen wilden Tieren, die noch keine Vernunft hätten und infolgedessen nicht glücklich sein könnten. Augustinus, der große Kirchenlehrer, dessen Ansichten zur Erziehung über viele Jahrhunderte hinweg maßgeblich waren, hielt das Kind für von Natur aus böse, weil es vom Makel der Erbsünde befleckt sei.

Die Romantiker hingegen vergöttlichten das Kind und hielten es für glücklich, weil es noch unschuldig sei, Gott viel näher als wir und fähig, im Spiel die Zeit zu vergessen.[1] Friedrich Fröbel, dem wir die Kindergärten verdanken, schrieb:

> »Ist nicht die schönste Erscheinung des Kinderlebens ... das spielende Kind? – das in seinem Spiel ganz aufgehende Kind? – das in seinem völligen Aufgegangensein im Spiele eingeschlafene Kind?«[2]

Es ist ein enormer Unterschied, ob sich Erziehung am Kindbild des Augustinus oder an dem der Romantiker orientiert. Im ersten Fall kann sie ein regelrechter Kampf gegen die angeborene Bosheit des Kindes werden – und über Jahrhunderte hinweg wurde dieser Kampf gefochten.[3] Das romantische Kindbild hingegen führt zu einer Erziehung des Hegens und Pflegens. Die zarte Pflanze Kind soll behütet werden und genug Wasser und Licht bekommen, um reifen zu können.

Welches Kindbild eignet sich für eine glücksförderliche Erziehung? Jedes Kind ist glücksfähig. Es ist rätselhaft, warum Aristoteles, obschon er einen Sohn hatte (Nikomachos, nach dem seine *Nikomachische Ethik* benannt ist, ein Standardwerk der Glücksliteratur[4]) Kindern Glück absprechen konnte. Und: Kinder sind des Glückes würdig. Letztlich ist jedes Kind ein Geheimnis, die Verkörperung einer Seele, die aus seinen Augen leuchtet. Ein Wesen, das aus sich heraus aktiv sein will, weil sein Gehirn so strukturiert ist, dass es beständig lernen will, und das letztlich glücklich oder noch glücklicher werden will.

Drei fundamentale Kinderrechte

Sie forderte der große polnische Pädagogik Janusz Korczak in seinem wunderbaren Buch *Wie man ein Kind lieben soll*: Das Recht, so zu sein, wie das Kind ist; das Recht auf den heutigen Tag; das Recht auf seinen eigenen Tod.[5] Letzteres klingt in den Ohren von Müttern und Vätern hart. Aber Korczak dachte an die Eltern, die aus Furcht, der Tod entreiße ihnen das Kind, dieses kaum leben lassen. Nicht auf den Baum klettern, man könnte herunterfallen; nicht in den See hinausschwimmen, die Muskeln könnten sich verkrampfen, Tod durch Ertrinken!

Das Recht auf den heutigen Tag forderte er, weil so viele Kinder mit Dingen befasst werden, die in ihrer Zukunft vielleicht bedeutsam werden, aber jetzt für sie unsinnig sind. Viele kennen das von der Schulzeit her: Wofür die binomischen Formeln? Damit ist eine Grundspannung in der Erziehung angesprochen. Diese muss einerseits das Kind darauf vorbereiten, seine Zukunft zu bewältigen, und sollte andererseits sein aktuelles Wohlbefinden gewährleisten. Aufgelöst wurde dieser »Widerspruch« von David Friedrich Schleiermacher: durch seine hohe Wertschätzung des Spiels. In diesem vergessen Kinder die Zeit und erfahren Flow, woraus Glück resultiert. Und zugleich lernen sie, so im Verkaufsspiel am Plastikkrämerladen mit der klingelnden Kasse, grundlegende Kompetenzen für die kapitalistische Gesellschaft.

Das Recht, so zu sein, wie es ist, impliziert, dass wir die Bilder, die wir uns unweigerlich nicht nur vom Kind im Allgemeinen machen, sondern auch von Rahel oder Tina oder Klaus, zumindest gelegentlich zu hinterfragen. Es gibt Untersuchungen, was Lehrer denken, wenn ihre Schüler entweder eine unerwartet gute oder schlechte Schularbeit geschrieben haben.[6] Im zweiten Falle heißt es leicht: »Ein blindes Huhn findet auch einmal ein Korn!« Ein sonst immer fleißiger Schüler hingegen, der eine Vier geschrieben hat, hatte einfach keinen guten Tag; das nächste Mal wird er den Schnitzer schon bereinigen. Aber: Könnte es nicht sein, dass der als uninteressiert und wenig begabt eingeschätzte Torsten doch ganz anders ist?

> Zumindest gelegentlich müssen die Bilder von den uns anvertrauten Kindern hinterfragt werden. Ohnehin sind generalisierende Aussagen über Kinder zu vermeiden, beispielsweise: »Du bist immer unordentlich!« »Du wirst immer gleich sauer!« Solche Behauptungen können eine fast hypnotische, oft verheerende Wirkung entfalten, legen das Kind fest und tragen dazu bei, dass Kinder genau so werden, wie wir sie kritisieren.

Macht, was uns beglückte, Kinder auch heute glücklich?

Zu hinterfragen sind auch unsere Bilder von Kindheitsglück. Wir neigen dazu, als gut für unsere Kinder einzustufen, was uns als Kinder auch beglückte. Zu den glücklichen Momenten in meiner Kindheit rechne ich die Bücher von Michael Ende. Ich las die spannenden Abenteuer von Jim Knopf und Lukas dem Lokomotivführer in der Wüste von China selbst auf dem Schulweg – einmal bis auf die Haube eines Pkw. Als dieses Buch in den Zimmern meiner eigenen Kinder herumlag, mit zerknitterten Seiten – ungelesen! – es tat weh. »Lies doch, du wirst sehen, es ist total spannend.« Je aufdringlicher der Druck, desto stärker der Widerstand.

Um die 300 ErzieherInnen vertrauten uns vor einigen Jahren an, was sie in ihrer Kindheit besonders glücklich machte; auch fragten wir sie, was für das Glück heutiger Kinder wichtig sei. Ihre glücklichen Kindheitsepisoden schilderten sie sehr anschaulich:

»Glück war: Mit Freundinnen herumstreichen, ohne beständig kontrolliert zu werden. Eigene Wege gehen zu Orten, auch wenn sie zum Teil riskant waren (Spielen im Steinbruch und so weiter). Nach der Schule durch die Stadt spazieren, Schneeballschlachten, während die Schultaschen im Schnee vergraben waren. Einfach Blödsinn machen, herumtoben.«

»Ich war glücklich, wenn meine Mutter mit uns Bärenfamilie spielte – wir krabbelten in Trainingshosen durch die Wohnung – Mama Bär und zwei Kinder-Bären – wir kullerten über- und untereinander, brummten, liebkosten oder tätschelten uns, am Schluss kuschelten wir uns zusammen und schliefen.«

»Ich hatte in unserer Kindheit einen eigenen Hasen und mein Bruder ebenso. Da uns ihre Geschlechter nicht ganz klar waren, gab es ganz unverhofft Nachwuchs von vier kleinen Hasen. In diesem Moment und auch in anderen, in denen ich meine Hasen pflegte und aufwachsen sah, verspürte ich ein ungemeines Glücksgefühl.«

Am glücklichsten waren sie – wie Kinder seit eh und je und auch in 10 000 Jahren noch – beim Spiel, bei ihren Freunden und in ihren Familien, bei ihren intrinsisch motivierten Tätigkeiten, beim Hüpfen mit dem Sprungseil, auf dem Fahrrad. Als wir prüften, was in der Sicht dieser Experten das Glück heutiger Kinder stärkt, stellten wir fest: Das Gleiche, was auch sie beglückt hatte. Wer als Kind glücklich war, wenn ein Fohlen die Hand abschleckte, stufte Haustiere als wichtig ein. Wen als Kind das Taschengeld beglückte, neigt dazu, Kindern genug davon zu geben. Wer als Kind aufrichtig gelobt wurde und erlebte, wie das Selbstwertgefühl dabei in die Höhe stieg, lobt auch eigene Kinder häufiger und rät anderen Eltern dazu.

Der Zusammenhang zwischen erinnertem Kindheitsglück und Erziehung zum Glück hat sein Gutes. Problematisch wird er dann, wenn Eltern mit Phänomenen in der Kinderwelt konfrontiert werden, an die sie sich selbst nicht erinnern können. Von den Tamagotchis war bereits die Rede. Aber auch davon, wie skeptisch Erzieher beziehungsweise Erzieherinnen Computerspielen und neuen Medien gegenüber eingestellt sind. Die Lebenswelt der Kinder ändert sich schnell – nicht für die Kinder selbst, weil sie so oder so in ihre Lebenswelt hineinwachsen, sondern vielmehr für uns.

Problematisch ist auch, wenn eigene Glückserinnerungen und die Neigungen der Kinder nicht übereinstimmen. Leicht gerät man in subtile Zwangsbeglückung. Wie viel Pein haben Kinder ausgestanden, weil sie Klavierspielen lernen sollten – das mache ja so zufrieden, sagten Mütter, die sich aus ihrer Kindheit an den Applaus erinnerten, der ihnen nach dem ersten Konzert entgegenbrandete. Wer zählt die Kinder, die unglücklich wurden – in überfordernden Schulen, bei anödenden Hobbys, im Ballett, beim Lesen und so weiter –, weil die Eltern sie glücklich machen wollten?

Die jüngere Entwicklungspsychologie hat die Temperamente wiederentdeckt.[7] Einige Kinder haben ein Bewegungstemperament: Nichts beglückt sie stärker als Inlineskates, Mountain Bike und Snow-Board. Andere Kinder sind musikalische Temperamente, die ihr Flow-Erlebnis bei den Etüden von Chopin erleben. Oder Zeichentemperamente, die beim Pinseln die Zeit vergessen. Nach wie vor gibt es Lesetemperamente, die einen Harry Potter nach dem anderen verschlingen, innerlich magische Welten hervorbringen und tief beglückt in die so genannte Realität zurückkehren.

> Temperamente sind, so viel wir wissen, in einem beträchtlichen Ausmaß genetisch festgelegt. Wir können sie nicht erzwingen, aber sie nähren. Dies erfordert, sie zu erkennen. Und dies geschieht vor allem durch Beobachtung: Was tun Kinder gerne und aus eigenem Antrieb? Bei welchen Tätigkeiten vergessen sie förmlich die Zeit und geraten in Flow?

Soll Erziehung Glück überhaupt anstreben?

»Du bist nicht auf Erden, um glücklich zu werden, sondern um deine Pflicht zu tun«, stand zu Beginn des 20. Jahrhunderts über den Portalen von Schulhäusern. Die Kinder sahen dies Tag um Tag und erlebten hinter den Schulhausmauern Entsprechendes: Dass mit dem Lineal auf ihre Finger geschlagen wurde und sie sich diszipliniert wie im Militär zu verhalten hatten.

Eine solche (Schul-)Pädagogik macht nicht glücklich. Aber hat sie zumindest bewirkt, dass Kinder pflichtbewusst, besser noch: moralisch handelten? Nur bedingt. In seinem Erstlingsroman *Die Verwirrungen des Zöglings Törless* beschreibt Robert Musil den freudlosen Drill in einer österreichischen Militärerziehungsanstalt. Meisterhaft beschreibt er, wie sich zwei Zöglinge, Reiteberg und Beineberg, einem

Mitschüler gegenüber, den sie des Diebstahls überführen konnten, in einer geheimen Kammer zu grausamen Sadisten entwickeln, der eine physisch, der andere hingegen psychisch. Gemäß dem Frustrations-Aggressions-Theorem führen Frustrationen, von denen glückliche Menschen eher verschont bleiben, dazu, dass sie sich in Aggressionen entladen, die wieder Frustrationen auslösen. Der Chef beschimpft seinen Angestellten, dieser fährt gekränkt nach Hause und stänkert seine Frau an, welche wiederum findet, dass das Töchterlein das Zimmer nur schlecht aufgeräumt hat. Und diese geht zum Puppenwagen, hebt die Puppe heraus ... und schimpft.

Zuerst die Moral, dann – vielleicht – Glück, das war und ist ein Grundsatz bürgerlicher Erziehung. Im Jahre 1978 tagte das Bonner Forum »Mut zur Erziehung«, das auf die Pädagogik der 68er-Bewegung reagierte. Diese forderte die uneingeschränkte Befreiung des Kindes und sein Recht, alle seine Bedürfnisse sogleich zu befriedigen, die oralen (Süßes) ebenso wie die genitalen. In einer Berliner Kommune geriet eine Mutter in Sorge, weil ihr vierjähriger Sohn nicht an seinem Glied herumspielte.[8] Die bürgerliche Lebensform der Familie wurde kritisiert: »Wer zweimal mit der gleichen pennt, gehört zum bürgerlichen Establishment!« Ebenso bürgerliche Tugenden: Gehorsam, Fleiß, Pflichtbewusstsein. Kinder sollten *ihr* individuelles Glück finden, nicht ein bürgerliches im Schrebergarten oder Familienfotoalbum.

Die pädagogische Bibel war für Millionen das Buch *Theorie und Praxis der antiautoritären Erziehung* von Alexander Neill, der 1921 die Alternativschule Summerhill gründete. Dort lebten »die glücklichsten Schüler der Welt«[9], weil »wir auf alle Disziplinierungsmaßnahmen, auf Lenkung, suggestive Beeinflussung, auf jede ethische und religiöse Unterweisung verzichtet«[10] haben. Dem stellte das Bonner Forum entgegen:

»Wir wenden uns gegen den Irrtum, die Schule könne Kinder lehren, glücklich zu werden, indem sie sie ermuntert, ›Glücksansprüche‹ zu stellen. In Wahrheit hintertreibt damit die Schule das Glück der Kinder und neurotisiert sie. Denn Glück folgt nicht aus der Befriedigung von Ansprüchen, sondern stellt im Tun des Rechten sich ein.«

Der Philosoph Immanuel Kant, der die Tugend der Pünktlichkeit zur Perfektion entwickelte – Bürger in Königsberg stellten ihre Uhren dann, wenn er täglich pünktlich um 17 Uhr zu seinem Spaziergang aufbrach –, würde dem beipflichten: Wer seine »oft scure Pflicht« getan hat, »findet sich in einem Zustand von Seelenruhe und Vollkommenheit, den man gar wohl Glückseligkeit nennen kann.«[11]

Obschon in der Pädagogik der letzten Jahre wieder von Grenzen die Rede sein darf[12], ebenso von Ritualen – die im Umfeld der 68er-Bewegung als Zapfenstreich bei der Bundeswehr karikiert wurden – die geschilderte Kontroverse blieb aktuell. Der langjährige Leiter der bekannten Internatsschule Salem, Bernhard Bueb, löste mit seiner Streitschrift *Lob der Disziplin* eine Auseinandersetzung aus.[13] Nach der Schilderung des Erziehungsnotstandes – Eltern zögen keine Grenzen mehr, setzten keine Regeln mehr durch und litten dann (selber schuld) darunter, dass ihnen die Kinder auf der Nase herumtanzen –, wird das Loblied auf die Disziplin angestimmt, die die Voraussetzung für Glück und Freiheit sei.

Stellt sich Glück nur aus dem Tun des Rechten ein? Könnte es nicht umgekehrt sein: *Dass das Tun des Rechten aus Glück resultiert?* Niemand wird verneinen, dass Schüler und Schülerinnen, die einen Geldbetrag erhalten haben und davon ihren bedürftigen Kameraden etwas gaben, recht gehandelt haben. In einem Experiment baten Psychologen Grundschüler, an einem Hörtest teilzunehmen, wofür sie ihnen eine Belohnung offerierten. Auch sagten sie ihnen, dass leider nicht alle Schüler teilnehmen und etwas erhalten könnten, aber froh wären, etwas von dem Geld zu bekommen; sie könnten einen Teil ihres Honorars spenden. Dann wurde eine Gruppe von Kindern motiviert, sich an etwas besonders Fröhliches zu erinnern, die andere an etwas Trauriges. Nach dreißig Sekunden verließ der Leiter den Raum, nicht ohne auf die Spendemöglichkeit hingewiesen zu haben. Jene, die an etwas Schönes gedacht hatten, spendeten dreimal so viel.[14]

In einem anderen Experiment[15] wandte sich eine Kindergartenerzieherin einer Gruppe von Kindern besonders freundlich zu, lobte sie, lächelte sie an und gab ihnen etwas zum Naschen. Eine andere Kindergruppe erlebte zeitlich ebenso lang eine kühle Erzieherin, die nicht lachte, nicht lobte, keine Süßigkeiten verteilte. Danach wurden die Kinder gefilmt. Die Kinder der ersten Gruppe hatten häufiger ein glückliches Gesicht, lachten länger, ergriffen mehr soziale Initiativen, indem sie einem anderen etwas anboten oder mit ihm spielten. Die Kinder in der zweiten Gruppe zeigten häufiger ein trauriges Gesicht, lachten kaum und stritten öfter.

> Wie beginnt wirksame moralische Erziehung? Mit Appellen an die Disziplin? Mit dem Aufstellen von Regeln? Oder gar mit Drill? Oder nicht, viel einfacher: Mit einem freundlichen Lächeln? Und indem die Kinder wohlwollend, wertschätzend angeschaut werden? Mit Spaß? Gemäß meiner Überzeugung ist es in der Tat genau so.

Ähnliches erfuhr der sowjetrussische Pädagoge Anton Makarenko, als er nach den Wirren des russischen Bürgerkrieges den Auftrag erhielt, in der Kolonie Gorki elternlose, straffällige Jugendliche zu resozialisieren. Anfänglich sei die

Kolonie ein Diebesnest voller arbeitsunwilliger und streit-
süchtiger Burschen gewesen. Die Wende trat ein, als er den
Ausruf seines Zöglings Sadorow beherzigte: »Wie dachten
Sie sich das eigentlich, Anton Semjonowitsch? Eine Arbeits-
kolonie – arbeiten, arbeiten – und kein Vergnügen?« Er
begann die Arbeit spielerisch zu inszenieren, strukturiert von
Ritualen, begleitet vom Singen. Zuerst müsse – schreibt er
rückblickend – die Freude organisiert und ins Leben gerufen und eine Dur-Stimmung geschaffen werden. Diese ver-
wandelte die Zöglinge.

Mehr als ein halbes Jahrhundert früher in Turin: Giovanni
Bosco, ein Jungpriester, bemüht sich um verwahrloste Jugendliche; er möchte sie von der Straße holen, sie in ein
geregeltes Leben führen und von Diebstahl abhalten. Es
scheint aussichtslos. Da kommt ihm die Idee, es mit Humor zu
versuchen. In seinem Schuppen spielt er den Clown, läuft auf
den Händen, zieht ein Kaninchen aus seinem Zauberhut, jon-
gliert Töpfe und Dosen auf seiner Nasenspitze – die Kinder
und Jugendlichen jubeln vor Begeisterung. Und sind sogleich
willens, gemeinsam beschlossene Regeln zu befolgen, zu
arbeiten und zu lernen, selbst den Katechismus. Viele Kinder
und Jugendliche, die ansonsten verwahrlost geblieben und
wahrscheinlich in die Kriminalität geraten wären, fanden
den Weg in ein selbstständiges und zufriedenes Leben.

Glückliche Stimmungen sind nicht nur dem moralischen
und sozialen Verhalten von Kindern förderlich, sondern
auch dem Lernen. Bernd, zehn Jahre alt, kommt in fürchter-
licher Laune von der Schule und soll 60 englische Vokabeln
lernen. »Alles ist Scheiße, die Schule ist Scheiße, und Torsten
ist fies und kein Freund!« In dieser Situation ist nicht zu empfehlen: »So, und jetzt lerne die Vokabeln!« Sondern vielmehr: »Mach zuerst etwas, das dir Spaß macht, höre deine
Lieblingssongs, spiel ein Computerspiel!«

189

Eine absolut richtige Strategie, würde der Gehirnforscher Manfred Spitzer sagen.[16] Lernen funktioniert in guter Laune am besten. Durchströmt reichlich Serotonin und Dopamin das Gehirn, werden Synapsen schneller verbunden, was notwendig dafür ist, damit »eagle« auch am nächsten Tag noch »Adler« ist. Vieles spricht für eine Grundforderung, die das finnische Schulgesetz in seiner Präambel ausgesprochen hat: »Oppilaan hyvinvointi«, was am angemessensten zu übersetzen ist: Dem Schüler soll es gut gehen. Denn ein Kind, dem es nicht gut geht, kann nicht gut lernen.[17] Die finnischen Erfolge in der Pisa-Studie geben dieser Grundhaltung recht.

Erziehung zum Glück, über Jahrhunderte hinweg als unmoralisch verunglimpft, in vielen religiösen Erbauungsschriften abgelehnt und auch jetzt wieder skeptisch betrachtet, wenn ein Loblied auf die Disziplin angestimmt wird – sie ist pädagogisch legitim. Und wichtig aufgrund ihrer wünschenswerten Effekte. Der große Philosoph Immanuel Kant, obwohl er dem Glück als moralischem Motiv skeptisch gegenüberstand, schrieb: »Das fröhliche Herz allein ist fähig, Wohlgefallen am Guten zu finden. Eine Religion, die den Menschen finster macht, ist falsch.« Ebenfalls eine Erziehung, die verdunkelt und betrübt.

Aber: Lässt sich Glück bei Kindern durch pädagogische Maßnahmen überhaupt erhöhen?

Können wir Kinder erzieherisch glücklicher machen?

Kinder dahingehend zu erziehen, dass sie glücklicher werden, sei das gleiche, wie von einer 16-Jährigen, die ausgewachsen ist, zu verlangen, sie solle 10 Zentimeter größer oder kleiner werden. Dies behaupten die Anhänger der Adaptionstheorie des Glücks. Kinder seien auf einen bestimmten Glücks-Richtwert eingestellt. Wenn ein Kind die heiß ersehnte Spielkonsole gekriegt oder eine neue Freundin gefunden hat, wird das Glück zwar überschwänglich erlebt, aber nach Tagen oder Wochen sinkt es wieder auf den ursprünglichen Richtwert. Aber auch umgekehrt: Wenn wir einem Kind Unrecht taten, ihm das Fahrrad nicht kauften oder – gravierender – es zu einem Scheidungswaisen machen – es ist nicht so arg: Nach Wochen und Monaten wird auch das verschmerzt sein und der ursprüngliche Glücks-Richtwert ist wieder erreicht. Denn das Ausmaß an Glück sei weitgehend genetisch festgelegt.

Bei der genetischen Lotterie entscheidet sich vieles: Haar- und Augenfarbe, Blutgruppe, ob die Nase gerade oder krumm ist und so weiter. Auch werden, nicht unbeträchtlich, Persönlichkeitseigenschaften festgelegt: Ob der Junge später lieber allein im Zimmer sitzt und an etwas herumtüftelt (Introversion), oder ob das Mädchen auf jede Fete eilt und diese, wenn sie lahm ist, mit ihrer Power in Schwung bringt (Extraversion).[18]

Dass Persönlichkeitseigenschaften unserer Kinder – aber auch ihr Glückslevel – in einem beträchtlichen Ausmaß genetisch festgelegt sind, kann entlasten. Dass unsere siebenjährige Tochter eher zurückgezogen und still ist, auf dem Pausenhof nicht bestimmt, was gespielt wird – es ist nicht deswegen, weil wir ihr zu wenig *social skills* beige-

191

bracht und ihr Selbstwertgefühl zu wenig gefördert hätten, sondern weil sie stärker introvertiert ist. Dass unser Achtjähriger nie allein sein kann, jede Minute bei seinen Freunden verweilen will und bei diesen den Ton angibt, mitunter herrisch – es ist nicht deswegen, weil wir ihm zu wenig Kultur der Innerlichkeit beigebracht hätten, sondern weil er extravertiert ist. Und: Wenn ein Kind seltener lacht und ein glückliches Gesicht zeigt – es ist nicht deswegen, weil unsere Erziehung es zu wenig beglückt hätte, sondern weil sein festgelegter Glückssollwert niedriger ist.

Erinnern Sie sich an die Glücksformel von Sonya Lyubomirski? Das Ausmaß an Glück (G) ist die Summe des genetisch festgelegten Sollwertes (S) plus die Lebensumstände (L) plus das Aktivitätsspektrum (A):

$$G = S + L + A$$

Demgemäß hat Erziehung zum Glück realistische Anknüpfungspunkte. Weniger bei den Lebensumständen, die allenfalls 10 Prozent des Glücks erklären. Ob Kinder in einem Dorf mit ein paar herumtuckernden Traktoren oder mitten in der Stadt wohnen, ob bei beiden Eltern oder nur bei der Mutter, Geschwister haben oder nicht, 10 Euro Taschengeld oder gar keines kriegen – dies entscheidet über ihr Lebensglück nur wenig. Anders hingegen das Aktivitätsspektrum, das etwa ein Drittel des Glücks ausmachen kann. Es macht einen Unterschied, ob ein Kind meistens drinnen vor dem Fernseher sitzt und gelangweilt ist, oder draußen mit Freunden herumtollt, ein Musikinstrument spielt (was enorm beglücken kann), Reitstunden hat, kurz: in Flow geraten kann, der sich durch erzieherische Maßnahmen nicht herstellen, aber begünstigen lässt.

Im Folgenden werden dazu einige Anregungen gegeben, zugegebenermaßen ohne Anspruch auf Vollständigkeit. Einiges haben Sie im Verlauf des Buches bereits kennen gelernt und finden es hier in Form von praktischeren Hinweisen wiederholt. All diese Anregungen stammen teils aus meinem Erfahrungsschatz mit unseren sechs Kindern, teils aus der glückspsychologischen Forschung. Wir folgen dem Verlauf der Kindheit und unterteilen diese wie folgt:

☺ Erstes Lebensjahr, wobei von 1 $3/_4$ Jahren die Rede sein müsste, weil Kinder vor der Geburt auch schon leben. Eine einschneidende Änderung erfolgt, wenn Kinder laufen lernen.

☺ Die Vorschulkindheit, die im Alter von sechs Jahren endet.

☺ Die Schulkindheit, die mit 12/13 Jahren als abgeschlossen gelten kann. In diesem Alter verstehen sich die meisten Jungen und Mädchen auch nicht mehr als Kinder, sondern als Jugendliche. Jüngere Kinder, von uns befragt, tendieren dazu, die Dauer der Kindheit länger anzusetzen, Fünf- und Sechsjährige meinen damit bis zu 20 Jahre. Kindheit wurde in den letzten Jahrzehnten immer kürzer, weil die körperlich-hormonellen Veränderungen bereits mit elf, zwölf Jahren einsetzen können.

Glücksfördernde Erziehung im ersten Lebensjahr

Die Kinder bestenfalls freudig erwarten

Wenn sich der Streifen des Schwangerschaftstests verfärbt, reagieren Frauen unterschiedlich. Einige unsäglich erleichtert – endlich! Ungewollte Kinderlosigkeit ist ein schweres

Handicap und kann den Selbstwert von Frauen – und auch von Männern – nachhaltig verringern. Jedes fünfte Paar in der Schweiz ist ungewollt kinderlos, insbesondere aufgrund einer besorgniserregenden Verminderung der Qualität des Spermas.[19] Wieder andere Frauen fallen aus allen Wolken und versuchen sich zu erinnern, wann sie die Pille vergessen haben, bevor sich Ängste auftun – wie Löcher ohne Boden. Freilich, die meisten Kinder sind geplant und werden erwartet, zumeist freudig.

Eines ist keinem Kind zu gönnen: dass es abgelehnt wird. Wenn ihre Mütter die Schwangerschaft als Schock erleben und nur widerstrebend akzeptieren, tragen die Kinder eine schwere Hypothek ins Leben. Georg Amendt hat die Lebensläufe solcher Kinder untersucht.[20] Nicht nur, dass viele unterentwickelt, krank oder behindert geboren wurden, weil Frauen, die ihre Schwangerschaft ablehnen, weniger bereit sind, gesünder zu leben, auf Zigaretten und Alkohol zu verzichten und eine ausreichende Versorgung mit Folsäure zu gewährleisten, einem Vitamin der B-Gruppe, das für die Zellbildung wichtig ist. Darüber hinaus ist die Wahrscheinlichkeit höher, dass unerwünschte Kinder eines Morgens reglos im Bettchen liegen: plötzlicher Kindstod! Und ebenfalls, dass sie später auf die schiefe Bahn geraten, sich schwerer in soziale Netze einbinden und häufiger in Depressionen versinken. Karl Frielingsdorf, ein Psychologe und Theologe, hat mit hunderten von zutiefst unglücklichen Männern und Frauen gearbeitet, die dämonische Gottesbilder entwickelt hatten, vor denen sie sich wie »Abfall«, »gar nichts«, »übersehen« vorkamen – die meisten waren als Kinder unerwünscht.[21]

Auch Ungeborene verfügen über ein psychisches Sensorium. Wenn ihre Mütter viele Stresshormone wie Cortisol in ihrem Blut haben, pulsiert dieses auch durch ihre Adern.

Der Heidelberger Psychoanalytiker Ludwig Janus unter-
streicht, dass sich das entstehende Gehirn des Fötus so
schaltet, wie es das Milieu vorgibt: Ist es voller Stress und
beängstigend,»dann werden eher die Synapsen für Angst,
Unruhe und Stress ausgebildet und weniger für Glück und
Zufriedenheit«[22]. Erziehung zum Glück beginnt schon weit
vor der Geburt, wenn werdende Mütter auf ihre eigene
Zufriedenheit achten, die sich auf den Fötus überträgt. Freilich kann eine Schwangerschaft beschwerlich sein, voller
Übelkeit oder voller Gelüste, zumal nach Süßem. Der Milka-
Verlockung widerstehen, um zu verhindern, dass sich das
Baby später ausführlich von Süßigkeiten ernähren will?
Nein! Eine finnische Studie, im *New Scientist* veröffentlicht,
zeigte, dass Babys von Müttern, die während der Schwan-
gerschaft viel Schokolade aßen, glücklicher waren.

Nicht nur Kleinkinder wurden unterschätzt, sondern auch
Föten. Nicht immer war hinreichend bewusst, dass nicht nur
motorische Aktivität längst vor der Geburt beginnt, sondern
auch psychisches Erleben. Schon mit acht Wochen setzen
die ersten Bewegungen ein: Zusammenzucken, Schluck-
auf, isolierte Arm- und Gesichtsbewegungen. Schon mit elf
Wochen kommt es zu den ersten Hand-Gesichts-Kontak-
ten, die die Reifung des Gehirns stimulieren. Ab etwa der
achtzehnten Woche sind die Bewegungen für die Mutter
spürbar, wodurch die Kommunikation zwischen ihr und
dem Kind intensiver wird.

Ich bin überzeugt, dass es die Föten als auf sich bezogen
hören, wenn die Schwangeren zu ihnen sprechen. Die von
außen hereinkommenden Umweltgeräusche werden zwar
vom Herzschlag und den Darmgeräuschen überlagert.
Nichtsdestoweniger sind Föten in der Lage, akustische Eindrücke zu speichern, etwa ein vom Vater nahe der Bauch-
decke gesungenes oder gesummtes Lied. Hören sie dieses
nach der Geburt wieder, erkennen sie es. Auch kennt das

Neugeborene die Musik, die die Mutter gehört hat. Und ein ruhiges Chanson oder der Kanon von Pachelbel – italienischer Barock – ist beruhigender als der späte Wagner, von Death Metal ganz zu schweigen.

Wenn schon bei den Hühnern eine Kommunikation zwischen der Mutter und dem noch nicht ausgeschlüpften Küken stattfindet – dieses piepst aus dem geschlossenen Ei heraus, und die Mutter antwortet, was erklärt, dass ausgeschlüpfte Küken ihre Mutter kennen – dann bei den Menschen mit ihrem mehrfachen Gehirnvolumen umso mehr.

Beglückende Geburten

Erzieherinnen, zu den glücklichsten Episoden ihres Lebens befragt, schilderten oft die Geburt ihres Kindes. Und dies, obschon keine Geburt »sanft« ist, sondern »ein wilder Sturm« (Leboyer), schmerzhaft, blutig, ein Akt der Gewalt. Dass unter den Wehen schmerzhemmende Endorphine ausgeschüttet werden, davon merkt die Gebärende wenig. Die meisten Säugetiere tun sich mit dem Gebären leichter; verantwortlich dafür ist beim Menschen das große Gehirn.

Kulturen arrangier(t)en das Gebären unterschiedlich. Im alten Indien kehrte die Schwangere im sechsten Monat zu ihrer Mutter zurück. Im alten China durfte der Mann seine Frau drei Monate vor der Entbindung nicht mehr sehen. Bei meiner Geburt (1960) war es undenkbar, dass der Vater dabei gewesen wäre – alles oblag der Hebamme! Dies hat sich in den letzten Jahrzehnten gründlich geändert. Die meisten Schwangeren fühlen sich unterstützt, wenn ihr Partner zur Geburtsvorbereitung mitfährt. Es ist der Beziehung förderlich, wenn sich die werdenden Eltern massieren, einander anhecheln (für später, während der Presswehen), gemeinsam Entspannungsübungen machen, sich wichtige Informationen anhören über gynäkologische Aspekte ebenso wie zur Pflege des Babys und so weiter. Geburt ist oft ein mehrstündiges Martyrium, während dessen im Muttergehirn tief greifende Veränderungen ablaufen. Oxytocinwellen überschwemmen es, tausende Synapsen werden verknüpft, die sich in einem überwältigenden Beschützerinstinkt niederschlagen, der das Neugeborene voll und ganz umgreift. Mütter würden ihr Leben geben für das wimmernde Menschenkind, dem zu gönnen ist, sogleich auf die Brust der Mutter gelegt und umarmt zu werden, ausreichend lange, damit sie sich den Geruch ihres Kindes für alle Zeiten einprägen kann. »Sanft« ist allenfalls das Ambiente nach der Geburt, wenn unterlassen wird, das Baby gleich – zumeist in grellem Licht – zu untersuchen, zu wickeln, einzukleiden und in die Wiege zu legen; das macht nur der homo sapiens, aber keine Schimpansenmutter.

Aufgrund der körperlichen Strapazen, der Schmerzen, oft auch des Blutverlustes kommt es nach der Geburt zu verständlicher Erschöpfung. Um die 75 Prozent der Frauen heulen, einige Tage nach der Geburt, den Baby Blues, der durch den Abfall der Hormone verursacht wird. Während es »normal« ist, im Wochenbett ohne wirklichen Grund zu weinen, ängstlich und ungeduldig zu sein, ist es besorgniserregend, wenn es zu einer postpartialen Depression kommt. Dies kann bis zu einem Jahr nach der Geburt geschehen und manifestiert sich in permanenter Erschöpfung, erhöhter Reizbarkeit, Ängstlichkeit – wenn Mütter stundenlang am Bettchen sitzen und auf den Atem des Kindes hören. Wenn es so weit ist, dass die Vorstellung, mit dem Kinderwagen aus dem Haus zu müssen und in eine Straßenbahn einzusteigen, den Angstschweiß auf die Stirne treibt, ist therapeutische Behandlung angezeigt. Denn solche Missstim-

197

mungen von Müttern übertragen sich unweigerlich auf die Babys, die darauf nicht anders als mit Schreien reagieren können, was bei den Müttern dazu führt, dass noch mehr vom Stresshormon Cortisol ausgeschüttet wird – ein verhängnisvoller Teufelskreis.[23]

Hautkontakte, Streicheln und Getragenwerden machen glücklich

Als meine Mutter mit den jüngeren Geschwistern aus dem Krankenhaus nach Hause kam, wurden diese in eine Wiege gelegt, die in einem stillen Raum stand. Mütterberaterinnen gaben die Anweisung, Säuglinge sollten nicht von Reizen überflutet werden, weder visuellen noch akustischen. Allerdings schlichen wir doch immer wieder hinein, beugten uns über die Wiege, redeten. Und gestillt wurden sie ohnehin in der Wohnstube, wo es laut zuging.

Babys sollten nicht in ein stilles Abseits geschoben werden, sondern, wenn sie wach sind, mitten in unserem Jubel und Trubel verweilen dürfen. Denn sie hörten ja schon viele Wochen, als sie noch nicht geboren waren, das meiste mit. Wie erginge es uns, wenn wir in eine absolut stille Zelle gesperrt würden? Wir empfänden es als Tortur.

Vieles, wozu Ratgeber für den Umgang mit Säuglingen noch vor kurzer Zeit geraten haben, mutet heute befremdlich an. John Watson, der bekannte Behaviorist, gab den Ratschlag, Kinder nicht auf den Arm zu nehmen, wenn sie schreien; er warnte vor grundlosem Liebkosen oder Verzärteln, weil Kinder so zu verzogenen – und schwächlichen – Gören heranwachsen würden. Angemessen sei positive Bekräftigung, wenn Kleinkinder etwas Wünschenswertes geleistet haben. Säuglinge also erst dann auf den Arm nehmen, wenn sie nicht mehr weinen?

Wenn Watson in einem Zoologischen Garten beobachtet hätte, wie die Schimpansen, deren Gene zu 99 Prozent mit den unsrigen identisch sind, mit ihren Babys umgehen, hätte er diesen Rat nicht erteilt. Auch dann nicht, wenn er zugeschaut hätte, was Kinder instinktiv mit jungen Kätzchen und Küken tun: Sie legen sie sachte in ihre offene linke Hand und streicheln sie zärtlich mit der rechten. In Experimenten mit Rattenbabys zeigte sich, dass sie, wenn sie gestreichelt und von ihren Müttern geschleckt wurden, um die Hälfte schneller heranwuchsen und weniger Stresshormone im Blut hatten. Dieses wird freigesetzt, wenn junge Säugetiere wähnen, verlassen zu werden und in Panik geraten.

So auch bei Menschenkindern: Im Jahre 1118 ließ Friedrich II., der Stauferkönig, jenes berüchtigte Experiment durchführen, das für die daran beteiligten Säuglinge nicht gut ausging. Bevor sie sprechen gelernt hatten, wurden sie einzeln eingesperrt, zwar reichlich mit Nahrung versorgt und stets körperlich gepflegt, aber ohne, dass sie angesprochen und zärtlich berührt wurden. Der Stauferkönig wollte in Erfahrung bringen, in welcher Sprache sie zu reden beginnen würden – diese sei die Urmenschheitssprache. Er erfuhr es nie, denn die Kinder starben. Der Chronist:»Sie vermochten nicht zu leben ohne das Händepatschen und das fröhliche Gesichterschneiden und die Koseworte ihrer Ammen.«

Streicheln beglückt Säuglinge enorm, ihre Gehirne sind aktiver, sie entwickeln sich schneller. In einer neonatologischen Station wurden Frühgeborene regelmäßig gestreichelt, auch bewegte man ihnen sachte mehrmals am Tage Arme und Beine. Die so – zärtlich – behandelten Frühchen konnten die Neonatologie eine Woche früher verlassen als jene in den Brutkästen.[24] Die Haut ist ein Organ des Glücks. 1,7 Quadratmeter umfassend, enthält sie gigantisch viele Nerven, pro Quadratzentimeter über fünf Millionen Nervenenden sowie 3000 Hautsinneszellen.[25] Gestrei-

chelt werden führt dazu, dass körpereigene Stimmungsauf-
heller, Endorphine sowie das Hormon Oxytocin ausgeschüttet werden. Letzteres gilt auch als »Liebeshormon« und tritt
in starken Dosen auf, wenn Mütter ihre Kind entbinden,
aber auch bei Männern, wenn sie stolz ihren Nachwuchs
betrachten.

Stillen gilt als Inbegriff des familiären Glücks: eine Mutter,
ihr Kind an der Brust, und der Vater an ihrer Seite, seinen Arm
schützend auf ihre Schulter gelegt. Wir können nicht Säuglinge fragen, wie sie sich dabei fühlen, aber wer tendierte
nicht zur Annahme: wohl und gut! Über Jahrhunderte hinweg galt es als unschicklich, wenn Mütter ihre Kinder an die
Brust setzten. Es ist ein großes Verdienst von Jean-Jacques
Rousseau – jenes Erziehers, der die eigenen Kinder im Findel-
haus abgab –, wieder salonfähig gemacht zu haben, was
jede Schimpansenmutter tut: Stillen. Gestillte Kinder sind
weniger krankheitsanfällig, leiden seltener an Allergien und
Mittelohrentzündungen, die stechend schmerzen können.
Auch betätigen sie mehr Gesichtsmuskeln (um die 50), was
mit dem Gehirn rückgekoppelt ist; dieses wird stimuliert
durch Aktivität.

Wenn irgendwie möglich sollten Kinder gestillt werden,
und warum nicht bis ins zweite Lebensjahr? Auch wenn
anfänglich die wunden Warzen schmerzen, bereitet Stillen
– nach einiger Zeit – Lust und es vertieft die Bindung.

In einem Experiment konnten Ratten zwischen zwei
Knöpfen wählen, worauf sie entweder einen Schuss Kokain
oder ein Rattenjunges an ihre Brustwarzen erhielten. Die
meisten bevorzugten Letzteres!

Im Kabinett der pädagogischen Kuriosa versunken ist
glücklicherweise der weit verbreitete Erziehungsratgeber
von Dr. Emmet Holt: Säuglingsalltag nach Fahrplan. An die
Brust legen oder die Flasche verabreichen in fixen Abständen, so alle vier bis fünf Stunden. Und wenn der Hunger

quält – schreien lassen! So hörte ich es noch selber als Kind von meinen Großeltern. Faktisch stärkt dies nicht die Lungen, sondern jene Synapsenverbindungen, die für Angst und Wut zuständig sind. Buebs Loblied auf die Disziplin rät Ähnliches: »Wenn das Baby durch Schreien zur Unzeit Ansprüche anmeldet, sollten seine Eltern ihre rechtmäßige Macht nutzen und gelassen reagieren.«[26] Das dahinterstehende Bild des Kindes: ein kleiner Tyrann.

Schaukeln mögen Säuglinge ebenfalls. (Kinder wie das auf dem Cover auch!) Viele Eingeborenenstämme wussten darum und legten ihre jungen Söhne und Töchter in Hängematten, um sie hin und her zu schaukeln, was sich auch in einem Kinderzimmer realisieren lässt, indem eine Schaukel an der Decke befestigt wird. Unsere Vorfahren zimmerten Schaukelwiegen. Schaukeln beruhigt enorm, weil Kleinkindern dieses Gefühl aus dem Mutterleib zutiefst vertraut ist: Wenn die Mutter umherschritt, spürten es die Föten.

Säuglinge sind Traglinge und mögen es, getragen zu werden. Unsere Vorfahren, noch auf Bäumen lebend, trugen ihren Nachwuchs, wodurch sich der Greifreflex entwickelte, wie Säuglinge ihn heute noch immer haben.

Viele Mütter stecken ihre Säuglinge in ein Tragtuch, auf der Brust oder dem Rücken – auch so lässt sich manche Hausarbeit erledigen. Sie tun genau das, was nach Meinung der Volkskundlerin Jean Liedloff das Glück der Kinder bei den Sanema-Indianern in den Regenwäldern Boliviens ausmacht: das Getragenwerden, beim Sammeln von Beeren ebenso wie beim Stampfen von Mais, und die dadurch ermöglichten Hautkontakte.[27]

Mittlerweile sind mehr und mehr Väter zu sehen, die mit einem Tragtuch spazieren gehen, in dem ihr Knirps, von warmem Stoff umhüllt, friedlich schläft oder vor sich hin gähnt. Ein solches Tragtuch war eine der ersten Anschaffungen nach der Geburt unseres ersten Kindes. Es waren Stunden innigster Verbundenheit, mit dem Kind an der Brust herumzulaufen, auch wenn die älteren Nachbarn damals noch den Kopf schüttelten. Die Verbundenheit wäre nie so tief gewesen, wenn der Säugling in einen Wagen gelegt worden wäre, wo er den Atem des Elterteils ebenso wenig spürt wie dessen Körperwärme und Herzschlag, vom Schaukeln gar nicht zu reden. In einer großen Untersuchung wies der Zürcher Kinderarzt Hunziker nach, dass Babys, die pro Tag um die vier Stunden getragen werden, weniger schreien als jene, die dieses Glück nur zwei Stunden oder weniger lang erleben.

Säuglinge lieben es außerdem, in einem angenehm warmen Raum auf einer weichen Unterlage zu liegen, beispielsweise einem Schaffell, und massiert zu werden, ideal unter Zuhilfenahme von pflanzlichen Ölen (Jojoba-, Avocado- oder Aprikosenkernöl), die entspannend wirken. Zu massieren ist mit beiden Händen: nicht zu leicht, weil dies kitzelt, aber auch nicht zu hart, was zu Verspannungen führen kann. Babys lieben es, wenn sie vom Brustbein ausgehend über die Rippen hin zu den Armen massiert werden, oder mit beiden Händen parallel der Rücken von der Schulter bis zum Gesäß. Schon in den ersten Lebensmonaten erfreut es Kinder, wenn mit ihnen körperliche Übungen durchgeführt werden, beispielsweise, wenn ihnen die Händchen gehalten und die Arme nach beiden Seiten ausgestreckt werden, um sie wieder auf der Brust zu kreuzen, oft Dutzende Male hintereinander. Unsere Kinder quietschten vor Vergnügen. Ebenfalls, wenn ihre Füßchen umklammert und die Beinchen bewegt wurden wie beim Radfahren. Glücklich gelächelt haben unsere Kleinkinder auch, wenn wir mit unseren Händen auf ihre ausgestreckten Füße Druck ausübten, gerade so viel, dass sie sich dem noch entgegenzustemmen vermochten – frühe Erfahrungen des »Ich kann«.

Körperspiele bereiten Kindern besonderes Vergnügen, so »Hoppe hoppe Reiter«, wenn sie auf den Knien von Mutter oder Vater sitzen und dabei »reiten«, bis sie bei »fällt er in den Graben« fallen gelassen und dann wieder hochgehoben werden.

Eine der beglückendsten Episoden als junger Vater erlebte ich, als unsere älteste Tochter um die sechs Monate alt war. Ein lauer Sommerabend, ich trug das Kind über eine Wiese, über der der Duft von Heu schwebte. Plötzlich kam mir die Idee, das Mädchen in die Höhe zu werfen und unter den Schultern abzufangen. Das Kind flog in die Höhe, streckte instinktiv die Arme aus, öffnete den Mund, lachte, ja kreischte vor Vergnügen, flog mir wieder entgegen – immer wieder! Ins Bettchen gelegt, schlief es sogleich ein. Noch Jahre später, wenn sie irgendwo hochgeklettert war und nicht mehr so leicht hinuntersteigen konnte – sie ließ sich fallen. Eine sichere Bindung, die Glück enorm begünstigt.

Sichere Bindungen: Glücksfundamente

Eine meiner schrecklichsten Kindheitserinnerungen stammt aus dem vierten Lebensjahr. Wir waren in die Stadt gefahren, meine Mutter kaufte in der Migros, einem Schweizer Supermarkt, ein. Den Einkaufswagen schiebend, hielt sie uns an der Hand. Aber ich verlor sie. Und irrte die unsäglich hohen Regale entlang. Blickte mit angstgeweiteten Augen zu fremden Gesichtern auf. Und begann in voller Panik zu rennen, um die Ecke herum – da war sie auch nicht. Bis ich zu weinen begann und sich eine Bedienstete zu mir herunterbeugte, ihre Hand auf die Schulter legend. Ich war, in einer für mich völlig fremden Umgebung, so sehr in Panik, dass ich, schluchzend und stotternd, anfänglich nicht einmal meinen Namen herausbrachte.

So ergeht es vielen Kindern, wenn sie unsicher gebunden sind, und dies nicht nur einmal! Die Qualität der Mutter-Kind-Bindung war das Lebensthema von John Bowlby. Seine Erkenntnisse sind für eine glücksbegünstigende Erziehung von enormer Bedeutung.[28] Er führte seine Feldforschungen Ende der Vierzigerjahre in britischen Kranken- und Waisenhäusern durch, wo viele Flüchtlings- und Waisenkinder, von ihren Bezugspersonen getrennt, dahinlebten. Isolation sei nicht schädlich, hieß es, wichtiger sei die ausreichende Versorgung mit Nahrung. Dem widersprach Bowlby entschieden: Nicht nur Affenbabys, sondern auch Menschenkinder klammern sich an ihre Mütter, saugen und wollen nicht allein gelassen, sondern gehalten werden. Wenn sie das entbehren müssen, weinen sie und es wird das Stresshormon Cortisol ausgeschüttet, das sich auf die Gehirntätigkeit negativ auswirkt.

Gemäß der Bindungstheorie von Bowlby wird das Verhalten von Kindern von *zwei* Grundzielen geleitet, die im besten Falle ausbalanciert sind: das Bedürfnis nach Sicherheit, und jenes nach neugierigem, spielerischem Erkunden, worauf die kindlichen Gehirne programmiert sind, weil sie lernen wollen.

Drei Bindungsstile hat Bowlby beschrieben: zuerst den sicheren, der am wünschenswertesten ist und am ehesten gewährleistet, dass Kinder zu glücklichen Menschen heranwachsen. Sicher gebundene Jungen und Mädchen um die zehn Monate alt beginnen nicht zu weinen, wenn ihre Mütter den Raum verlassen, sondern spielen munter weiter, auch wenn eine fremde Person anwesend ist. Auf einem Spielplatz kuscheln sie sich, wenn sie schon laufen können, an den Rock der Mutter, um danach wie kleine Expediteure das nahe Dickicht zu erkunden. Anders hingegen unsicher-ambivalent Gebundene: Wenn sie registrieren, dass die Mutter den Raum verlassen hat und nur noch Fremde anwesend sind, beginnen sie zu weinen, oft bitterlich, und sind unfähig, sich für Neues zu interessieren. Der dritte Bindungsstil ist der »unsicher-vermeidende«. Solche Kinder scheinen sich nicht sonderlich darum zu kümmern, ob ihre Mutter den Raum verlassen hat, aber geraten gleichwohl in Stress. Wenn die Mutter zurückkommt, reagieren sie in einer Weise, die gleichgültig aussieht, es aber nicht ist.

Spätere Liebesbeziehungen sind durch frühkindliche Bindungserfahrungen geprägt.[29] Wer als zehn Monate altes Kind nicht zu weinen beginnt, wenn die Mama den Raum verlässt, sondern mit den Holzklötzen weiterspielt, wird sich auch als Erwachsener nicht sorgen, seine Partnerin könnte ihn einfach verlassen. Wer jedoch als Kind zu weinen begann, wird es später schwieriger finden, anderen zu vertrauen und diese nahe an sich heranzulassen.

Wie gelingt es, dass Kinder eine sichere Bindung aufbauen? Obschon mit unterschiedlichen genetischen Voraussetzungen zu rechnen ist – Kinder mit stärkerer Tätigkeit im linken Vorderhirn sind eher nach außen gewandt, fröhlicher und bindungssicherer –, lässt sich erzieherisch viel bewirken.

Kinder, die oft getragen, gestreichelt, in die Arme geschlossen werden, sind in aller Regel auch sicherer gebunden. Kleinkinder sollten nie allein gelassen werden, beispielsweise am Abend, wenn Sabrina fest schläft: »Gehen wir schnell ins Bistro, nehmen wir das Babyfon mit!« Es kam auch schon vor, dass das Gerät defekt war, das Kind aufwachte und – gewohnt, in solchen Situationen hochgehoben zu werden – lange schrie. Das nährt Misstrauen. Wichtig sind Regelmäßigkeit und Verlässlichkeit, häufige Augen- und Hautkontakte.

Im Ehebett schlafen dürfen ist einer sicheren Bindung förderlich. Vielen Eltern widerstrebt das, weil der daneben gähnende Junge der Intimität abträglich sei oder weil man ihn erdrücken könnte oder weil man sich vor dem Stress fürchtet, wenn das Kind später das Ehebett endgültig verlassen soll. Aber: Einzig der Homo sapiens hat spezielle Kinderzimmer erfunden, in denen die Kleinkinder getrennt von Mutter und Vater schlafen. Junge Kätzchen schlummern neben dem warmen Bauch ihrer Mutter, nahe an ihren Zitzen, ebenso Ferkel und Schimpansenbabys. Indem Mütter und Väter sofort reagieren können, wenn das Baby aufwacht und ihm unbehaglich ist, wird die Bindung sicherer. Lange Schreianfälle allein im Babyzimmer werden nicht positiv verstärkt (was ihr Wiederauftreten wahrscheinlicher macht). In aller Regel ist es kein Problem, dass Kinder ihr eigenes Bett bevorzugen, wenn sich im zweiten Lebensjahr hinreichend Drang nach Autonomie entwickelt hat. Meine Eltern tolerierten es bis zum vierten, fünften Lebensjahr, dass wir uns neben ihnen unter die Decke kuschelten, speziell in Gewitternächten, die ich sehr fürchtete.

Rituale sind einer sicheren Bindung ebenfalls förderlich. In der Pädagogik hatten sie noch vor wenigen Jahren einen schlechten Ruf, sie wurden mit dem täglichen Hochziehen der Bundesflagge beim Heer in Verbindung gebracht. Sie galten als altmodische Verhaltenskorsetts, die keine Freiheit zulassen. Wie später zu zeigen ist, ermöglichen sie gerade Kindern, auch den jüngsten schon, Erfahrungen von Gemeinschaft und Sicherheit.

Aktivität ermöglichen

Glück erwächst, belehrt uns die Glückspsychologie, aus Aktivität, speziell gelingender Aktivität – auch bei Säuglingen, wenn sie erst acht Wochen alt sind. Viele Mütter hängen über die Gesichter ihrer Säuglinge Mobiles, am besten in den Grundfarben und mit deutlichen Konturen. Dies taten auch

Forscher, je zehn Minuten am Tag, und dies in drei Varianten: Gruppe A erhielt gewöhnliche Mobiles, die sich nach dem Zufallsprinzip bewegten, etwa wegen einer Luftbewegung, wenn die Tür geöffnet wurde. Bei der Gruppe B war das Mobile so konstruiert, dass es sich jede Minuten fünf Sekunden lang drehte. Bei den Säuglingen der Gruppe C hingegen waren in die Kopfkissen Sensoren eingelegt, die das Mobile in Bewegung setzten, wenn auf sie gedrückt wurde.

Die Ergebnisse waren frappierend. Bei den ersten Gruppen blieb die Anzahl der Kopfbewegungen gleich und das Interesse an den Mobiles ging zurück. In der Gruppe C jedoch lernten die Säuglinge schon nach einigen Tagen, dass sie mit ihren Kopfbewegungen das Mobile zum Kreisen bringen können, worauf die entsprechenden Bewegungen häufiger und das Interesse an den Blickfängen stärker wurde. Diese Kinder zeigten einen lebhafteren Gesichtsausdruck und lächelten häufiger.[30]

Dies rechtfertigt zwei Schlüsse. Erstens: Kinder können weit früher Kausalitäten herstellen (Kopfbewegung führt zur Drehung des Mobiles) als von der traditionellen Entwicklungspsychologie angenommen. Zweitens: Auch in diesem Alter resultiert Glück nicht nur aus der Befriedigung von Bedürfnissen (beispielsweise gestillt und satt sein), sondern auch aus interessierender und gelingender Aktivität.

Tätigkeit erfordert Gegenstände. Der Spielzeugmarkt, auch für Babys, ist ins Unermessliche ausgeufert. Empfehlenswert sind Spielmaterialien, die Flow begünstigen, speziell solche mit Rückkoppelung, wenn einfache motorische Handlungen einen Effekt auslösen: so eine weiche Plastikente, die einen Piepston abgibt, wenn man auf sie drückt. Sie macht nicht deswegen Spaß, weil sie piepst, sondern *weil das Baby macht*, dass sie piepst. Oder eine Rassel: Hat ein Säugling begriffen, dass er durch seine Armbewegung den Klang erzeugt, kann das ein solches Vergnügen bereiten, dass er dies wiederholt und wiederholt. Psychologen bezeichnen dies als Funktions*lust*, die der Synapsenverknüpfung förderlich ist.

Tätigkeit braucht – auch im Säuglingsalter – seine Räume. Krabbelkinder sind glücklich auf weichen Unterlagen in einer gefahrlosen Umgebung, wo auch Holzklötze und Gegenstände liegen, die interessiert ergriffen werden können. Enorm verbreitert sich das Aktivitätsspektrum, wenn Kinder laufen gelernt haben und das Säuglingsalter hinter sich lassen.

Glücksfördernde Erziehung in der frühen Kindheit

Erörtert werden zunächst pädagogische Grundhaltungen, die dem Glück von Kindern förderlich sind: bedingungslose Liebe, der Glaube an die Kinder, Verzicht auf Perfektionismus.

- ☺ Beglückend ist, wenn Kinder Natur erleben, etwa ihr Lieblingselement Wasser, was auch ihre Sinne schärft, denn Glück ist sinnlich.
- ☺ Eltern können Kindern ihre beglückenden Aktivitäten nicht abnehmen, aber solche begünstigen.
- ☺ Worte können verletzen, aber Kinder auch sehr glücklich stimmen.
- ☺ Desorientierte und verunsicherte Kinder sind weniger glücklich: Deshalb benötigen sie Rituale und Grenzen.
- ☺ Kinder, wenn sie Bananen gegessen haben, produzieren leichter Serotonin als mit fetten Pommes im Bauch – Kindheitsglück hat auch mit Ernährung zu tun.

Wünschenswerte erzieherische Grundhaltungen

Unbedingte Liebe: »Brav« ist eines der Wörter, das – zumindest in Österreich – die Kinder am häufigsten hören. Wenn Franz nach dem Essen die Teller vom Tisch räumt: »Brav, Franzerl!« Wenn Elisabeth den Käfig des Meerschweinchens ausgemistet hat: »Brav, Elisabeth!« Natürlich kann dies die Kinder erfreuen. Problematisch ist, wenn Kinder zuerst brav sein müssen, bevor sie Liebe und Wertschätzung erfahren. Zuerst das Zimmer aufräumen, dann erst ein freundlicher Blick und vielleicht ein Haribo!

Liebe, die an Bedingungen geknüpft ist, verdient nicht, Liebe genannt zu werden. Kinder, ungefragt in diese Welt gekommen, haben das Anrecht, unbedingt angenommen zu werden. Ohnehin: Kinder, die Liebe spüren, handeln eher »brav«.

An Kinder glauben: Kann ein Kind, dessen Windeln so lange nicht gewechselt werden, dass sein Po rot ist, das von betrunkenen Eltern angeschrien und geschlagen wird, später glücklich werden? Der psychologische Hausverstand sagt Nein. Denn eine der am weitest verbreiteten psychologischen Annahmen besagt: Die Kindheit stellt die Weichen, unwiderruflich. Frühe Entbehrung, Verwahrlosung, Gewalt und Missbrauch werfen ihre Schatten über das gesamte Leben. Und: Wer als Erwachsener mit vielen Problemen zu kämpfen hat, hatte garantiert eine versehrte Kindheit![31]

Emmy Werner und Ruth Smith beobachteten dreißig Jahre lang, wie sich die auf der Insel Kauai, Hawaii, geborenen Insulaner entwickelten, insbesondere die Risikokinder, die verprügelt oder vernachlässigt wurden, bei stets alkoholisierten oder depressiven Eltern lebten. Zwei Drittel schafften es, lebenstüchtige Erwachsene zu werden. Die Psycholo-

ginnen suchten nach den Gründen und fanden: Alle, die
später Erfolg hatten, kannten eine Person in ihrem Bekanntenkreis, die an sie glaubte: »Du kannst es! Du wirst es schaffen!« Das konnte eine Tante oder ein Onkel sein, ein Seelsor-
ger oder professioneller Helfer.

Glauben Sie an das Ihnen geschenkte oder anvertraute
Kind. Muten Sie ihm positiv zu: »Du kannst es!« Formulierun-
gen wie:

☺ Das kannst du noch nicht!
☺ Dafür bist du zu klein.
☺ Das kannst du noch nicht verstehen!

können Sie getrost aus Ihrem Wortschatz tilgen.

Kein Perfektionismus: Vor der Geburt des ersten Kindes
nahm ich mir vor, es so perfekt wie möglich zu erziehen,
wofür ich viel pädagogische Literatur las. Rückblickend
glaube ich, dass es gut war, in den wirklich schwierigen
erzieherischen Situationen diese vergessen und auf Perfektion verzichtet zu haben. Viele Entscheidungen mussten
schnell getroffen werden, sie kamen eher aus dem Bauch
als aus dem Kopf. Wäre lange überlegt worden, wie ich
es hätte besser machen können, hätte dies gelähmt. Es
war, wie es war. Perfektionismus macht generell unzufrieden, weil es immer eine bessere Lösung gäbe, und reduziert Spontaneität.

Auf Fußballplätzen habe ich schon ehrgeizige Väter
erlebt, die über den Rasen brüllten, wenn auf diesem die
Knirpse dem Leder nachrannten: »Schneller!« – »Spiel doch
den Achter an!« – »Schieß endlich!« Ihr Junior sollte ein per-
fekter Kicker sein. Ich bin froh, dass sich mein Vater nie so
aufgeführt hat. Ich hätte mich geschämt, sowohl vor den
Kameraden, die nicht ständig eines Besseren belehrt wur-

den, als auch vor einem Vater, der dann interveniert, wenn ich etwas nicht optimal geschafft habe. Dies senkt das Selbstwertgefühl und macht unglücklich.

Anderen Eltern ist alles daran gelegen, dass ihr Kind perfekt Violine spielt. Oder im Umgang mit Erwachsenen den Knigge vordemonstriert. Oder beim Rennen am Ende der Skiwoche im Kindergarten mindestens Gold gewinnt. Natürlich sind Kinder anzuspornen. Sie empfinden es als Anerkennung, wenn ihnen Leistung zugetraut wird. Aber wenn sie zu sehr zu Ehrgeizlingen erzogen werden, ist das ihrem Glück abträglich. Nicht nur, weil andere meistens und zumindest auf einigen Gebieten noch besser sind, sondern weil sie anderen den Erfolg nicht gönnen und nur schwer verlieren können. Auch dies ist zu lernen, etwa dadurch, dass sie einen Vater erleben, der vor Freude strahlt, wenn er bei »Mensch ärgere dich nicht« Letzter wird.

Nicht schuldig! Einer der unglücklichsten Menschen, den ich bisher kennen lernte, war eine damals junge Frau. Wie sie sechs Jahre alt war, geschah Folgendes: Sie waren in einem Supermarkt, wo ihr eine Puppe in die Augen sprang, die ihr die Eltern hätten kaufen sollen. Sie taten es nicht. Bei der Heimfahrt im Pkw habe sie noch immer gebrüllt und geheult. Die Mutter sagte: »Wenn du so weiterheulst, kann Papa nicht gut Auto fahren. Dann bist du schuld, wenn etwas passiert!« Einige Minuten später übersah ein anderer Fahrer eine Vorfahrt, es krachte – ihr Vater war tot. Trotz Therapie fühlt sie sich noch immer schuldig. Niemals dürfen wir Kindern Schuld einreden, wo sie keine haben. In der islamischen Erziehung – die gelegentlich als gewalttätig verleumdet wird – gilt ein Kind bis zu sechs, sieben Jahren als absolut schuldunfähig.

Kinder die Natur erleben lassen und dabei ihre Sinne schärfen

Die Kinder unserer Vorfahren waren in der Steinzeit häufiger an der frischen Luft, durch ihre Haare wehte öfters der Wind, ihre Wangen wurden von mehr Regentropfen genässt. Heutige Großeltern behaupten ebenfalls, sie seien öfter draußen gewesen als heutige Kinder. Diese verbrächten eine Kindheit, die als »verhäuslicht« bezeichnet wurde, in stets um die 22 Grad warmen Wohnungen. Ihrem Glück ist förderlich, wenn Kinder häufig draußen sein können:

- ☺ An den ersten warmen Tagen im Jahr in den Stadtpark fahren, eine Wolldecke ausbreiten und picknicken.
- ☺ Im Mai ins Land hinaus, über Feldwege wandern und Kinder Löwenzahn pflücken lassen, die zu Kränzen geflochten und ihnen auf den Kopf gelegt werden.
- ☺ Einem Bach entlangschreiten, Steine herausnehmen, sie drehen und sehen, welche kleinen Tiere an ihnen kleben.
- ☺ An einem Sommerabend zu einer Grillstelle fahren, ein Feuer entfachen, was jedes Kind fasziniert.
- ☺ Im Sommer an Gewässern liegen.
- ☺ Durch einen Wald wandern, die Kinder Naturalien sammeln lassen, Tannenzapfen, Schneckenhäuser, Vogelfedern, glitzernde Steine.
- ☺ Während eines Herbststurms auf einen Hügel steigen und den Wind durch die Haare pfeifen lassen. Und Drachen steigen lassen – für viele Kinder höchstes Glück.
- ☺ Im Herbst bei einem Spaziergang durch einen Laubwald die welken Blätter zu einem Haufen zusammenrechen, in den sich die Kinder eingraben oder auf den sie hüpfen können.

Kinder, die oft in der Natur draußen spielen, sind gesünder und resistenter. Auch schulen sie dabei ihre Sinne, so das Riechen, wenn sie sich über Rosen, Tulpen, Kräuter beugen und deren Duft wahrnehmen. Oder das Hören, wenn die Mutter bei einem Spaziergang im Wald vorschlägt, die Augen zu schließen und genau zu erlauschen: den Schrei des Mäusebussards, das Murmeln eines Baches, das Klopfen des Spechtes, das Säuseln des Windes. Oder das Tasten, wenn Kinder ihre sensiblen Fingerkuppen, in denen unzählige Nerven zusammenlaufen, über die Rinde verschiedener Bäume gleiten lassen, glatt bei einer Buche, rau bei einer Fichte.

Glück ist nicht nur ein Zustand, sondern auch ein Gefühl, zu dem alle Sinne gehören, auch und gerade der Geschmackssinn, wenn wir im Frühherbst in eine Birne beißen, langsam kauen und das Fruchtfleisch weicher und weicher wird und sich zugleich versüßt. Was Kindern besonderen Spaß macht: Wenn sie mit verbundenen Augen erraten, womit ihre leicht ausgestreckte Zunge berührt wird: ein Orangenschnitz, ein Stückchen Banane, ein Quäntchen Butter.

Wasser lieben Kinder besonders. In Salzburg gibt es einen autofreien Platz, in dessen Pflaster Fontänen eingebaut sind, die an hitzigen Tagen in bestimmten Intervallen Wasserstrahlen in die Höhe schießen. Jüngere Kinder betrachten dies begeistert, viele Eltern halten sie zurück: »Nicht nass werden!« Am glücklichsten sind jene Kinder, denen erlaubt wird, sich bis auf die Unterhöschen auszuziehen und in die Wasserfontänen zu springen. Sie kreischten vor Vergnügen, tollten umher, spürten das kühlende Wasser auf ihrer Haut und in den Haaren – jene, die dies nicht dürfen, schauen zu, traurig.

Bis in die Sechzigerjahre des vergangenen Jahrhunderts machten Kinder in amerikanischen Großstädten folgenden

Streich. Sie drehten Hydranten auf, sodass das Wasser auf die Gehsteige spritzte. Jubelnd ließen sie sich vom Wasserstrahl abkühlen. Meist dauerte es nicht lange, bis die Feuerwehrleute kamen und den Hydranten abdrehten. Die Kinder suchten das Weite und falteten herumliegende Tageszeitungen zu Schiffen, die dann auf dem davonrinnenden Wasser die Gehsteige entlangglitten. Leider ist das nicht mehr möglich.

Auch wenn es Eltern ärgern kann: Wenn man mit Kindern spazieren geht und sich einer Wasserpfütze nähert, werden sie von dieser magisch angezogen. Sie rennen los und springen hinein, und es ist umso lustiger, je weiter es spritzt. Lockere Eltern nehmen das gelassen, auch wenn ihre Hosen nass werden. Auch ermöglichen sie ihren Sprösslingen weitere Erfahrungen mit Wasser, indem an heißen Sommertagen im Garten oder auf dem Balkon ein Planschbecken gefüllt wird. Oder man sich Zeit nimmt, ins Bad zu fahren, im Sommer ins Freibad oder an den See, im Winter in eines der vielen Erlebnisbäder. Es ist eine Lust, dort so viel fröhliches Kindergeschrei zu hören. Und – was macht Kinder glücklicher, als im Urlaub in die auf den Strand zurollenden Meereswellen hineinzuspringen?

Vielfältige Aktivitäten

Von früh an sollte man Kindern ein breites Aktivitätsspektrum ermöglichen. Ohnehin: Ermöglichen ist nicht das richtige Wort. Denn Kinder sind von sich aus aktiv, wenn sie laufen gelernt haben, geradezu überschäumend. Aktivität erfordert Raum und Materialien. Etliche Eltern bestehen auf einem spielzeugfreien Wohnzimmer – und verringern damit die Glückserfahrungen ihrer Kleinkinder. Anders, wenn neben dem Fernseher ein Hüpfball herumrollt, der Kinder in ihrem Bewegungsdrang magisch anzieht. Oder wenn Holzklötze auf dem Wohnzimmerteppich liegen dürfen – krabbelnde Kinder reizen sie dazu, sie zu ertasten. Und wenn sie ein bisschen größer sind, werden damit die ersten Türme gebaut.

Eine sichere, kindgerechte Zone, wo keine aus Griechenland heimgebrachte Amphore und keine Stereoanlage steht, deren Knöpfe Kinder magisch anziehen, erspart viel Ärger. Empfehlenswert ist es, das Anstreichen beziehungsweise Renovieren der Wohnung so lange aufzuschieben, bis Kinder zwischen Malblock und Tapete unterscheiden können. Mit dicken Filzschreibern Striche auf die Wohnzimmerwand hinkritzeln, sich selbst als Ursprung dieses Kunstwerkes erfahren – für viele Kinder ein immenses Glücksgefühl, für Eltern weniger.

Viele Eltern sind auf perfektes Wohnen bedacht. Ledersessel und Couch ohne Flecken, eine Schrankwand ohne Kratzer. Nur zu oft hören Kinder:»Nein! Nicht schmutzig machen! Nein! Nicht auf den Sessel klettern! Nein! Nicht auf dem Küchentisch herumkratzen! Nein!«»Nein«, wenn es wiederholt eingehämmert wird, demotiviert. Eltern müssen sich entscheiden, was ihnen pädagogisch wertvoller ist: Kinder, die herumtollen können, auch auf das Risiko hin, dass ein Möbelstück eine Delle abkriegt? Oder dass die Wohngarnituren als Heiligtümer verehrt werden – dann lernen Kinder auch Werte, materielle.

Wenn Sie sich ein neues TV-Gerät anschaffen, wird dieses in einem großen Karton angeliefert. Viele entsorgen diesen, sobald das Gerät ausgepackt ist. Unsere Kinder hatten tollen Spaß, wenn in diese Kartons Fenster und Türen hineingeschnitten wurden und sie in diese schlüpften und keck aus dem Fenster schauten. Mit Wachskreiden malten sie darauf ein Dach oder Blumen vor den Fenstern. An solchen Orten erfahren Kleinkinder, noch vor kurzer Zeit von der Gebärmutter umgeben, Geborgenheit. Ebenfalls unter dem Tisch, wenn über dessen Kanten Tücher herabgehängt werden. Wer sich in ein solches Refugium zurückziehen kann, ist eher ermutigt, hinauszugehen – und die Welt zu entdecken.

Kinder, die schon in jungen Jahren jederzeit in einen Garten oder auf eine Wiese hinausgehen konnten, stuften ihre Kindheit als geringfügig glücklicher ein. Kinder wollen über eine Wiese rennen, es macht ihnen nichts aus, wenn sie dabei stürzen. Besonders lieben sie Erhebungen, von denen man sich herunterrollen lassen kann. Und ebenso sehr, wenn sie auf einem Gartentrampolin hüpfen, bis sich ihre Wangen röten. Hüpfen schärft den Gleichgewichtssinn. Einige Eltern bestehen darauf, dass jeweils nur ein Kind hüpft, weil es bei zweien zu glühenden Beulen kommen könnte. Auch diesbezüglich werden jüngere Kinder unterschätzt. Sie sind viel vorsichtiger, wenn sie zu zweit oder zu dritt herumhüpfen; dabei lernen sie auch, nicht mit anderen zusammenzuprallen.

Kinder in Mehrfamilienhäusern finden Bewegungsmöglichkeiten auf Spielplätzen, die oft nicht sonderlich einfallsreich gestaltet sind: Eine Schaukel, ein paar Metallstangen, ein Schaukelpferd. In der Glücksstudie des ZDF schnitten die Spielplätze nicht gut ab. Es gibt engagierte Elterngruppen, die die Hausbesitzer zu motivieren versuchen, Spielplätze anregungsreicher zu gestalten. Holztürme, zwischen die Gitterleinen gespannt sind, ermöglichen mehr Aktivität: An diesen können Kinder hochklettern oder Klimmzüge machen. Erhebungen aus Erde reizen Kinder, von diesen herunterzurollen, und Röhren, hineinzukriechen. Gerne mögen Kinder Gebüsche, in denen sie sich verstecken, ebenso Bäume, die erklettert werden können. Unsere Vorfahren angelten sich von Ast zu Ast; heutige Mütter kriegen oft schon Panik, wenn ihr Vierjähriger anderthalb Meter über dem Boden ist. Auch die Gewandtheit von Kindern beim Klettern wird unterschätzt. Zu meinen glücklichen Kindheitserinnerungen rechne ich, wie wir in einen von Bäumen bewachsenen Hang Höhlen gruben. Mitunter erleben Kinder naturbelassene Flächen mit Pfützen, Erhebungen, Dickichten als die anregungsreichsten Spielplätze.

Aktivität braucht nicht nur Räume, sondern auch Materialien. Wozu sind die vielen Werbekataloge gut, die Tag für Tag in den Briefkasten flattern? Unter anderem dafür, von den Kindern zerrissen zu werden, für sie pure Freude. Ich habe schon Kinder gesehen, die dabei in Flow gerieten und mit dem Zerreißen nicht mehr aufhören konnten.

Das Angebot an Spielzeugen ist unübersehbar. Spielzeug ist umso besser, je leichter es Flow ermöglicht. Was kann ein Fünfjähriger mit einem realitätsgetreuen Spielzeugauto anfangen? Die Türen öffnen, es auf dem Boden herumschieben und den Motorenlärm imitieren. Was mit einem Ball? Er lässt sich in die Höhe werfen und abfangen, sich treten und mit dem Fuß wegschießen, man kann ihn trippeln, einem Freund zuspielen, einen Hang herunterrollen lassen, ihm nachrennen. Auch ist Spielzeug umso empfehlenswerter, je mehr es die Fantasie anregt. Mit einer Plastikpistole kann man nur schießen. Anders Lego, mit dem sich eine Burg bauen lässt, ein Auto, ein Flugzeug. Oder Kabla-Holzstücke, um die 9 Zentimeter lang und 1 $\frac{1}{2}$ Zentimeter breit. Mit ihnen können Kinder einen Turm bauen, oft in vollster Konzentration, wenn sie auf den Zehen stehen und es schaffen, noch ein Stück zu platzieren; oder eine Brücke, eine Pferdeweide, ein Haus. Realitätsgetreues Spielzeug fasziniert zumeist nur kurz. In einem Hamburger Kindergarten wurde einmal alles vorgefertigte Spielzeug entfernt und durch Rohmaterial zum Basteln, Bauen und Verkleiden (alte Tücher) ersetzt. Die Kinder vermissten die Spielzeugautos nur kurz, entfalteten aber eine umso reichere Fantasie.

Diese lässt sich auch durch Gegenstände aus der Natur anregen, mit denen Kinder gerne basteln: Steine, Baumrinden, leere Schneckenhäuser und so weiter.

Wahre Spielzeughalden breiten sich in vielen Kinderzimmern aus. Oft ist Kindern langweilig – mitten in einer Unmenge von Playmobil, Legosteinen, Spielzeugautos, Barbiepuppen mit ihren Accessoires. Zu viele Sinneseindrücke und Wahlmöglichkeiten können Kinder passiv machen. Wir machten gute Erfahrungen, indem bestimmte Spielmaterialien für eine gewisse Zeit auf den Boden geschafft wurden und die Zimmer überschaubar blieben. Die Playmobil-Ritterburg faszinierte wieder, nachdem ihre Zinnen einen Monat lang nicht zu sehen waren.

Spiel ist die Arbeit des Kindes und unterstützt es in seiner Lebensbewältigung. Wenn ein Kind öfters zum Arzt oder sich gar einem Krankenhausaufenthalt unterziehen muss – was ist angemessener, als ihm einen Arztkoffer mit Spritze, Stethoskop und einem Blutdruckmessgerät zu schenken? Mit Puppen spielen Kinder familiäre Episoden nach, freundliche – aber auch problematische, was psychohygienisch wirken kann. Verständlich, dass Kinder in Kriegsgebieten bevorzugt Krieg spielen. Nach dem Terrorangriff auf das World Trade Center beobachtete ich Kinder, die aus wuchtigen Holzscheiben, um die 15 Zentimeter dick, Türme aufbauten – danach rasten sie mit einem Plastikflugzeug in diese hinein und freuten sich, wenn die Scheiben herunterpolterten. Als unsere ältesten Kinder vor Jahren, damals fünf und sechs Jahre alt, realisierten, dass wir umziehen, holten sie einen Koffer, legten ihre Spielsachen hinein, trugen ihn einige Meter weit und packten ihn wieder aus. Spiel beflügelt auch das Lernen, was gerade in den Phasen des intensiven Gehirnwachstums wichtig ist. Eine Erzieherin machte in ihrer Kindheit am meisten glücklich:

»Rollen- und Familienspiele in stundenlanger Versenkung und kreativer Fortführung im Freien: Häusel bauen, kochen, Beziehungen ausprobieren, erleben, nachvollziehen, verarbeiten. Themenbereiche: Gasthaus spielen, Schuhverkauf, Arztspiele.«

Arbeit entscheidet maßgeblich über unser Lebensglück. Schon mit drei, vier Jahren können Kinder in alltägliche Arbeiten eingebunden werden. Kurz vor dem Abendessen, die Mutter ist in Eile, der vierjährige Tobias möchte mit ihr spielen. »Geht jetzt nicht, aber könntest du mir nicht helfen?« Und schon kurze Zeit später rührt er den Schneebesen durch die Salatschüssel, vermischt Öl, Essig, Senf und Mayonnaise zu einem tollen Dressing. Und wenn sie beim Essen dem heimgekehrten Vater verkündet: »Tobias hat heute das Salatdressing gemacht«, wird er sich stolz fühlen, und sein Selbstwertgefühl, dem Glück förderlich, steigt.

Warum Kindern nicht den Staubsauger in die Hand drücken? Den Besen? Und im Garten die Hacke? Die zu ihrem Kindheitsglück befragten ErzieherInnen schilderten oft Episoden wie folgende:

»Wir wurden auch in die Arbeitswelt (bäuerliche Welt) eingebunden, die wir in Gemeinschaft mit den Erwachsenen als schön und wichtig erlebten!«

Am glücklichsten war ich, wenn ich meiner Mutter bei der Hausarbeit helfen konnte beziehungsweise Arbeit abnehmen konnte, wenn sie meinte, sie könne das alles zeitlich nicht schaffen. Es wurde mir fast nie eine diesbezügliche Tätigkeit angeordnet, ich tat dies als Überraschungseffekt.«

Die Erfahrung, gebraucht zu werden, mit den eigenen Händen mitwirken zu können, beglückt enorm, auch Kinder.

Bei der Aktivität von Kindern ist der Flow-Kanal (siehe Seite 56) zu bedenken, das Gleichgewicht zwischen Wollen und Können. Eine typische Situation ist das Fahrradfahren, das Kinder lernen, indem die Eltern auf den Gleichgewichtssinn des Kindes achten und zum richtigen Zeitpunkt die Stützräder abnehmen. Kinder lieben es, herausgefordert zu werden, um in die Zone der nächsten Entwicklung zu gelangen. Dies gelingt umso leichter, wenn wir ihnen in der Haltung der Zu-Mutung begegnen: »Du wirst das schon schaffen!«

Aufhören, wenn es am lustigsten ist, lautete eine Devise meiner Eltern. Sie war klug. Wenn wir Geschwister am Abend noch herumtollten: »So, jetzt hören wir auf.« – »Nein, wir wollen weiterspielen!« – Wenn uns die Eltern dies gewährten, geschah es in aller Regel unvermeidlich: Irgendwer stürzte, schlug sich den Kopf an, Tränen flossen. Wenn die Geburtstagsparty nicht rechtzeitig beendet wurde, kam es zu Zank und Streit.

Wie wichtig der erste Eindruck ist, ist bekannt. Ebenso wichtig für unser Wohlbefinden und unsere Glückseinschätzungen ist der letzte Eindruck. Psychologen führten raffinierte Experimente durch. Bekanntermaßen gibt es Angenehmeres als eine Darmspiegelung. Patienten erinnern sich jedoch an deutlich weniger Schmerzen, wenn der Schlauch, bevor er sachte herausgenommen wird, eine Minute ruhig im Darm belassen wurde, als dann, wenn er stets bewegt wurde. Mitfühlende Zahnärzte haben intuitiv erkannt, dass sich ihre Patienten weniger vor der nächsten Behandlung fürchten, wenn ihnen – soweit im Zahnarztstuhl möglich – zum Abschluss der Sitzung eine Wohltat zuteil wird.

☺ Die familiäre Weihnachtsfeier endet mit dem Lieblingslied des Kindes/der Kinder.

☺ Im Urlaub wird gegen Ende ein Höhepunkt gesetzt, beispielsweise der Besuch des Vergnügungsbades Aquiland in Cavallino, worauf die Kinder schon von den ersten Tagen an gedrängelt hatten.

☺ Die Geburtstagsparty wird dann sachte zu Ende geleitet, wenn alle beim Topfschlagen noch fröhlich sind.

Wie und was mit Kindern sprechen

Zu Kindern sprechen wir nicht nur mit dem Mund, sondern mit unserem ganzen Körper, der untrüglicher ist. Eine Kindergartenerzieherin, ihre Vier- bis Fünfjährigen freundlich anlächelnd, schimpfte einmal kurz mit ihnen. Einige Zeit später wurden die Kinder gefragt, was sie gesagt habe. »Sie war lieb«, so eine Vierjährige. Die Erzieherin war an diesem Tage wirklich gut drauf, was an ihren leuchtenden Augen und gehobenen Brauen zu sehen war. Kinder verstehen Körpersprache früh und registrieren als Interesse, wenn sich Erwachsene ihnen mit dem Oberkörper entgegenbeugen und ihnen in die Augen blicken. Und noch mehr, wenn sie vor ihnen in die Knie gehen, um auf gleicher Augenhöhe zu reden. Auch Kinder realisieren, wenn ihnen die sprichwörtlich kalte Schulter gezeigt wird, oder wenn wir mit dem Oberkörper vor ihnen zurückweichen.

Über Gefühle reden, auch die positiven, damit tun sich viele Erwachsene schwer. Einige brauchen dazu drei Glas Bier, andere den Therapeuten. Zur emotionalen Intelligenz gehört, im Kindes- wie im Erwachsenenalter, Gefühle in Worte zu kleiden. Wie das meiste im Leben, erlernt sich auch dies durch das eigene Tun – und das Vorbild. Noch in der Generation meiner Eltern galt es als unschicklich, wenn sich ein Mann, nachdem ihn der Job frustriert hatte, eingestand: »Ich bin deprimiert, alles ging daneben.« Aber auch umgekehrt: »Heute bin ich wirklich glücklich!« Männer sollten, so hieß es, über ihren Emotionen stehen. Aber wenn Kinder Eltern wahrnehmen können, die ihren Gefühlen sprachliche Gestalt verleihen, lernen sie dies auch. Und es tut gut, Gefühle auszudrücken, negative ebenso wie positive. Ansonsten beißen sie sich im Körper fest, Ärger bevorzugt in der Magenschleimhaut. Einer meiner Bekannten, ein Pianist, bekam Bewegungsschwierigkeiten in seinen Armen, wenn er Freude nicht zeigte – woraufhin er die Arme in die Höhe warf und jauchzte.

Mit wenig Aufwand lässt sich ein Gefühlsbarometer der Familie anfertigen. Auf einer Korkscheibe werden untereinander die Namen von Mama, Papa und den Kindern hingeschrieben, und dahinter eine Reihe von Smileys hingemalt, von ganz glücklich bis ganz mies drauf. Mit Nadeln, an die ein sichtbarer Wimpel befestigt ist, lässt sich kommunizieren, wer sich wie fühlt. Dem kann sich ein Gespräch darüber anschließen, warum sich Jochen so miserabel fühlt, oder Bettina so happy.

Was man unbedingt vermeiden sollte, sind widersprüchliche Botschaften. Oft kommt es vor, dass Kinder laut sind und quengeln. Wenn wir zurückschreien: »Schrei doch nicht so!«, verwirrt dies ein Kind tief und es kommt bei ihm an: »Mama und Papa tun selber, was ich nicht darf.« Das untergräbt die Glaubwürdigkeit. Psychologisch betrachtet handelt es sich um Double-Blind-Botschaften, die langfristig schwere Persönlichkeitsstörungen hervorrufen können, bis hin zur Schizophrenie.

Angezeigt wäre vielmehr: ruhig bleiben, ruhig reden. »Könntest du nicht ein bisschen leiser reden, sonst verstehen wir uns überhaupt nicht!« Kinder sind sensibel für die Stimmigkeit zwischen unserem eigenen Verhalten und unseren Botschaften, speziell dann, wenn sie Verhaltensaufforderungen beinhalten.

Wenn man als Nikolaus von Haus zu Haus zieht und vor dem Eintritt in die Stube auf den Zetteln, die in die Körbe gelegt wurden, liest, was Eltern über ihre Kinder schreiben, wird einem oft mulmig zumute. Gewiss ist auch viel Liebenswürdiges und Lobendes zu lesen, aber oft auch:

☺ »Räumt nie das Zimmer auf!«
☺ »Streitet immer mit der jüngeren Schwester!«
☺ »Will nie die Hausaufgaben machen!«
☺ »Gehorcht nie!«

Solche Verallgemeinerungen sind fatal. Kein Kind streitet immer, kein Kind ist nur unordentlich, nur faul, nur ungehorsam. Solche Unterstellungen fixieren Kinder auf ein bestimmtes, oft negatives Selbstbild, das ihre Freiheit mindert und sich wie Gift in ihrer Psyche einkapseln kann. Hört ein Kind regelmäßig: »Du gehorchst nie!«, erhöht dies die Wahrscheinlichkeit, dass es später wirklich nicht (mehr) gehorchen will.

Lob ist ein Glückstrank – wenn zuvor der Schweiß der Anstrengung geflossen ist, umso mehr. Lob setzt Lobenswertes voraus. Wenn uns, nachdem wir nichts oder nur wenig geleistet haben, jemand »lobt«: »Das haben Sie aber gut gemacht!«, empfinden wir das – zu Recht – als Kritik oder Hohn. Ein Kind sollten wir erst loben, wenn es den Abfalleimer hinausgetragen oder der Schwester die Lieblingspuppe ausgeliehen hat. Lob braucht nicht unbedingt Worte: Man kann sich in die Augen schauen, anerkennend mit dem Kopf nicken – Kinder verstehen. Allerhöchstes Lob – »Das hast du super gemacht, toll!« – ist für besondere Leistungen aufzubewahren, beispielsweise wenn Tobias das erste Mal eine Kerze am Adventskranz ausgepustet hat.

Danken beglückt ebenfalls. Früheren Elterngenerationen wurde geraten, sich bei Kindern nicht zu sehr zu bedanken, wenn überhaupt. Das steige ihnen in den Kopf, mache sie stolz und hoffärtig. Aber Kinder erlernen auch das Danken über das Vorbild. Und dadurch, dass ihnen selber gedankt wird. »Danke, dass du Schnurli Katzenfutter gegeben hast.« »Danke, dass du mit deiner Freundin Frieden geschlossen hast!« Und besonders berührend und aufbauend ist es, wenn Kinder gelegentlich zu hören bekommen: »Danke, dass du da bist!«

Viele Kinder fühlen sich zurückgesetzt, wenn ihnen nicht zugehört wird. In Familien mit mehreren Kindern kann eines leichter überhört werden – möglicherweise einer der Gründe, warum Kinder dort geringfügig häufiger traurig sind. Es ist für Kinder deprimierend, ins Leere zu reden – für uns auch. Beim Zuhören empfiehlt sich, Kindern in die Augen zu schauen, gelegentlich mit dem Kopf zu nicken und mit Worten zu spiegeln: »Ich verstehe dich!« Mediziner haben nachgewiesen: Wenn wir sprechen, steigt unser Blutdruck leicht. Wenn wir zuhören, sinkt er, allerdings nur dann, wenn wir uns ganz von dem Anliegen unseres Gegenübers berühren lassen und nicht gleich an eine Antwort oder Rechtfertigung denken.[32] Oder überhaupt an etwas anderes, was dazu führen kann, dass wir das Kind unvermittelt unterbrechen. Auch mir passierte das oft: »Hast du die Kaninchen schon gefüttert?« – weil dies ja vergessen gehen könnte. Aber die Kinder waren stets gekränkt, wenn man ihnen buchstäblich ins Wort gefallen war. Beim achtsamen Zuhören, das hinreichend Zeit erfordert, geschieht dies nicht; es schafft Zugehörigkeit und Verbundenheit – Ingredienzien von Glück.

Rituale halten, Regeln ordnen, Grenzen schützen

Oft gerät es zum pädagogischen Duell ohne Sieger: das Ins-Bett-Gehen. Olivia, vier Jahre alt, will nicht unter die Decke. »Doch, du gehst!« »Bin nicht müde!« »Doch!« (Auch uns würde es ärgern, wenn andere besser wissen als wir, ob wir müde sind). Nachdem sich die Eltern durchgesetzt hatten, steht sie fünf Minuten später wieder in der Tür. »Kann nicht schlafen!«»Bitte geh jetzt!« Sie geht, kommt nach zehn Minuten wieder, bis der Papa laut wird und das Kind zu weinen beginnt. Olivia schläft mit Tränen ein, Papa schaut mit erhöhtem Blutdruck den Krimi weiter – ein Duell ohne Sieger!

Dieser Konflikt lässt sich – wie andere auch – vermeiden, wenn der Übergang vom Wachsein in den Schlaf ritualisiert wird. Unsere Kinder liebten es, nachdem sie die Zähne geputzt und den Pyjama angezogen hatten, ins Bett geflogen zu werden: Sie lagen mit dem Bauch auf meinem Kopf, die Arme ausgestreckt wie Flügel, ich hielt ihre Armgelenke umklammert und schritt ins Kinderzimmer, wo sie auf dem Flugplatz beziehungsweise der Bettdecke landeten, oft Turbinenlärm imitierend. Darauf folgten andere Elemente des Rituals: das Singen von Schlafliedern, was enorm beruhigen kann, auch Mutter und Vater. Beispielsweise »La Le Lu«, dessen Vokale sich sanft in die Länge ziehen lassen, »Unser Mond schaut zuuuuu!« Viele Kinder mögen es, wenn mit ihnen gebetet wird, beispielsweise:

> »Komm, kuschel dich ganz nah an mich.
> Dann spürst du mich und ich spür dich.
> Genau so nah wie du bei mir,
> so ist der liebe Gott bei dir.
> Und ich weiß:
> Ganz genau wie mich
> so liebt der liebe Gott – auch dich!«

Jungen und Mädchen sind empfänglich für eine spirituelle Welt, in der auch Engel leben, die sie sich lebhaft imaginieren können (stets mit Flügeln), ebenso Gott. Es ist ein anderes Einschlafen, wenn sich das Kind von solchen Mächten, die für es vielfach stärkere und lebhaftere Wirklichkeiten sind als für uns Erwachsene, geborgen weiß.

Von der Glückspsychologie her empfiehlt sich beim Einschlafritual ein kurzer Rückblick auf den Tag. Dabei kann man Revue passieren lassen: »Was haben wir heute Tolles erlebt?« (Studenten, die damit begannen, jeden Abend zu zählen, was ihnen Positives zuteil geworden war, wurden nachhaltig glücklicher). Selbstverständlich ist auch das Betrübliche zu besprechen, wenn das Kind davon bedrückt ist. Schläft ein Kind mit frohen Gedanken ein, sind das die Fäden, um die herum die Träume gewebt werden. Und nichts ist auch für Kinder erschreckender, als schweißgebadet aus einem Albtraum aufzuwachen.

Ritualisieren lässt sich auch das Aufstehen, das jüngeren Kindern ohnehin noch leichter fällt. Es ist ein anderes Gewecktwerden, wenn der Kasperl kommt und singt: »Tri tra trullala, der Weckkasperl ist wieder da.« Ein neuer Tag steht unter einem anderen Vorzeichen, wenn auf Erfreuliches vorausgesehen wird: »Heute Nachmittag gehen wir schwimmen.« Kinder mögen es, wenn gemeinsam gefrühstückt wird: 48 Prozent sind total glücklich, 40 glücklich, wenn man gemeinsam Butter und Marmelade aufs Brot streicht. Und erst recht, wenn man sich erzählen kann, was man geträumt hat. Oder heute Großes vorhat.

Als besonders glücklich habe ich während eines Studienpraktikums Kinder mit Down-Syndrom erlebt, die in einem nach anthroposophischen Grundsätzen geführten Heim lebten. In einer Situation strahlten sie alle: Wenn wir um den runden Tisch saßen, auf dem die Suppenschüsseln dampften, und das Tischgebet gesprochen wurde:

> »Erde, die uns dies gebracht,
> Sonne, die es reif gemacht,
> liebe Sonne, liebe Erde,
> euer nie vergessen werde!«

Danach gaben sich alle die Hände und wünschten sich: »Gesegnete Mahlzeit!« Kein Kind wäre auf die Idee gekommen, nach der Schöpfkelle zu greifen, bevor dieses verbindende Ritual vollzogen war. Und wenn die Teller leer waren, geschah es nie, dass ein Kind aufstand, um hinauszurennen. Alle warteten, bis sich noch einmal alle die Hände gaben und die Erzieher »Danke« sagten. An diesem Beispiel zeigen sich prägnant die Funktionen von Ritualen:

☺ Weil ihr Ablauf gleich bleibt, ermöglichen sie Sicherheit im Verhalten: Kein Kind muss lange überlegen, wie es sich benehmen soll.

☺ Sie strukturieren Zeit.

☺ Sie stiften Gemeinschaft.

☺ Sie erleichtern Übergänge, etwa zwischen Wachzustand und Schlaf.

Das regelmäßige Tischgebet kennt in der Bundesrepublik jedes sechste Kind. Dieses kann auch als Ritual gesehen werden. Wenn Kinder von früh an in dieses hineinwachsen, geht es ihnen in Fleisch und Blut über: erst nachher beginnt das Essen. Und es weiß: Wir essen gemeinsam, und nicht der eine dann, der andere später. Zudem ist Beten der Haltung der Dankbarkeit förderlich, denn dass dampfende Kartoffeln und ein paniertes Schnitzel auf den Teller kommen, ist nicht selbstverständlich – für Millionen Kinder ein unerfüllbarer Traum. Menschen, die auch für kleine Dinge dankbar sein können, sind glücklicher. Tischgebete können außerdem erheitern:

> »Piep, piep, piep – wir haben uns alle lieb.
> Ein jeder ess` so viel er kann,
> nur nicht seinen Nebenmann.
> Piep, piep, piep – guten Appetit.«

Rituale im Jahreskreis sind Glückshöhepunkte in unzähligen Kindheiten. Jedes Jahr leuchten am Heiligen Abend Millionen von Kinderaugen, wenn am Weihnachtsbaum die Kerzen brennen. Und erst recht, wenn Kinder ein überraschendes Geschenk auspacken, das sie sich vom Christkind gar nicht gewünscht hatten. Und wenn es in diesen lange herbeigesehnten Stunden harmonisch zugeht, was leider in vielen Familien nicht der Fall ist – sei es, weil zu hohe Erwartungen ans Familienglück gerichtet wurden, sei es, weil Konflikte ausbrechen, die im Alltag schwelten, aber nicht aufgearbeitet wurden.

Eine gute Vorbereitung für ein besinnliches Weihnachtsfest ist es, wenn in der Adventszeit gelegentlich die Adventskerzen angezündet und die Lieder gesungen werden: »Wir sagen euch an, den lieben Advent« oder »Macht hoch die Tür, die Tor macht weit.« Nicht nur, dass Singen generell glücklich macht und beispielsweise für eine Frau in meinem Bekanntenkreis, die zu Melancholie neigt, die beste Therapie ist. Kinder gewöhnen sich auch daran, ruhig zu sitzen, achtsam eine Kerze anzuschauen – in den reizüberfluteten Einkaufsstraßen ist diese Ruhe nicht möglich.

Zu Beginn der Adventszeit sind vierlerorts die Nikoläuse unterwegs, in Deutschland in einigen Regionen begleitet vom Knecht Ruprecht, in Österreich vom Krampus, eine grimmige Maske tragend und in ein schwarzes zottiges Fell gehüllt. Kinder werden von solchen magischen Gestalten, die sie als real erleben, auch wenn sie »wissen«, dass sich Männer verkleidet haben, tief beeindruckt und tief beglückt, wenn der Nikolaus sie lobt, nachdem sie seinen Stab halten durften und ihm ein Gedicht aufsagten. Sie sind tief verängstigt, wenn der Krampus grimmig knurrt oder – in Österreich noch vielfach üblich – sie schlägt. Eine Frau in meinem Bekanntenkreis wagt sich am fünften und sechsten Dezember kaum auf die Straße – sie wurde als Kind von Krampussen traumatisch erschreckt. Wer sich als magische Symbolgestalt verkleidet, hat eine höhere pädagogische Verantwortung, als den meisten bewusst ist. Auch weitere Höhepunkte im Jahresfestkreis sind Quellen von Kindheitsglück. Seit dem 12. Jahrhundert freuen sich Kinder auf den Osterhasen und suchen im Garten nach den versteckten Eiern oder Süßigkeiten. Kinderherzen schlagen höher, wenn sich der Umzug zu Martini in Gang setzt, und dies umso mehr, wenn sie die dabei getragene Laterne selber gebastelt haben. Auch der Geburtstag ist für die meisten Kinder ein Glückszenit und jährliches Ritual. Mittlerweile gibt es eine regelrechte Geburtstagsindustrie: Partyangebote auf Autobahnraststätten, bei McDonald, im Erlebnisbad oder – in Salzburg – selbst im Haus der Natur, inbegriffen eine kundige Führung. Am meisten Spaß haben Kinder nach wie vor, wenn sie sich bei einer Geburtstagsparty viel bewegen, beispielsweise auf dem Gartentrampolin herumhüpfen oder eine Schnitzeljagd erleben und hinter Bäumen oder in Sträuchern süße Überraschungen finden, was freilich entsprechend vorzubereiten ist.

Regeln sind wichtig

Stellen Sie sich vor, es gäbe keine Verkehrsregeln! Chaos pur, das einzig die Karosseriespengler erfreuen würde. Auch das familiäre Zusammenleben entgleitet nicht ins Chaos, wenn es geregelt ist. Regeln werden – auch von Kindern – umso eher eingehalten, wenn sie gemeinsam ausgehandelt werden. Anders als Bernhard Bueb, der nicht einmal Jugendlichen zutraut, gemeinsam Regeln beschließen zu können[33], bin ich davon überzeugt: Schon mit Kindergartenkindern können wir über Regeln reden und solche auch vereinbaren:

In unserer Familie gilt:

- ☺ Wir lachen niemanden aus!
- ☺ Wir sagen einander Danke!
- ☺ Wir essen gemeinsam, wenn es irgendwie geht!
- ☺ Jeder legt seine schmutzigen Kleider selber in den Waschkorb!
- ☺ Wir helfen alle beim Tischdecken!

Regeln können negativ oder positiv formuliert werden. Auch in den Schweizer Eisenbahnzügen darf seit dem Jahr 2007 nicht mehr geraucht werden. Noch vor wenigen Jahrzehnten wären Verbotstafeln angebracht worden: »Rauchen verboten!« Doch an den Waggontüren steht: »Danke, dass Sie hier nicht rauchen!« Auch bei Kindern wirkt: »Danke, dass du die Hausschuhe angezogen hast!«, nachhaltiger als: »Wie oft schon habe ich dir gesagt, dass wir nicht mit den Schuhen in die Wohnung gehen dürfen!«

Wir alle verstoßen manchmal gegen Regeln, fahren 100, wo nur 80 km/h erlaubt wären. Wenn dies die Polizei nie ahnden würde, verlöre die Regel ihre Glaubwürdigkeit. So auch bei familiären Regeln. Werden sie übertreten, sollten Eltern nicht einfach nur mit den Achseln zucken. Wenn Tobias seine Schwester Elke auslacht, weil ihr der hohe Turm aus Holzklötzen zusammengestürzt ist – vielen Kindern klingt das »Ha – ha – ha« schmerzhaft in den Ohren – ist einzugreifen: »Tobias, warum lachst du Elke aus? Wir haben doch abgemacht: Bei uns wird niemand ausgelacht! Stell dir vor, du würdest ausgelacht?« Anregungen, sich in die Lage von anderen zu versetzen, sind immer zu empfehlen und auch der Entwicklung von Perspektivenübernahme förderlich. Regeln gewährleisten Regelmäßigkeit, Verlässlichkeit, Kalkulierbarkeit! Franz, sechs Jahre alt, kommt mit vor Dreck strotzenden Hosen nach Hause:»Wir haben ein Loch gegraben!«»Toll!«, sagt die Mutter. Zwei Tage später kommt er wieder herein, auch das T-Shirt nass und schmutzig. Mama stöhnt:»Dieses ewige Waschen macht mich noch krank!« Schlimmstenfalls erlernen Kinder, was der Positive Psychologe Martin Seligman zu Beginn seiner Karriere untersuchte: Hilflosigkeit. Ratten, die in ihrem Käfig einen Hebel betätigen konnten, dafür einen Stromstoß kriegten, ein andermal eine Belohnung oder gar keine Reaktion, dann wieder – unkalkulierbar – ein paar Volt in ihre Krallen – sie wurden passiv, legten sich hin, einige starben.

Auch Kinder, die sich hilflos fühlen, die nicht kalkulieren können, wie Mama oder Papa auf ein Verhalten reagieren, werden passiv – und unglücklich!

Wenn Regeln nicht eingehalten werden, sollten Kinder idealerweise aus den Folgen lernen können. Das Zimmer wurde anders als vereinbart nicht aufgeräumt? Dann können wir kein Memory spielen, weil wir auf dem Spannteppich keinen Platz für die Kärtchen haben. Nicht Danke gesagt? Dann gibt es keine Kekse. Wichtig ist, dass zwischen dem Verletzen einer Regel und der Sanktion nicht so viel Zeit verstreicht, dass es den Kindern schwerfällt, den Zusammenhang zu verstehen.

Kinder von »bestimmten« Eltern sind sicherer – und glücklicher. Gemäß der amerikanischen Entwicklungspsychologin Diana Baumrind von der Berkeley-University, die ihre aufschlussreichen Untersuchungen über verschiedene Elterntypen bereits in den Sechzigerjahren durchführte, zeichnet Eltern, die »autoritativ« sind – was nicht mit autoritär zu verwechseln ist – folgende Verhaltensweisen aus:

☺ Sie bestehen auf Regeln, die sie den Kindern begründen (mit ihnen auch aushandeln),

☺ sie geben klare Anweisungen,

☺ sind absolut berechenbar und verlässlich,

☺ zu Verhandlungen bereit,

☺ interessieren sich sehr für die Kinder,

☺ bestärken und loben erwünschtes Verhalten.

Gesunde Lebensweise und Ernährung, oder: Glück aus Bananen

Noch nie hat eine Generation von Kindern gelebt, die medizinisch so gut versorgt war wie die heutige (in der »Ersten Welt«). Aus meiner Kindheit erinnere ich mich an drei Begräbnisse von gleichaltrigen Schulkindern, die an Blinddarmentzündung starben. Gemäß der Statistik von 2005 sterben in der Bundesrepublik vier von tausend Kindern im ersten Lebensjahr, sieben, bevor sie das fünfte Lebensjahr erreicht haben.

Allergien haben im Kindesalter zugenommen: Kinder, denen die Haut unerträglich juckt, nachdem sie Milch getrunken oder eine Katze gestreichelt haben. Kaum von Allergien geplagt werden Kinder, die auf Bauernhöfen aufwachsen. Und dies schlicht deswegen, weil sie nicht in übersteriler Umgebung aufwachsen, wahrscheinlicher mit dem Bakterienbestandteil Endotoxin in Berührung kommen und ihr Immunsystem natürliche Feinde bekämpfen lernte. Anderenfalls schafft sich das Immunsystem, wie aus Langeweile, was es bekämpfen kann: Allergien. Das beste Mittel dagegen, sagte mir ein Allergieforscher: ein Misthaufen.

Kinder sollen sich schmutzig machen dürfen, wenn sie Wasser in den Sandkasten gießen und kleine Seen und Pfützen machen, in die sie sich hineinsetzen. Kinder sollen im

Schlamm und Dreck wühlen dürfen. Eltern müssen selber entscheiden: Kinder in stets sauberen Kleidern und in einer Wohnung (fast) ohne Staub – und dafür eine höhere Wahrscheinlichkeit, dass ihnen die Haut juckt oder sie Heuschnupfen quält.

Schimpansen, auch wenn sie in Zoos oder Tierparks gehalten werden – was bei einer genetischen Verwandtschaft von 99 Prozent ethisch zu hinterfragen wäre – machen zumeist einen glücklichen Eindruck. Sie sind oft in Bewegung, schaukeln von einem Ast zum anderen; die Kleinen werden lang getragen und verspüren viel Fell- und Hautkontakt. Und sie essen viele Bananen, nicht hastig wie viele Zeitgenossen, die den Cheeseburger schon verschlucken, bevor er ausreichend mit Speichel durchtränkt ist, was den Verdauungstrakt mittelfristig schädigt. Essen sollten wir langsam, genüsslich. Die Bananen enthalten Stoffe, die der Bildung von Serotonin – ein Glücksbotenstoff im Gehirn – förderlich sind.

Für das Glück unserer Kinder ist es nicht nebensächlich, wie wir sie ernähren. Es müssen nicht die sprichwörtlichen Haribos sein, die auch Erwachsene froh machen, nicht nur Schokolade, die ebenfalls Glücksbotenstoffe enthält – aber auch viel Zucker und Fett! Dem langfristigen Glück von Kindern förderlich ist *gesunde* Ernährung. Freilich, den meisten von uns schmecken Barilla besser als Vollkornspaghetti, und ein Steak mundet saftiger als Tofu – aber wenn alle Menschen von Fleisch auf Tofu umsteigen würden, bräuchte auf der Welt niemand zu (ver-)hungern. Und die meisten Kinder ziehen Pommes mit Ketchup einem Vollkornmüsli vor.

Gesunde Nahrung für Kinder[34]:

- ☺ Abwechslungsreiche Mischkost: etwa 50 Prozent Kohlenhydrate (Getreide, Gemüse, Kartoffeln, Obst), maximal 30 Prozent Fett, besser pflanzliches als tierisches, und 10 bis 15 Prozent tierisches und pflanzliches Eiweiß (Fleisch, Milchprodukte).

- ☺ Keine Einseitigkeit, insbesondere nicht zu viel Zucker; man kann Kinder daran gewöhnen, von allem zumindest etwas zu essen und ihnen einräumen, drei Speisen langfristig abzulehnen, beispielsweise Spinat, in meiner Kindheit würgende Folter am Mittagstisch, jetzt aber mein Lieblingsgemüse.

- ☺ Warme und kalte Mahlzeiten sollten sich abwechseln; letztere sind wichtig für die Aufnahme von Eiweiß, Kalzium und Vitaminen (Obst).

- ☺ Man sollte Kinder nicht zwingen, den Teller leer zu essen.

- ☺ Wasser ist das wichtigste Lebensmittel. Leitungswasser, sofern von den Stadtwerken überwacht, ist Mineralwasser, mehr noch Limonaden und Cola vorzuziehen; letztere enthalten so viel Zucker, dass das gesamte Volumen mit Würfelzucker ausgefüllt werden könnte. Wenn die Wangen der Kinder vor Anstrengung oder Hitze gerötet sind, ist es höchste Zeit für viele Schlucke klares, reines Wasser, das nicht mit Zucker und Geschmackstoffen durchsetzt ist.

- ☺ Getreide, am besten als Vollkorn, weil beim Ausmahlen zu Feinmehl Ballaststoffe, Spurenelemente und Vitamine, wie in den Randschichten und im Keimling des Getreidekorns enthalten, verloren gehen.

- ☺ Milch enthält viel Kalzium, das für den Aufbau der Knochen unverzichtbar ist. Fettarme Käsesorten sind dann angezeigt, wenn vollwertige Milch konsumiert wird.

☺ Gelegentlich wird es als spirituell reines Verhalten bewertet, wenn auf Fleisch verzichtet wird. In der Tat: Viele Traditionen raten zu einer vegetarischen Lebensweise. Wenn doch Fleisch gegessen werden soll, dann sind magere Sorten vorzuziehen, die hochwertiges Eiweiß und Vitamin B 12 enthalten. Sparsamer Konsum von Fleisch kann schon Kindern plausibel gemacht werden, die oft eine emotionale Beziehung zu Tieren haben. Und man kann ihnen vorrechnen, wie viele Anbauflächen benötigt werden, um alle die Tiere zu mästen, und dass auf diesen Flächen so viel Soja und andere Pflanzen angebaut werden könnten, dass kaum mehr jemand auf dieser Welt hungern müsste.

☺ Seefisch ist eine wichtige Jodquelle und sollte wöchentlich auf den Tisch kommen.

☺ Süßigkeiten in Grenzen, und erst nach der Hauptmahlzeit: Es lassen sich sehr gut Rituale der Nachspeise einüben.

Frühe Gewöhnung entscheidet. Wenn Kleinkindern von Anfang an gesunde Nahrung aufgetischt wird, kennen sie nichts anderes. Umgekehrt kann es sehr langwierig, ja unmöglich sein, Kinder von Pommes und Ketchup zu entwöhnen, sobald ihre Geschmacksnerven einmal den vielen Zucker im Ketchup und das versteckte Fett in den Kartoffeln gekostet haben. Übergewicht ist mittlerweile das größte pädiatrische Problem in den Vereinigten Staaten, zusehends auch hierzulande, desgleichen die Zunahme von Diabetes II, der Form, die schon in sehr frühen Jahren auftreten kann.

Wenn uns Kinder an den Nerven zerren

Geschwisterstreit: »Du hast angefangen!« »Nein, du!«, schreien sich Beate und die ein Jahr jüngere Stefanie an. Und sie hauen aufeinander ein, zerren sich an den Haaren. »Du Kackescheißer!« »Du blöde Kuh!« – so gebärden sich mitunter Kinder, nachdem sie fünf Jahre früher friedlich in der Wiege gelächelt haben. Was tun? Die Zankhähne trennen? Oder warten, bis sie sich selber versöhnen – oder bis Blut fließt?

Bei kleineren Streitereien sollten sich Eltern zurückhalten. Kinder müssen selbst lernen, mit Konflikten umzugehen. Aber wenn Haarbüschel ausgerissen werden und sich Zähne in die Oberarme bohren, ist einzugreifen. Manchmal wirkt räumliche Trennung Wunder. Wenn der Streit besprochen wird, sollte keine Vorverurteilung erfolgen. Die Kinder können darlegen, wie es aus ihrer Sicht zum Zank kam und wie sie ihn erlebten.

Streit kann heftigste Emotionen auslösen. Kinder müssen lernen, auch mit solchen umzugehen und sie zu dämpfen. Manchmal hilft schon dreimal tief durchzuatmen und die Wut hinauszublasen, mit den Füßen auf den Boden zu stampfen oder bis zehn zu zählen.

Prävention ist selbstverständlich besser als schlimmstenfalls wegen eines herausgeschlagenen Zahns zum Zahnarzt fahren zu müssen. Nach meinen Erfahrungen streiten Kinder häufiger, wenn sie in ihrer Umgebung schlechte Energien spüren, etwa wenn die Eltern unzufrieden sind, an einem versteckten Konflikt nagen. Es ist die Pflicht der Eltern, ihre Stimmung aufzuhellen, gegebenenfalls ihren Konflikt auszutragen – und zwar so, dass sie dabei nicht die schlechtesten Vorbilder sind. Denn Kinder können von Mutter und Vater nicht nur lernen, wie man sich nach einer Auseinandersetzung wieder die Hand gibt und einander in die

Augen schaut, sondern auch, wie man streitet, bestenfalls am Tisch sitzend, sachlich redend, ohne mit ausgestreckten Fingern aufeinander zu zeigen oder schlimmstenfalls indem das Weinglas auf den Boden geschmissen, die Küche verlassen und die Tür ins Schloss geknallt wird.

Geschwisterstreit wird auch seltener, wenn klare Regeln eingehalten werden, beispielsweise:»Wenn ich alleine im Zimmer sein will, hat niemand hereinzukommen!« Zum elterlichen Takt gehört es, diesen Wunsch ebenfalls zu respektieren und sich anzugewöhnen, an die Tür zu klopfen, bevor man in ein Kinderzimmer tritt. Streitmindernd wirkt auch, wenn Kinder beschäftigt sind. Ein Junge, der fasziniert an seinem Lego-Raumschiff bastelt, hat keine Zeit, seine Schwester anzulärmen, ebenfalls nicht ein Mädchen, das aus Plastilin Puppen formt.

Im Supermarkt: Die vierjährige Martina hat ein Schokoei mit einer Überraschung darin entdeckt, das in der Auslage – welch ein Zufall! – auf ihrer Augenhöhe liegt.»Kaufst du mir das Ei?«»Nein, du hast in letzter Zeit viel Süßes bekommen!« »Will es haben!«»Nein, habe ich doch gesagt.«»Will es haben!«, worauf sie zu heulen beginnt und sich auf den Boden fallen lässt, sodass die anderen Kunden mit ihren Einkaufswagen ausweichen müssen und den Kopf schütteln. In solchen Stresssituationen können Eltern ihren Kindern gegenüber negativste Gefühle entwickeln: Zorn, ja Hass – Gift für unser Wohlbefinden.

Am einfachsten wäre natürlich, solchen Stress gar nicht erst aufkommen zu lassen, sei es, indem Kinder nicht zu jedem Großeinkauf mitgenommen werden, obschon es ihnen durchaus Spaß machen kann, die Milchtüte in den Einkaufwagen zu legen. Sei es dadurch, dass schon vor dem Betreten des Supermarktes beredet wird, ob heute etwas Süßes gekauft wird oder nicht. Wenn ein Kind gehört hat: »Heute kaufen wir keine Süßigkeit, aber dafür das nächste Mal wieder«, und wenn es Mutter und Vater bisher als konsequent erfahren hat, kommt es kaum zu diesem pädagogischen Machtkampf, den in aller Regel beide verlieren.

»Mir ist soooo langweilig!«, jammert Torsten, auf der Couch herumliegend und nicht einmal mehr so viel Energie zeigend, dass er den Fernseher einschalten könnte. »Dann tu doch was!«, sagt die Mutter. »Aber was?« »Etwas malen, eine Kassette anhören!« »Das ist sooooo langweilig!« – Das zerrt Eltern ordentlich an den Nerven, weil für viele der Vorwurf mitschwingt, den Kindern zu wenig Anregung zu bieten. Aber oft ist es gerade zu viel Anregung, zu viel Spielzeug, das Kinder in die »Windstille der Seele« treibt, wie der Philosoph Friedrich Nietzsche die Langeweile bezeichnet hat.

Langeweile ist Csikszentmihalyi zufolge das Gegenteil von Flow, der mit Glück zwar nicht identisch ist, aber dieses begünstigt. Kinder müssen lernen, auch Langeweile zu überstehen. Wenn wir sie sogleich ablenken, sie beispielsweise zum nächsten Kiosk schicken, um sich dort ein Eis zu kaufen, ist es unwahrscheinlicher, dass Kinder aus sich heraus Strategien entwickeln, um aus der »Windstille der Seele« herauszukommen.

Glücksbegünstigende Erziehung in der Schulkindheit

*»Denn jedes Jahrzehnt des Menschen
hat sein eigenes Glück.«*
Johann Wolfgang Goethe

Das meiste, was im vorherigen Kapitel dargelegt wurde, gilt auch für die Schulkindheit. Auch wenn der »Ernst des Lebens« begonnen hat, macht es Kinder glücklich, wenn sie gelobt werden, Anerkennung erfahren, Respekt spüren, aktiv und in Bewegung sind, ihren Lieblingshobbys nachgehen. Aber einige Faktoren werden bedeutsamer:

☺ die Schule,
☺ die Freunde;
☺ das Aktivitätsspektrum ändert sich.

Kindern helfen, die Schule zu packen

Die Schule birgt das Potenzial in sich, dass sich Kinder in ihr glücklicher fühlen könnten. Ob in Salzburg oder an der Nordsee: Kinder fühlen sich im Klassenzimmer weniger wohl als auf dem Pausenhof, von Ferien und Freiräumen ganz zu schweigen. Zu Beginn des 20. Jahrhunderts machte die Frauenrechtlerin und Reformpädagogin Ellen Key mit ihrem Buch *Das Jahrhundert des Kindes* Furore, in dem sie auch die Seelenmorde in der Schule anprangerte.[35] Seither entstanden eine Reihe von Reformschulen, denen ausdrücklich daran gelegen ist, dass ihre Schüler sich freuen, wenn sie am Morgen den Schulranzen aufsetzen. So die Montessori-Schulen, zu deren Pädagogik gehört, dass sich Schüler individuell und frei mit Lernmaterialien beschäftigen können, nicht nur mit Texten, sondern selbst mit unterschiedlich rauen Holzstücken, um den Tastsinn zu schulen. Jungen und Mädchen an Waldorfschulen erleben viele Theateraufführungen und Feste und können sich in einem Schulgarten nützlich machen. Ein Schwachpunkt ist aber, dass der Unterricht stark vom Klassenvorstand dominiert wird, den die Schüler acht Jahre lang haben. Wenn er nett ist, gut! Aber wenn nicht?

Besteht die Möglichkeit, das Kind in eine alternative Schule zu schicken – warum nicht? Allerdings haben auch staatliche Schulen viele Vorzüge reformpädagogischer Schulen übernommen, Freiarbeit, Projekte, der Stuhlkreis am Morgen, in dem die Kinder erzählen, was sie übers Wochenende erlebt haben, und loswerden können, was sie bedrückt – oder erfreut!

Katrin geht in die dritte Klasse und stöhnt: »So viele Hausaufgaben. Drei Seiten Multiplikationen!« Wenn Kinder darunter leiden, zu lange an den Hausaufgaben sitzen zu müssen, trübt das die Einschätzung ihres bisherigen Kindheitsglücks. Vor allem jüngere Kinder wissen es zu schätzen, wenn ihnen Mutter oder Vater dabei hilft. In der ZDF-Studie gab jedes fünfte Kind an, die Mutter helfe ihm »(fast) jeden Tag« bei den Hausaufgaben, 46 Prozent sagten mehrmals die Woche. Tägliche gemeinsame Unternehmungen wie basteln, spielen, Fahrrad fahren sind sogar seltener (15 Prozent) als neben dem Kind zu sitzen und ihm zu zeigen, wie man eine falsche Summe ausradiert. Heutige Kindheit ist Schulkindheit – bis in die Familien und in die Freizeit hinein, oft bis in den Schlaf und in die Träume.

Das Erledigen von Hausaufgaben lässt sich ritualisieren. Zuerst unternimmt das Kind etwas, was ihm Spaß macht: Fahrrad fahren, Christina Stürmer hören, eine Runde mit dem Hund gehen. In guter Stimmung lernen Kinder leichter. Und: Wenn die Hausaufgaben beendet sind: Nachspeise, ein Stück Kuchen und vor allem: aufrichtiges Lob!

Vielleicht haben Sie die Möglichkeit, ihr Kind in eine Ganztagesschule zu schicken. Als in den Siebzigerjahren in Österreich über diese Schulform gestritten wurde, warnten viele, die Kinder würden so von ihren Familien entfremdet. Entsprechende Befragungen widerlegten dies überzeugend. Einen Vorteil hat eine gute Ganztagesschule mit individueller Betreuung der Hausaufgaben am Nachmittag auf jeden Fall: Wenn – um etwa 16 Uhr – die Schule aus ist, dann ist sie aus! Kein Grübeln auf dem Schulweg, wie viel Zeit für das Rechnen oder den Deutschaufsatz verlorengeht. Und: Auch solche Kinder werden individuell gefördert, deren Eltern beide in einer Fabrik arbeiten müssen und am Abend kaum mehr Kraft haben, die Additionen zu kontrollieren. Hausaufgaben, weil sie zu schlampig oder gar nicht erledigt wurden, sind die zweithäufigste Ursache für Streitereien zwischen Eltern und Kindern.

Ältere Salzburger erzählen, wie sie in der Schule gelegentlich verprügelt wurden, in meinem Wohnort selbst vom Pfarrer, der regelmäßig mit einer Gummiwurst in den Unterricht kam, dem »Beißhansl«, der oft auf die Rücken der Jungen niedersauste. Dies daheim erzählen? »Auf gar keinen Fall, der Vater hätte das wiederholt«, denn Pfarrer und Lehrer hatten ja immer recht!

Davon können heutige Lehrer nur träumen. Eltern lassen es sich nicht mehr gefallen, dass Kinder von Lehrern ungerecht behandelt werden, sondern gehen in die Sprechstunde und beschweren sich, empfehlenswerterweise freundlich und konstruktiv – Vorwürfe erzeugen nur Widerstand. Sofern Lehrer wirklich einen Fehler gemacht haben, ist das richtig. Das Kind soll die Gewissheit haben, dass die Eltern hinter ihm stehen. Kontraproduktiv aber kann es werden, wenn der vom Lehrer gemaßregelte Schüler beispielsweise verschwiegen hatte, dass er zuvor auf einen Mitschüler eingehauen hatte. In solchen Fällen sehen sich Lehrer bestätigt: Wenn Eltern von ihrem Kind so geblendet sind – kein Wunder!

Auch angemessene Schullaufbahnentscheidungen begünstigen Kindheitsglück enorm. Häufiger sind Kinder in der Schule überfordert als unterfordert, speziell an weiterführenden Schulen. In Österreich und Deutschland verzweigen sich die Schulformen schon nach der vierten Volksschulklasse, entwicklungspsychologisch viel zu früh. Und viele Jungen und Mädchen hecheln durchs Gymnasium und stecken ein frustrierendes Erlebnis nach dem anderen ein – in einer Haupt- oder Realschule wären sie glücklicher.

Freundschaften zulassen und pflegen

Mit steigendem Alter werden für das Kindheitsglück die Gleichaltrigen wichtiger und wichtiger, speziell die Freunde. Eltern sollten ihre Kinder darin unterstützen, dass sie ihre Freundschaften pflegen. Bettina strahlt vor Freude, während sie darauf wartet, dass Stefanie zu ihr kommt und bei ihr übernachtet – wenn die Eltern es untersagt hätten, wäre sie traurig. Kurt fährt gern ins Hallenbad mit, weil er seinen Freund mitnehmen darf. Begibt sich eine Familie mit Kindern, die nicht so gerne wandern, auf eine Bergtour, kann es eine Motivationsspritze sondergleichen sein, wenn ein anderes Kind mitkommt – und vorauseilt und zieht.

Eine Vorbildwirkung für Kinder hat auch, wenn Eltern selber einen gastfreundlichen Haushalt führen und öfters Freunde einladen. Vor allem jüngere Kinder hören gern zu, wenn der Kollege des Vaters während eines schmackhaften Essens von seinem Taucherurlaub am Roten Meer erzählt. Kinder haben meist gern Besuch. Eltern sollten es den Kindern dabei überlassen, mit wem sie sich befreunden und wie sie die Freundschaften gestalten. Auch uns würde es ärgern, wenn jemand sagt: »Das ist kein guter Freund, wie kannst du dich nur mit dem treffen?« Jüngst erzählte mir der Vater eines elfjährigen Gymnasiasten, wie sehr ihn kränkte, dass sein Sohn von der Geburtstagsparty eines Mitschülers, den er sehr mochte, von dessen Eltern als unerwünscht ausgeladen wurde. Wahrscheinlich, so vermutete er, weil er nur ein Arbeiter sei und sein Sohn in Skater-Klamotten herumläuft. Der Mitschüler sei deswegen zwar sauer gewesen, habe sich aber seinen Eltern gefügt. In die Freundschaften von Kindern sollten wir nicht eingreifen, und schon gar nicht, weil die Freunde einer anderen sozialen Schicht angehören, wie das bürgerliche Familien lange praktiziert hatten.

Eltern können, zusammenfassend gesagt, ihre Kinder ermuntern, Freundschaften zu pflegen, nicht nur, indem sie sie bei ihren Freunden übernachten und viel Zeit mit ihnen verbringen lassen, sie können sie auch im Urlaub ermuntern, der Freundin eine Karte zu schreiben. Und vor allem: Selber Freundschaften pflegen, weil sie Elixiere des Lebens sind.

Ein breites Aktivitätsspektrum ermöglichen

Heutige Kinder werden zwar oft als gestresst bedauert, weil sie vielen Terminen nachkommen müssten. Andererseits sind Kinder gerne aktiv, vor allem unter ihresgleichen. Viel Glückliches erlebten und erleben Kinder in Organisationen wie denen der Pfadfinder. Zwei Wochen in ein Sommerlager fahren, am Abend vor dem Lagerfeuer sitzen, im Zelt übernachten! Oder die Geländespiele, wenn auf der Suche nach dem verlorenen Schatz durchs Dickicht geschlichen und die gegnerische Gruppe überfallen werden kann.

Kinder sind auch zu ermuntern, sich in einem Verein zu engagieren: Sport, Wasserrettung, freiwillige Feuerwehr, in der viele Turniere und Wettkämpfe ausgetragen werden, die junge Burschen zu höchsten Leistungen motivieren und ihnen intensive Flow-Erlebnisse bescheren. Höchstes Glück, einen Feuerwehrschlauch zu halten, aus dem so kräftig Wasser spritzt, dass der Oberkörper nach vorn gebeugt werden muss, damit man nicht umgeworfen wird! In ehrenamtlicher Tätigkeit sind Menschen besonders glücklich, dies auch deswegen, weil es zumeist gemeinsame Tätigkeit ist.

Nach ihrem Glück gefragt erzählen Kinder oft von Tieren. Wenn irgendwie möglich sollten Kinder gemeinsam mit einem Haustier aufwachsen können. Hund oder Katze können ihnen so lieb werden, dass sie sie ausdrücklich zur Familie zählen. Und vor allem Mädchen sollen das Glück auf dem Rücken der Pferde erleben dürfen. Ein Kollege ermöglichte seiner Tochter häufiges Reiten, weil dies die beste Prophylaxe gegen Rauchen und Drogen sei – er hatte recht. Allen Jungen ist zu gönnen, radeln, skaten und im Winter skifahren oder snowboarden zu können. Eine der sinnvollsten Investitionen, die Kommunen tätigen können, ist die Installation einer Halfpipe. Heranwachsende, die dort ihre motorische Geschicklichkeit maximieren können, haben es nicht nötig, »Shit« auf eine frisch gestrichene Mauer zu sprayen oder Parklaternen zu zerschlagen. Hinter Vandaleakten steckt allemal innere Leere und Langeweile – das Gegenteil von Flow.

Glücksbegünstigende Denkweisen pflegen

Als ich elf Jahre alt war, kaufte mein Vater für unsere Land-wirtschaft einen neuen Traktor – für unseren Haushalt eine enorm aufwändige Anschaffung. Einige Tage später sollte ich diesen, an dem hinten ein Balken mit einer Spritzvorrich-tung befestigt war, über eine Wiese mit vielen Bäumen len-ken. Aus Unachtsamkeit fuhr ich so, dass dieser Balken an einem Baum hängenblieb und es krachte – das neue Fahr-zeug: bereits ziemlich havariert! Ich hielt an, sprang herun-ter und erwartete heftige Vorwürfe. Mein Vater eilte herzu, betrachtete den Schaden und sagte: »Ist halt passiert! Wie beheben wir das wieder?« Kein Vorwurf: »Hättest du doch!«

In der Tat, wie oft sagen wir unseren Kindern: »Hättest du doch!« »Hättest du doch länger gelernt, jetzt haben wir den Schlamassel mit deinem Fünfer!« Oder: »Wärest du doch nicht in die Zugluft rausgegangen, jetzt hast du die Grippe.« Alles, was geschehen ist, ist geschehen und lässt sich nicht mehr ändern. »Es ist, wie es ist« – im bekannten Gedicht von Erich Fried ist es die Liebe, die so spricht. »Hättest« oder »wärest« sollten wir, so weit möglich, aus unserem Vokabu-lar tilgen. Denn das Darüber-Nachgrübeln, was wohl wäre, wenn man doch hätte – es macht notorisch unzufrieden.

Glücksbegünstigend ist auch, wenn wir bei unerwünsch-ten Vorkommnissen zu situativen Erklärungen greifen. Der Vierer in der Schularbeit: »Kann passieren, war halt ein schwieriger Test!«, und nicht: »Vor Schularbeiten lernst du immer zu wenig!« Umgekehrt empfehlen sich bei positiven Ereignissen generalisierende Aussagen. Nachdem der Jun-ge in einem Fußballspiel das einzige Tor erzielt hatte: »Du spielst immer hervorragend!«

Unzufrieden macht auch, wenn wir uns mit denjenigen vergleichen, die größere Wohnungen, schnellere Autos und mehr Geld haben. Ich saß schon in Familien, in denen

Eltern so vor ihren Kindern redeten. »Ein Direktor verdient 15 000 Euro, und ich kriege gerade einmal 1500 Euro und schufte Tag für Tag.« Wenn Eltern Vorbilder der Unzufriedenheit sind, lernen Kinder auch – unzufrieden zu werden.

Glücksbegünstigende Erziehung vor und in der Pubertät

Es ist noch nicht lange her: Wenn Martina von der Schule nach Hause kam, setzte sie sich an den Küchentisch und erzählte munter – von der Schule, den Freundinnen. Seit sie zwölf geworden ist, sagt sie nur noch kurz »Hi«, schließt sich in ihr Zimmer ein und dreht Musik auf, ohrenbetäubend. Was denn los sei: »Nichts, lasst mich doch in Ruhe!« Viele Eltern empfinden dies als persönliche Kränkung. Zu Unrecht. Denn In der Pubertät sind Heranwachsende stark mit sich beschäftigt und haben enorme Entwicklungsaufgaben zu bewältigen: das erste Mal verliebt sein und die unvermeidliche Enttäuschung, wenn die vernichtende SMS kommt: »Gehe jetzt mit Tina«; die körperlichen und hormonellen Veränderungen; die Peers, unter denen nicht nur Freunde sind, sondern auch Rivalinnen, die Sebastian auch schöne Augen machen.

Das pädagogisch Wichtigste in der Pubertät scheint mir Respekt zu sein, Wertschätzung und Verständnis. Oft werden Jungen und Mädchen in dieser Entwicklungsphase belächelt: »Sie sind halt in der Pubertät!« Das klingt wie eine Krankheitsdiagnose. Oft entwickeln Pubertierende neue Interessen, die für sie enorm wichtig, für Mütter und Väter hingegen übertrieben oder nur schwer verständlich sind, beispielsweise Engagement für Greenpeace und völliger

Verzicht auf Fleisch – so unsere älteste Tochter. Wenn Eltern dann sagen: »Wird sich eh wieder legen«, zeugt dies von wenig Wertschätzung.

Mitunter pflegen Pubertierende mit anderen Umgang, die uns nicht gerade sympathisch sind. Müssen es wirklich diese Jungs sein, die in Kampfanzügen und mit kahl rasierten Schädeln im Park neben den Bierdosen herumsitzen? Äußern wir uns abschätzig über solche Freunde, fühlen sich unsere Söhne und Töchter auch gering geschätzt. Und: Oft erfahren Eltern, dass die stets schwarz gekleidete Gothic mit tiefroten Lippen und einem Zungenpiercing eigentlich ganz nett ist.

Wertschätzung ist, wenn sich Eltern mit Adoleszenten wirklich auseinandersetzen und ihnen nicht gleichgültig ist, was sie tun, auch nicht, wie lange sie abends ausbleiben. Werden keine Grenzen mehr gesetzt, kann dies als Gleichgültigkeit empfunden werden. Grenzen stiften nicht nur Orientierung. Es ist beglückend, sie überschreiten zu können. Wenn Jugendliche darum kämpfen, die Zeitgrenze der Disco von 24 auf 1 Uhr auszudehnen, können die Eltern dies als Machtspielchen sehen, aber auch als eine Form des Lernens: Wie setze ich mich durch? Wenn Jugendliche keinen Widerstand spüren, ist vor ihnen Leere.

Meinungsverschiedenheiten werden in dieser Lebensphase unvermeidlich häufiger und gehören ausgetragen, im besten Falle in einem ruhigen und sachlichen Ton und mit Argumenten: »Ich möchte, dass du um elf im Bett bist, weil morgen ein anstrengender Schultag ist.« Oder: »Bitte überleg dir das mit dem Rauchen, anfangen geht leicht, aufhören ist schwer!« Anders als Bernhard Bueb, demzufolge sich mit Jugendlichen kaum diskutieren lässt, bin ich davon überzeugt, dass sie solchen Argumenten zugänglich sind, auch wenn sie es nicht immer zeigen. Wer mit dem Vorurteil an sie herangeht, sie seien verstockt, wird sie auch eher so erleben, weil er mit der Kraft der Gedanken eine entsprechende Realität mitschafft. Zu Recht empfindsam sind Jugendliche, wenn ihnen nicht wirklich zugehört wird.

Ziel der Erziehung ist es, sich überflüssig zu machen, indem den Heranwachsenden mehr und mehr Freiheit – und Verantwortung – eingeräumt wird. Etwa im Umgang mit Geld: »Das ist für diesen Monat. Du solltest es selbst einteilen, damit es reicht.« Selbstständigkeit erwirbt sich nur das eigene Tun. Auch und gerade im Jugendalter ist Zu-Mutung angezeigt: »Du kannst es!« Und ein positiver Blick in eine Zukunft, die generell nicht rosig ist. Nichts ist verheerender als: »Wenn du so weiter machst, nimmt es ein böses Ende, dann endest du auf der Straße!« Viel aufbauender ist: »Du wirst es schaffen! Es wird dir glücken!« Es wird!

Anmerkungen

Einleitung

1 Bueb, B.: Lob der Disziplin. Eine Streitschrift, München 2006.
2 Smith, H.: Unglückliche Kinder. Fakten, Ursachen, Hilfen, Düsseldorf 1998.
3 Bidulph, S.: Das Geheimnis glücklicher Kinder, München 1998; Saalfrank, S.: Die Super Nanny. Glückliche Kinder brauchen starke Eltern, München 2006; Grüner, T.: Was Kinder stark und glücklich macht. Eine Elternschule, Freiburg im Br. 2005.
4 U.a.: Klein, S.: Die Glücksformel. Oder Wie die guten Gefühle entstehen, Reinbek bei Hamburg 2004; Lelorf, F.: Hectors Reise oder die Suche nach dem Glück, München 2006; Haidt, J.: Die Glücks-Hypothese. Was uns wirklich glücklich macht, Kirchzarten 2007; Seligman, M. P.: Der Glücks-Faktor. Warum Optimisten länger leben, München: Bastei 2004; Gilbert, S.: Ins Glück stolpern, München 2006.
5 Auhagen, E.: Positive Psychologie. Anleitung zum »besseren« Leben, Weinheim 2004.
6 Bucher, A. A.: Was Kinder glücklich macht. Historische, psychologische und empirische Annäherungen an das Kindheitsglück, Weinheim 2001.
7 http://www.glueck.zdf.de
8 Frankl, V.: Paradoxien des Glücks (am Modell der Sexualneurose). In: Was ist Glück? München 1976, S. 109.

Was ist Glück? Was macht und glücklich? Und was macht Glück mit uns?

1 Demoskopisches Institut Allensbach (2003): Glücksdefinitionen und -erfahrungen der Bevölkerung, Ergebnisse einer qualitativen und quantitativen Befragung, Allensbach.
2 Hornung, B.: Glücksforschung und Glückswissenschaft Band 1: Wie man wirklich glücklicher wird, München 2005.

3 Fromm, E. Wege aus einer kranken Gesellschaft. In: : Gesamt-ausgabe. Herausgegeben von Rainer Funk, München 1989, Band IV, S. 143.

4 Kegan, R.: Die Entwicklungsstufen des Selbst. Fortschritte und Krisen im menschlichen Leben, München 1994.

5 Fordyce, M. W.: A review of research on the Happiness Mea-sures: A sixty second index of happiness and mental health. Social Indicators Research, 20 (1988), S. 355–381.

6 Diener, E. et al: 'The Satisfaction with Life Scale'. In: Journal of Personality Assessment 49 (1985), S. 71–75.

7 Haidt (Anm. 4), S. 125.

8 Alain: Die Pflicht, glücklich zu sein, Frankfurt/M. 1982, S. 123.

9 Brinkman, P. et al: Lottery winners and accident victims: Is happiness relative? In: Journal of Personality and Social Psy-chology 36 (1978), S. 917–927.

10 Haidt, a.a.O., S. 123.

11 Friedrick, S. & Loewenstein, G. (1999): Hedonic adaptation. In: J. Kahneman et al (Eds.): Well-being. The foundations of hedonic psychology, New York: Russell Sage Foundations, S. 302–329.

12 Überblick: Hornung, a.a.O., S. 155–165.

13 Birditt, K. S. & Fingerman, K. L. (2003): Age and gender diffe-rences in adults' descriptions of emotional reactions to inter-personal problems. In: The Journals of Gerontology Series B: Psychological Sciences and Social Sciences 58: S. 237–245.

14 Pennebaker, J. W. (2004): Writing to heal: A guided journal for recovering from trauma and emotional upheaval, Oakland.

15 Aus Hornung, a.a.O., S. 163.

16 Feingold, A. (1992): Good looking people are not what we think. In: Psychological Bulletin 111, S. 304–341.

17 Hentig, H. von: Bildung. Ein Essay, Darmstadt 1997, S. 78.

18 Überblick: Argyle, M.: The psychology of happiness, New York ²2001, S. 146f.

19 Seligman, a.a.O., S. 100.

20 Aus Hornung, a.a.O., S. 117.

21 Aus Klein, a.a.O., S. 197f.

22 Murray, S.: The quest for conviction: Motivated cognition in ro-mantic relationships. In: Psychological Inquiry 10 (1999), S. 23–34.

23 Überblick: Gilbert, a.a.O., S. 360.
24 Csikszentmihalyi, M.: Flow. Das Geheimnis des Glücks, Stuttgart 6. Aufl. 1998.
25 Montessori, M.: Kinder sind anders, München 1980, S. 165.
26 Wulf, E.: Biographische Gespräche zu Glückserfahrungen. Eine empirische Untersuchung auf der Basis des Persönlichen Gesprächs als Weg in der psychologischen Forschung, Hamburg 2005, S. 391.
27 Seligman, a.a.O., S. 197.
28 Klein, a.a.O., S. 211.
29 Beck, A.T. Kognitive Therapie der Depression, Weinheim ²2001
30 Aus Bradshaw, J.: Das Kind in uns. Wie finde ich zu mir selbst, München 1994, S. 9.
31 Seligman, a.a.O., S. 332f.
32 Maruta, T. et al: Optimists vs. pessimists: survival rate among medical patients over a 30-year period. In: Mayo Clinic Proceedings 75 (2000), S. 140–143.
33 Seligman, M. P.: Pessimisten küsst man nicht. Optimismus kann man lernen, München 2001.
34 Aus Schmidt-Atzert, L.: Lehrbuch der Emotionspsychologie, Stuttgart 1996, S. 184f.
35 Argyle, a.a.O., S. 117.
36 Seligman, a.a.O., S. 132.
37 Ryan, R. M. & Deci, E. L.: On happiness and human potentials: A review of research on hedonic and eudaimonic well-being. In: Annual Review of Psychology 52 (2001), S. 141–166.
38 Fredrickson, B.: To role of positive emotions in positive psychology: The broaden-and-build theory of posive emotions. In: American Psychologist 56 (2001), S. 218–226.
39 Iyengar, S. S. & Lepper, M. R.: When choice is demotivating. Can one desire too much of a good thing. In: Journal of Personality and Social Psychology 79 (2001), S. 995–1006.
40 Misik, R.: Be happy. http://www.misik.at/texte-aus-dem-standard-wien/be-happy.php
41 Lyubomirski, S. & Ross, L.: Hedonic consequences of social comparison: A contrast of happy and unhappy people. In: Journal of Personality and Social Psychology 73 (1997), S. 1141–1157.

42 Lykken, D.: Happiness. What studies on twins show us about nature, nurture, and the happiness set-point, New York 1999.
43 Sheldon, K. M. & Lyubomirski, S.: Achieving sustainable gains in happiness: Change your actions, not your circumstances. In: Journal of Happiness Studies 7 (2006), S. 55–86.
44 Überblick, Bucher, A.: Psychologie der Spiritualität. Handbuch 2007, S. 112f.

Entwicklung von positiven Emotionen, speziell Freude und Glück

1 Hesse, H.: Die Gedichte, Frankfurt/M. 2001.
2 Piaget, J.: Meine Theorie der geistigen Entwicklung, Weinheim 2003.
3 Buss, D.: Evolutionäre Psychologie, München 2004.
4 Izard, C.: Die Emotionen des Menschen. Eine Einführung in die Grundlagen der Emotionspsychologie, Weinheim ³1994.
5 Izard, a.a.O., S. 392.
6 Aus: Wassmann, C.: Die Macht der Emotionen. Wie Gefühle unser Denken und Handeln beeinflussen, Darmstadt 2002, S. 117.
7 Aus: Trotter, J.: Babies sind klüger. In: Psychologie heute (Hg.): Klein sein, groß werden, Weinheim 1989, S. 8.
8 Dornes, M.: Der kompetente Säugling. Die präverbale Entwicklung des Menschen, Frankfurt/M. 1994.
9 Stern, D.: Tagebuch eines Babys, München 2006.
10 Dornes, M.: Die emotionale Welt des Kindes, Frankfurt/M. ⁵2007, S. 19f.
11 Bridges, K.: Emotional development in early infancy. In: Child Development 3 (1932), S. 324–341.
12 Izard, a.a.O., S. 274.
13 Hornung, a.a.O., S. 172.
14 Wassmann, a.a.O., S. 79.
15 Ridgeway, D., Waters, E. & Kuczaj, S.: Acquisition of emotion-descriptive language: Receptive and productive vocabulary norms for ages 18 months to 6 years. In: Developmental Psychology 21, S. 901–908.

16 Aus Schmidt-Atzert, a.a.O., S. 239.
17 Bspw. Shapiro, L. E.: EQ für Kinder. Wie Eltern die Emotionale Intelligenz ihrer Kinder fördern können, München 1999.
18 Bueb, a.a.O., S. 55.
19 Ebd. S. 17.
20 Piaget, J.: Das Weltbild des Kindes, München 1988.
21 Ebd.
22 Kegan, a.a.O.
23 Erikson, E.: Identität und Lebenszyklus, Frankfurt/M. 1973.
24 Brizendine, L.: Das weibliche Gehirn. Warum Frauen anders sind als Männer, Hamburg 2007, S. 98f.
25 Oerter, R. & Dreher, E.: Jugendalter. In: Oerter, R. & Montada, L. (Hg.): Entwicklungspsychologie. Ein Lehrbuch, Weinheim 1995, S. 338.
26 Stern vom 11. Februar 2007.
27 Brizendine, a.a.O., bes. S. 84.

Kinder erzählen uns von ihrem Glück

1 Frankfurt/M. 1991, S. 130.
2 Beal, E. & Hochman, G.: Wenn Scheidungskinder erwachsen werden, Frankfurt/M. 1994, S. 120.
3 Nöstlinger, C.: Der Zwerg im Kopf, Weinheim 1989, S. 120.
4 Profil vom 20.12.1999.
5 Bettelheim, B.: Ein Leben für Kinder. Erziehung in unserer Zeit, Frankfurt/M. 1987, S. 377.
6 Bucher, A. & Montag, S.: Vorbilder: Peinliche Überbautypen oder nach wie vor notwendig? Bericht über zwei aktuelle Untersuchungen. In: Religionspädagogische Beiträge 40/1997, S. 61–82.
7 Alain, a.a.O., S. 123.
8 Grefe, C.: Ende der Spielzeit. Wie wir unsere Kinder verplanen, Reinbek bei Hamburg 1997.
9 Rousseau, J.J.: Emile oder über die Erziehung, Paderborn 1981, S. 100.
10 Glogauer, W.: Die neuen Medien verändern die Kindheit, Weinheim 1995.

11 Feierabend, S. & Klingler, W.: Was Kinder sehen. Eine Analyse der Fernsehnutzung Drei- bis 13jähriger 2005. In: Media Perspektiven (2006), Nr. 3.

12 Spitzer, M. : Vorsicht Bildschirm, München 2005.

13 So der Titel eines ausgezeichneten Buches von Carola Schuster-Brink, München 1993.

14 Klein, a.a.O., S. 81.

15 Hentig, H. von: Vorwort zur deutschen Ausgabe. In: Ph. Arièd: Geschichte der Kindheit, München 1975.

16 Csikszentmihalyi, M.: Das Flow-Erlebnis. Jenseits von Angst und Langeweile, Stuttgart ⁶1996, S. 227.

17 Spitzer, M.: Lernen. Gehirnforschung und die Schule des Lebens, Berlin, bes. S. 167f.

18 Schmuck, P. et al: Intrinsic and extrinsic goals: Their structure and relationship to well-being in German and US college students. In: Social Indicator Research 50 (2000), S. 225–241.

19 Klein, a.a.O., S. 121.

20 Key, E.: Das Jahrhundert des Kindes, Weinheim 2000.

21 www.berthold-otto-schule.de/

22 Dalai Lama: So einfach ist das Glück, Freiburg i.Br. 2004; Dalai Lama: Mögen alle Wesen glücklich sein. Beiträge zur Entwicklung inneren und äußeren Friedens, Freiburg 2005.

23 Bucher, A.: Psychologie der Spiritualität. Handbuch, Weinheim 2007, S. 27.

24 Bucher, A.: Braucht Mutter Kirche brave Kinder? Religiöse Reifung contra kirchliche Infantilisierung, München 1997.

25 Hay, D. & Nye, R.: The spirit of the child, London 1998.

26 Aus Bucher, A.: Wurzeln und Flügel. Spirituelle Erziehung stärkt für das Leben, Düsseldorf 2007, S. 85.

27 Aus Hoffmann, E.: Visions of innocence. Spiritual and inspirational experiences of childhod, Boston 1992.

28 Klein, a.a.O., S. 251.

29 Bspw. Newberg, A., d'Aquili, E. & Rause, V.: Der gedachte Gott. Wie Glaube im Gehirn entsteht, München/Zürich 2003.

30 Campe, J. H.: Über die früheste Bildung junger Kinderseelen, Frankfurt/M. 1985.

31 Rollin, M.: Typisch Einzelkind. Ende eines Vorurteils, Hamburg 1990.

Erziehung zum Glück

1 Baader, M. L.: Die romantische Idee des Kindes und der Kindheit. Auf der Suche nach der verlorenen Unschuld, Neuwied 1996.

2 Fröbel, F.: Ausgewählte Schriften. Zweiter Band: Die Menschenerziehung, Stuttgart ⁴1982, S. 36.

3 Rutschky, K.: Schwarze Pädagogik. Quellen zur Naturgeschichte bürgerlicher Erziehung, München 1997.

4 Aristoteles: Nikomachische Ethik, Reinbek bei Hamburg 2006.

5 Korczak, J.: Wie man ein Kind lieben soll, Göttingen 2005.

6 Tücke, M.: Psychologie in der Schule – Psychologie für die Schule, Münster 1998.

7 Zentner, M.: Die Wiederentdeckung des Temperaments. Eine Einführung in die Kinder-Temperamentsforschung, Frankfurt/M. 1998.

8 Palla, R.: Die Kunst, Kinder zu kneten, Frankfurt/M. 1997, S. 332.

9 Neill, A.: Theorie und Praxis der antiautoritären Erziehung. Das Beispiel Summerhill, Reinbek bei Hamburg 2004, S. 26.

10 Ebd. S. 22.

11 Kant, I.: Werke in 12 Bänden, hg. Von W. Weischedel, Frankfurt/M. 1960, Band VIII, S. 505.

12 Rogge, J. U.: Kinder brauchen Grenzen, Reinbek bei Hamburg 2003.

13 Bueb, a.a.O.

14 Aus: Schmidt-Atzert, a.a.O., S. 205f.

15 Karras, J. & Walden, T. A. (2005): Effects of nurturing and non-nurturing caregiving on child social initiatives: An experimental investigation of emotion as a mediator of social behavior. In: Social Development 14, S. 685–700.

16 Spitzer, a.a.O.

17 Freymann, T.: Ein anderes Land, eine andere Schule. Zu den finnischen Pisa-Ergebnissen. In: Neue Sammlung 43 (2003), S. 179–201.

18 Argyle, a.a.O.

19 Sigg, A. (2006): Ungewollt kinderlos – wie gehen Männer damit

um? Andrologische Risikopatienten aus psychologischer Sicht. In: http://www.andrologie.ch/Andro_Kind.html

20 Amendt, G.: Das Leben unerwünschter Kinder, Frankfurt/M. 1992.

21 Frielingsdorf, K.: Dämonische Gottesbilder. Ihre Entstehung, Entlarvung und Überwindung, Mainz 1992.

22 http://www.arte.tv/de/geschichte-gesellschaft/Leben_20im_20Mutterleib/866962,CmC=852832.html

23 http://www.surfmed.at/?news/1bef88db0fa8c43295ef7d423c174cd1

24 Field, T. et al: Tactile/kinetic stimulation effects on preterm neonates. In: Pediatrics 77 (1986), S. 654.

25 Baur, E. G. & Schmid-Bode, W.: Glück ist kein Zufall. Die besten Methoden für ein erfülltes Leben, München 2004.

26 Bueb, a.a.O., S. 55f.

27 Liedloff, J.: Auf der Suche nach dem Glück. Gegen die Zerstörung unserer Glücksfähigkeit in der frühen Kindheit, München 1984.

28 Bowlby, J. Das Glück und die Trauer. Herstellung und Lösung affektiver Bindungen, Stuttgart 2003.

29 Hazan, C. & Zeifman, D. (1999): Pair bonds as attachment. In: Cassidy, J. & Shaver, P. R. (Hrsg.): Handbook of attachment, New York 1999, S. 336–354.

30 Aus Herrmann, U.: Lernen findet im Gehirn statt. In: Caspary, R. (Hg.): Lernen und Gehirn. Der Weg zu einer neuen Pädagogik, Freiburg i.Br. 2007, S. 85.

31 Dazu Furman, B.: Es ist nie zu spät, eine glückliche Kindheit zu haben, Basel 1999.

32 Baur & Schmid-Bode, a.a.O., S. 63.

33 Bueb, a.a.O., S. 35f.

34 www.gesund.co.at/framgen.asp?url=/gesund/Kinder/Kinder_Ernaehrung. html

35 Key, a.a.O.